한국을 사랑한

세계작가들

3

일러두기

1. 번역서에서 인용한 부분의 지명이나 맞춤법 등은 표준국어대사전에 맞게 수정하였으며, 한자의 오류와 오자는 바로잡았습니다.

2. 작가의 약력이나 업적은 원서와 번역서 그리고 위키백과 등을 참고하여 편저하였음을 밝힙니다.

3. 각 해당 작가의 작품들은 번역서가 있는 경우 번역서의 제목과 함께 원서의 제목을 기재하였고, 번역서가 없는 경우 저자의 번역으로 원서의 제목과 함께 한국어 제목을 괄호 안에 기재하거나 원서 제목만 기재하였습니다.

한국을 사랑한
세계작가들

세계의 책 속에 피어난 한국 근현대 **3** 최종고 지음

와이겔리

머리말

세계의 명저들 속에서 우리 문화를 발견하다

'세계화', '세계 속의 한국, 한류'를 말하고 있는 지도 이젠 상당히 오래되었
는데, 문학계에서도 '한국문학과 세계문학'을 열띠게 논의하고 노벨문학상
도 갈망하고 있다. 그런데도 우리 자신을 솔직히 돌아보면 세계문학이라
는 큰 바다에서 한국은 작은 섬이고 무엇보다 그 섬이 어떤 섬인지를 세계
인들은 많이 모르고 있다.

　나는 거의 평생을 법학자로 살다 문학은 인생의 대도(大道)라는 생각
으로 문학을 사랑하여 정년 후에도 틈만 나면 도서관에서 문학 주변을 찾
아보고 있다. 그런데 얼마 전부터 이런 의구심이 들었다. 한국문화의 위상
이 높아졌는데, 세계의 작가들은 자신의 작품에 한국문화를 과연 얼마나
담아냈을까? 세계의 작가들이 출간한 책들 속에서 우리 문화의 흔적을 찾
아본다면 어떨까? 그래서 나는 도서관에서 그 흔적들을 찾아 헤매기 시작
했다.

　이럴 수가! 한국에 대해 흥미를 갖고 작품화한 외국작가들이 생각보

다 훨씬 많았다. 예컨대 펄 벅(Pearl S. Buck, 1892~1973)이 자신의 작품 속에 한국을 무대로 쓴 대하소설 『살아 있는 갈대 The Living Reed』(1963) 외에도 두 편의 장편소설집을 내었다는 사실을 알게 되었다. 이런 중요한 사실을 왜 우리는 지금까지 모르고 있었는지를 생각하다가 문득 한국을 담아낸 작가가 더 있을지 의문이 들었다. 그렇지만 이러한 의문을 풀어주는 책이나 자료가 없었다. 혼자서 조금씩 조사해 보니, 자신의 작품 속에 한국을 담아낸 외국작가가 무려 70인에 이른다는 사실을 알게 되었다.

많다면 많고 적다면 적지만 왜 우리는 이런 작가들과 그들의 작품에 관심을 갖지 않았을까? 그동안 한국 현대사가 급변하고 불안정했기 때문에 본의 아니게 망각했다고 변명할 수 있을지 모른다. 우리 문학을 해외에 알리는 데 급급한 나머지 정작 중요한 세계의 명저들 속에 담겨 있는 우리 문화를 찾는 데는 소홀했던지도 모른다.

지금까지 찾아낸 70인은 소설가 등 문학가를 비롯해 선교사, 기자, 학자, 여행가 등 다양하다. 그들은 서양에 문호를 개방한 구한말에는 '은자의 나라' 조선에 호기심을 갖고 여행했으며, 일제하에 억압받던 한국인을 연민했고, 해방 후 6·25전쟁의 실상을 목도했으며, 그 이후 분단국가로서의 실상을 본 대로 느낀 대로 다양하게 적었다. 이들의 글을 읽으면서 우리 자신의 참모습을 바르게 볼 수 있을 것이다.

이 책은 문학평론집 같은 학술서를 쓰기 위해 쓴 것이 아니다. 그저 한국과 한국인, 한국문화를 담아낸 작품을 쓴 작가들을 소개하기 위해 쓴 것이다. 하나 첨언할 것은 한국인들이 생각하는 '작가'의 개념은 소설가나 시인 같은 창작가로만 한정되어 있다는 사실이다. 독일의 경우 '작가'(Schriftsteller)란 뭐든지 글로 쓰는 사람을 통칭한다. 그리고 소설 외에도 이야기(Erzählung), 즉 사실에 근거한 서술의 장르가 많이 발달되어 있다. 그래서 노벨문학상을 받은 독일 작가 중에는 우리가 '역사가' 또는 '철학자'라고 부르는 사람도 포함되어 있다. 결국 문학이든 비문학이든 글을 쓰는 사람들은 모두 작가이다.

하나만 더. '한국을 사랑한 세계작가'라 할 때 '사랑'의 의미에 대해 말하고 싶다. 솔직히 조국보다 한국을 더 사랑한 작가가 어디 있겠는가? 우리는 우물 안 개구리식 혹은 자기 붓 대롱 속에 비치는 것만으로 재단하는 태도는 버려야 한다. 한국만을 사랑해 달라 누가 강요할 수 있겠는가? 노벨상 수상 작가 르 클레지오(Le Clézio)처럼 세계를 두루 다니다 보니 한국에도 오고 애착을 느껴 작품으로 쓸 수도 있다. 아무튼 어떤 모티브이든 한국을 주제로 글을 써준다는 것 자체는 고맙고 아름다운 일이다. 생각하면 세상의 수억 인구 중에서 글을 통해 영원히 한국과 인연을 남기는 것은 보통 인연이 아니다. 글로 쓴 것만 영원히 남는다. 오늘날 세계로 자유자재 여행을 하면서 외국을 주제로 작품을 쓴 한국인이 얼마나 있는가? 외국을 작품화한다는 것은 그만큼 모국의 문학과 문화를 풍부하게 만드는 것이다.

이 책을 쓰면서 크게 세 번 놀랐다. 첫째는 한국을 사랑한 외국작가가 의외로 많다는 사실에 놀랐고, 둘째는 그들이 이렇게까지 한국을 속속들이 알고 글로 썼다는 사실에 놀랐고, 셋째는 우리가 이런 사실을 잊고 있었던 사실에 놀랐다. 어쨌든 이들을 잊지 말고 친밀하게 친구로 여기고 활용하여야 할 것이다. 참고로 이 책(1~3권)에 소개된 세계작가들은 미국인이 47인, 영국인이 16인, 독일인이 13인, 프랑스인이 9인, 일본인이 8인, 캐나다인이 5인, 폴란드인이 3인, 인도인이 3인, 네덜란드인이 2인, 오스트리아인이 2인, 이탈리아인이 2인, 그 외에 중국인, 러시아인, 스위스인, 헝가리인, 그리스인, 루마니아인, 호주인이 각각 1인이다.

이 책이 한국문화 및 한국문학의 발전에 다소나마 도움이 될 수 있기를 기원한다. 우리도 외국을 많이 알고 소화하여 작품화할 수 있다면 그만큼 한국문화가 비옥화되고 발전할 것이라 생각한다. 여러모로 도움을 주신 분들, 특히 서울대학교 중앙도서관에 감사한다. 그리고 예쁜 책으로 제작하기에 최선의 노력을 기울인 와이겔리 발행인과 직원 여러분의 노고에 무척 고맙다.

2020년 6월

최종고

차례

머리말 | 　　　세계의 명저들 속에서 우리 문화를 발견하다 | 4

chapter | | *page*

71 | 유골을 금강산에 묻어달라 유언한 영국 여성작가
엘리자베스 안나 고든 Elizabeth Anna Gorden | 12

72 | 대한제국 애국가를 지은 독일인 음악가
프란츠 에케르트 Franz Eckert | 25

73 | 조선을 칭찬한 영국 귀족
헨리 노먼 Henry Norman | 32

74 | 한국교회사를 이룬 선교사 부자
사무엘 오스틴 마펫 Samuel Austin Moffett
사무엘 휴 마펫 Samuel Hugh Moffett | 39

75 | 러일전쟁을 파헤친 영국 언론인
앵거스 해밀튼 Angus Hamilton | 48

76 | 문서선교의 대표적 미국 선교사
찰스 알렌 클라크 Charles Allen Clark | 57

77 | 한국 한센인들과 함께 죽은 독일인 간호사
엘리자베스 요한나 쉐핑 Elizabeth Johanna Shepping | 65

78 | '서울은 아테네'라 부른 일본인 철학자
아베 요시시게 安倍能成 | 75

79 | 금강산 등정기를 쓴 미국 여성 동화작가
엘리자베스 코츠워스 Elizabeth Coatsworth | 84

80 | 한국시조를 시화집으로 엮어낸 두 영국여성
조안 사벨 그릭스비 Joan Savell Grigsby
릴리안 메이 밀러 Lilian May Miller | 89

81 | 미군정 고문으로 한국에 산 독일인 학자
에른스트 프랭켈 Ernst Fraenkel | 101

82 | 한국인의 아내로 자서전 쓴 미국여성
아그네스 데이비스 김 Agnes Davis Kim | 111

83 | 이승만 대통령의 오스트리아인 영부인
프란체스카 도너 리 Francesca Donner Rhee | 122

84 | 한국 고아들을 미국으로 입양한
버사 메리안 홀트 Bertha Marian Holt | 131

85 | 『판문점 일기』의 저자 인도 장군
코덴데라 수바야 티마야 Kodendera Subayya Thimayya | 140

86 | 서울대학교 유기천 총장의 유대인 학자 부인
헬렌 실빙 Helen Silving | 149

87 | 일본에 숨은 한국문화를 추적한 미국인 미술사학자
존 카터 코벨 Jon Carter Covell | 160

88 | 이미륵에 반해 한국으로 부임한 독일 외교관
발터 라이퍼 Walter Leifer | 169

89 | 네덜란드 한국학의 선구자
프리츠 포스 Frits Vos | 177

90 | 한국문명의 전통을 집대성한 미국인 동양학자
윌리엄 테오도르 드 베리 William Theodore de Bary | 182

91 | 한국전쟁 종군여기자로 퓰리처상을 탄
마거리트 히긴스 Margueritte Higgins | 190

92 | 한국전쟁의 포로체험기를 쓴 그리스 작가
필립 딘 Philip Deane | 200

93 | 하버드대학의 한국사 교수
에드워드 윌렛 와그너 Edward Willett Wagner | 209

chapter			page
94	한국 농어촌에 살던 미국인 인류학자 빈센트 셸던 브란트 Vincent Selden Brandt		216
95	한국전쟁을 쓴 미국 역사작가 시오도어 리드 페렌바크 Theodore Reed Fehrenbach		226
96	한국학을 프랑스에 탄탄히 심어놓은 다니엘 부셰 Daniel Bouchez		233
97	〈코리아 타임즈〉의 칼럼니스트이자 정치학자 데이비드 I. 스타인버그 David I. Steinberg		239
98	한국 여성들과 친한 독일 여성 시인이자 신학자 도로테 죌레 Dorothee Sölle		246
99	박정희 정권으로부터 추방당한 미국 선교사 조지 E. 오글 George E. Ogle		254
100	한국인을 치료하며 소설로 쓴 미국인 여의사 루드 스튜어트 Ruth Stewart		261
101	폴란드 한국학의 대모 할리나 오가렉-최 Halina Ogarek-Czoj		266
102	국악에 매혹되어 귀화한 미국인 음악가 알렌 C. 헤이만 Alan C. Heyman		273
103	한국 암석화를 세계에 알린 미국 여성고고학자 사라 밀리지 넬슨 Sarah Milledge Nelson		281
104	한국을 비판하다 사랑하게 된 수전 손택 Susan Sontag		288
105	'한국사 연구의 대부' 미국인 학자 제임스 버나드 팔레 James Bernard Palais		298

chapter			page
106		한국에 살며 한국문화를 책으로 엮어낸 미국인 에드워드 아담스 Edward Adams	305
107		한국학 연구의 권위자 스위스 여성학자 마르티나 도이힐러 Martina Deuchler	312
108		재일작가 김소운의 일본인 사위 목사 사와 마사히코 澤正彦	320
109		한국법과 한국사를 연구한 부부학자 윌리엄 로빈슨 쇼 William Robinson Shaw 케롤 카메론 쇼 Carole Cameron Shaw	328
110		한국에 100번 이상 와서 강연한 프랑스 지성 기 소르망 Guy Sorman	337
111		한국문학과 종교에 심취한 네덜란드 교수 보데윈 왈라번 Boudewijn Walraven	346
112		하버드대 출신의 미국인 스님 폴 뫼젠 Paul Moensen	352
맺음말		한국을 사랑하는 세계작가들을 잊지 말기를	362

유골을 금강산에 묻어달라 유언한 영국 여성작가

엘리자베스 안나 고든

Elizabeth Anna Gorden, 1851~1925

『도의 상징들 *Symbols of the Way*』(1916)

Cordially your's
E. A. Gordon

엘리자베스 안나 고든(Elizabeth Anna Gorden)이라는 이름은 한국의 문화사 내지 종교사를 공부하는 사람들에게는 전설적이며 신비한 인물이다. 그녀는 "한국과 일본의 대승불교와 서양의 유대교와 그리스도교의 뿌리가 같다"고 주장했는데, 이러한 주장에 대해 한국에서는 아직도 "무슨 뚱딴지같은 소리"냐고 여기고 있다. 하지만 그녀는 한국과 일본의 역사에 많은 관심을 가진 학자였다. 일본에 오래 살다가 그곳에서 죽으면서 "자신의 유해의 절반은 일본에, 절반은 한국의 금강산에 묻어달라"는 유언을 남겼다. 그녀가 사망한 1925년은 일제강점기였기 때문에 일본인들이 크게 마음을 먹지 않으면 그 유언이 이루어질 수 없었을 텐데, 정말 일본인들이 그렇게 하였는지는 확실히 모른다. 한국이 통일되어 금강산의 사적을 직접 조사할 수 있게 된다면 이것을 추적해 보고 싶다. 아무튼 이런 삶을 살면서 독특한(?) 생각을 가진 "마담 고든"이라 불린 영국 귀부인이 어떤 인물이며, 그녀의 저서와 사상은 어떤 것이었을까 비상히 호기심을 끈다.

작가의 생애

엘리자베스 안나 고든(Elizabeth Anna Gorden)은 1851년 영국 랭커셔(Lancashire)의 크룸프살(Crumpsall)에서 태어났다. 아버지 존 스노든 헨리(John Snowdon Henry, 1826~1896)는 사업가로 남동랭커셔(South-East Lancashire) 주의 주의원이었다. 맏딸인 엘리자베스는 1879년 10월에 28세로 같은 의회원인 존 고든(John Edward Gordon, 1850~1915)과 결혼하였다. 그래서 엘리자베스 고든은 평생 이름 앞에 귀부인(The Honorable)이란 호칭을 달았다. 그녀의 결혼식은 웨스터민스터의 정본(Canon)에 따라 행해졌다. 엘리자베스는 젊은 시절에는 기독교의 역사를 연구하다 옥스퍼드대학에서 막스 뮐러(Friedrich Max Müller, 1823~1900) 교수에게 비교종교학을 배우고, 그의 부인 조지나(Georgina Max Müller, 1853~1911)의 친구가 되었다.

막스 뮐러

이 무렵 1892년에 영국에서는 영일협회(Japan Society London)가 창립되었고, 1902년에는 영일동맹(Anglo-Japanese Alliance)이 체결되었다. 청일전쟁(1894~1895) 당시에 엘리자베스는 여학교 교장 시모다 우다코(1854~1936) 여사와 교분을 쌓았다. 시모다는 일본 황실의 여자들을 교육하기 위해 영국 여행을 하였는데, 엘리자베스의 주선으로 빅토리아 여왕을 알현할 수 있었다. 1907년 10월에 이 여학교가 가쿠슈인(學習院)으로 바뀌자 엘리자베스가 시모다와 함께 신문을 발행할 것이라는 소문이 퍼졌다.

1904년 러일전쟁이 일어나자 일본 정부는 선전을 위해 두 사절을 유럽과 미국으로 보냈다. 그중 하나인 다카수수 준이치로(1866~1945)는 도쿄제국대학의 산스크리트어 교수였는데, 그는 옥스퍼드대학에서 공부할 때 막스 뮐러에게 수학(受學)하였고 엘리자베스와 친구였다. 도쿄제국대학은 다카수수를 통하여 12,000권의 막스 뮐러 장서를 구입하였다. 이때 엘리자베스가 중개역할을 하였다. 엘리자베스는 '일본을 위한 영국문학(English Literature for Japan)'운동을 펼쳤다. 그 결과 10만 권의 책을 모을 수 있었다. 그녀는 자신이 죽으면 1,500파운드를 도서관에 기증하겠다고 유언하여 1908년 11월 16일 히비야도서관(Hibiya Library)의 개관식에 초청되었다.

엘리자베스는 일본으로 돌아오면서 상호이해를 위한 다량의 서적을 갖고 왔다. 50대 중반 이후에 제1차 세계대전이 벌어졌던 몇 년을 제외하고는 거의 일본에서 살았다. 1914년 제1차 세계대전이 발발하자 엘리자베스의 두 아들은 참전하였다. 아들 로날드(Ronald)는 1916년 7월 18일 독일군에 의해 전사하였다.

그녀는 평생 동안 많은 책을 집필하였다. 13권의 책을 저술하였는데 여덟 권은 런던에서, 다섯 권은 도쿄에서 출간되었다. 그중 다섯 권은 결혼하기 전에 쓴 것들이었다. 그녀가 모은 '고든문고(Gordon Collection)'는 와

세다대학과 고야산대학 도서관에 기증되었다. 그녀가 모은 10만 권에 이르는 책은 둘체 코 도서관(Dulce Co Library), 즉 영일도서관(Anglo-Japanese Library)이라고 불리는 곳에 기증되었는데, 이 도서관은 1908년에 개관된 일본 최초의 공공도서관 히비야도서관의 핵심을 이루었다. 이때 출간한 책이 『*The Lotus Gospel: or Mahayana Buddhism and its Symbolic Teachings Compared with Those of Catholic Christianity*(연화복음)』(1911)이다. 이 책을 통해 그녀는 대승불교(Mahanyana Buddhism)와 초기 그리스도교 사이에는 밀접한 관계가 있다는 사실을 밝혀냈다. 그녀는 그리스도가 탄생하기 5백 년 전에 불교가 이루어졌다고 보았다. 또 대승불교의 초기 경전들은 그리스도교가 실크로드에서 중국인과 접촉하는 과정에서 그리고 경교(景敎, Nestorianism)와 접촉하면서 이루어졌다고 믿었다. 그리고 금강산의 비석을 예로 들며 경교가 한국에까지 전파되었다고 주장했다. 또한 대승불교는 초기 그리스도교의 측면들을 반영하고 있으며, 특히 자비(Compassion)를 강조했다고 설명하였다. 『*World Healers*(세계 치유자들)』의 서문에서 그녀는, "현대의 그리스도교가 대승불교와 극동의 경이로운 예술작품들을 알면 더욱 심오하고 영성화(spiritualize)될 수 있을 것"이라고 주장하였다.

고든 여사는 1916년 말까지 일본에 머무르면서, 네스토리안 그리스도교가 중국과 한국, 일본에 어떤 영향을 끼쳤는지를 연구했다. 네스토리안 그리스도교는 9세기에 중국에서 성행하였다. 이때 일본의 밀교불교종인 신곤(親鸞)이 중국에 머물렀다. 고든은 이때 구카이불교에 네스토리안 그리스도교가 영향을 주었다고 보았다. 그녀는 일본의 고야산과 한국의 금강산에 네스토리안 비석을 모조해 세웠다.

1920년부터 교토의 한 호텔에서 살다가 1925년 6월 27일 사망하였다. 향년 74세였다. 그녀는 자신의 유해를 고야산과 금강산에 매장해달라 유언했다. 고야산에 묻힌 최초의 서양인이 되었다.

Symbols of the Way
(1916) 초판본

작품 속으로

———

『도의 상징들*Symbols of the Way*』의 원서는 1916년 일본 도쿄에 있는 마루젠출판사에서 영문으로 출간되었다. 영문 제목 밑에 '불야일원(佛耶一元), 대도무방(大道無方)', 즉 '부처와 예수는 한 근원이요, 큰길은 방향이 없다'는 표어를 적고 있어 인상적이다. 또한 저자명을 'The Hon. Mrs. E. A. Gordon'으로 자신이 귀족임을 나타내고, *Clear Round!*, *Temples of the Orient*, *World Healers* 등 3권 책의 저자라고 밝히고 있다. 그러고는 'Fully Illustrated', 즉 완전 도판이라고 적고 있다. 그래서 이 책에는 상당히 많은 사진들이 실려 있다.

이 책은 총 12장인데, '1. 영혼에 관한 세계적인 서사작품 세 편, 2. 암부와 배, 3. 금강산, 4. 금강산의 비밀, 5. 대도, 6. 도를 찾는 승려들, 7. 성 요한과 파르티아인들, 8. 파르티아, 로마, 중국, 9. 셋인 동시에 하나인 신, 10. 실로, 별, 미륵, 11. 구옥과 물고기, 12. 이스라엘의 샘'으로 되어 있다.

고든은 1913년에 서울을 처음 방문했고, 1914년 전후로 조선의 22개 사찰을 방문했다. 그중 상당수는 두 번 이상 가보았다고 기록하고 있다.

내가 조선에서 발견한 것의 의미를 좀 더 분명히 할 필요가 있겠다. 이를 위해서는 당 태종이 죽은 뒤 삼한(한반도의 왕국들)이 650년에 태종의 아들 —선왕과 마찬가지로 경교와 불교 승려들에 우호적이었던— 고종에게 공물을 보냈다는 역사적 사실을 지적하는 것이 중요하다. 경교비 (Nestorian Monument)는 "교당이 각 성읍에 충만하다"고 언급하고 있다. 고종은 경교 성직자 아라본(阿羅本)에게 '도의 대왕이자 제국의 재상'이라는 시호를 추서했고, 19년 동안 도의 스승인 현장과 가까운 친구 사이로 지냈다. 현장은 '숨어 남아 있는 동안' 불경을 산스크리트어에서 중국어로 번역하는 중요한 작업을 계속했고, 불경을 많이 필사했으며 많은 그림을 그렸다. 따라서 일본 조정에서 아주 많은 일본인 청년학승들을 장안으로 보냈을 당시에는 비교종교에 대한 연구가 활발했다는 것을 알 수 있다. 이 연구는 실제로 오늘날 참조할 만한 연구이다. (21쪽)

저자의 박학다식을 잘 보여주는 서술이다. 이는 종교와 고고학, 미술사를 아는 사람만 할 수 있는 것이다. 저자는 중국, 조선, 일본의 불교미술을 섭렵하면서 인도, 페르시아, 더 나아가 서양의 그리스도교 미술과 비교하면서 흥미진진하게 서술하고 있다. 일각수와 석사자에 대해서는 이렇게 설명하고 있다.

인도 북부 고대 월지국의 아잔타 석굴사원을 보면 부처의 보좌 아래 사자와 일각수가 평화롭게 앉아 있다. 이는 스타인(Stein) 박사가 둔황 천동불의 화려한 비단에 수놓인 그림에서 본 것과 같다. 연꽃이 피어오르는 대좌(臺座) 위에 있다. 유대인의 중국 정착은 바빌론 박해가 있던 34년 혹은 예루살렘이 함락된 70년까지 거슬러 올라간다. 기원후 90년경, 리(Li)라는 이름의 한 유대인이 70명의 수도사와 함께 카이펑(開封)에 도착했다. 마닐라의 가톨릭교회 앞에는 그와 같은 사자와 일각수가 서 있다. 그러나 어떤 연유로 거기에 있게 되었는지는 설명하기 어렵다. 일본에서는 이들은 '조선의 개(Korean dogs, 고마이누)'로 불리지만, 조선에서는 중국의 사자(Chinese lion), 중국에서는 페르시아의 사자(Persian lion)로 통한다. 따라서 그 지리적 기원에 이르는 경로를 쉽게 파악할 수 있다. 바로 페르시아다! 그러나 그들에게 붙일 수 있는 가장 적절한 명칭은 '불(佛)의 개(Dogs of Fo)'일 것이다. (74~75쪽)

고든은 조선과 고구려 등의 역사를 거슬러 올라가 불교와 그리스도교의 연관성에 대해 이렇게 말하고 있다.

고구려 사절이 공물을 갖고 396년 장안에 오자 부견은 이 기회를 이용해 귀국하는 고구려 사절 편에 순도라는 티베트 승려를 불화, 불경과 함께 보냈다. 고구려왕은 순도를 진심으로 반갑게 맞이했고, 그가 모든 서양의 왕들이 아들을 승려가 되게 했던 것처럼 세자를 가르치도록 했다. 이듬해 373년 고구려는 율령(律令)을 반포했고 문호를 열었으며 문(文), 즉 책과 기록을 확립했다. 이러한 환대는 분명 고구려 왕실의 여인들이 흉노족의 도읍인 업(鄴)에 포로로 있을 때 도안을 알았던 데서 기인한 것이다. 왕은 특별사절 편에 중국 황제에게 순도를 보내준 것에 대해 감사를 표했다. 순도가 고구려에 온 지 3년이 못되어 큰 사찰 두 개가 세워졌다. 하나는 이불란사(伊佛蘭寺)였다. 매우 오래된 전승에 따르면, 초기 그리스도교의 모든 교회가 그랬던 것처럼 다시 찾은 고구려의 도읍은 큰 배 모양으로 조성되었다. 374년 중국에서 온 아도는 이불란사에 있었고 순도(順道)는 정문사에 머물렀다. 두 승려는 열심히 일했고, 기도와 은거에 적합한 장소를 찾아 지치지 않고 여행했다. 순도는 379년에 죽었다. 모든 조선사찰에서 보물처럼 생각하는 그의 이름은 '도를 따르는 사람'을 뜻한다. 그와 같은 사람이 기원전 2,200년 전의 히브리 족장 아브라함이었다. 그는 오늘날까지 아랍인들 사이에서 신의 친구로 알려져 있다. 또 안티오크에는 '도(道)의 남녀', '신실한 아브라함의 아이들'이 있었다. (101~102쪽)

내가 금강산에서 보고 매우 놀란 벽화는 유점사의 보물이다. '백의관음'이 버드나무 가지와 정병을 들고 마귀가 무너뜨리려고 하는 바위 위에 뒤집혀 놓여 있는 바구니에 앉아 있다. 이 생명의 영(靈) 옆의 화병 안에 홍련(紅蓮)이 있다. 또 다른 중요한 그림은 '영생의 부처' 아미타불도이다. 대세자와 관세음보살이 함께 있다. 반대편에 지장보살이 '도를 알려주는' 성인, '독에서 사람을 구한' 왕과 함께 있다. 그 사이에 가슴에 각각 만(卍) 자 문양을 새긴 일곱 거인이 있다. 이들은 '조선의 별들의 왕'으로 북극성 주위의 별 일곱 개로 된 큰곰자리를 주재한다. 이것은 천정 혹은 최고천(最高天)으로, 고대인들에게는 상제(上帝)로 간주되었다. 히브리 성서 에스더 1장 14절은 왕의 얼굴을 본 페르시아궁정의 일곱 왕자들을 언급하고 있다. 이들은 실제로 '왕의 법을 해석하는' 일곱 대신들이었다. 요세푸스는 말한다. 조선의 많은 벽화에서 나는 이 일곱 대신들이 그림 위쪽 일곱 별들의 반영인 것을 보았다. (120쪽)

불교에 대해 잘 모르는 사람도 '달마'라는 이름을 한 번쯤은 들어봤을 것이다. 달마는 중국 남북조시대에 중국 선종(禪宗)을 창시한 인물이다. 조선 중기에는 김명국이 '달마도'를 그린 화가로 유명했는데, 저자는 조선에서 달마도를 보고 이렇게 말한다.

1913년 경성을 처음 방문했을 때 불교와 대승불교에 대해 거의 알지 못하는 한 외국인이 나를 보고 그림 한 점을 가리켰다. 놀랍게도 히브리인 얼굴을 한 인물이 등장하는 그림이었다. 조선인들은 그림 속의 인물을 '산신(山神)'이라고 했지만 다른 사람들은 나에게 '달마대사'라고 했다. 진한 황갈색 사자 —털이 곱슬곱슬한 조선 토종개가 아님— 위에 주인 공이 앉아 있는데, 그는 몸집이 크고 히브리인처럼 생긴 승려로 마하연암 그림의 달마처럼 삭발한 부분이 두드러진다. 그 인물 위쪽에는 겨우살이 가 매달려 있는 소나무가 있고, 그 양쪽에는 자색 포도가 탐스럽게 달린 포도나무와 활짝 핀 장미 한 송이가 있다. 장미는 한겨울의 세찬 폭풍을 견뎌낸 매화와 함께 만다라 아랫부분에도 되풀이해서 나타난다. 사자, 포도나무, 장미는 모두 유다, 그리스도, 메시아, 그리스도의 교회 등의 특별한 상징으로, 〈동시리아 성무일도서〉는 이를 '복음의 포도덩굴'로, 시리아 전례는 '당신이 심은 포도'라고 묘사했다. 승려는 대승불교 특유의 차림새를 하고 있는데, 전문가들에 따르면 이 차림은 기독교 교회가 유대 신전 전례에서 전해 받은 것이다. (174~175쪽)

이 책의 뒤쪽에서 저자는 일본학계의 편협성을 지적하면서, "일본 불교 가 조선 불교의 영향을 받았다는 사실을 인정해야 한다"고 주장한다.

일본인 연구자들과 사상가들이여, 일본은 이제 세계의 열강이 되었다. 따라서 지금까지 적어도 우리가 1800년 동안에 걸쳐 살펴본 이러한 역사 적 사실들, 특히 여러분의 나라 일본이 영적 물적 문명의 발전을 이룩하는 과정에서 조선 불교와 조선 승려와 밀접한 관련을 맺었다는 사실을 인정 해야 한다. (187쪽)

일본에서 책을 쓰면서 일본학자들에게 바른 소리를 한 저자가 새삼 달리 보인다. 그리고 저자는 우리에게도 소중한 충고를 아끼지 않는다. 저자는 "많은 한국인들이 일본의 문물을 한국인이 거의 다 가르쳐주었다고 주장하는데, 이것은 맞는 얘기지만 자기 붓대롱으로만 설명하는 것이고, 한국의 문화가 어디서 영향을 받았는지를 더 폭넓고 깊이 있게 알아야 한다"고 말한 것이다. 이런 면에서 이 책은 최고의 길잡이가 된다.

하지만 오늘날 한국불교가 선(禪) 중심의 조계종이 중심인 현실에서 이 책의 주장이 얼마나 받아들여질지는 모르겠다. 그러나 이 책은 매우 학술적이다. 독실한 기독교 신자이지만 불교에 대해 관심이 많았던 고든은 불교와 기독교에 공통적으로 보이는 신앙과 상징에 대해 연구했던 것이다. 이 책은 1916년에 발간한 것인데 6·25 전쟁 이후 사라진 우리 옛 사찰의 모습을 생생히 보여주기도 하여 매우 가치 있다.

많은 시간을 동서양 종교의 유사성에 집중했던 저자는 단테의『신곡』,『천로역정』,『서유기』의 공통점을 발견했다. 또 금강산 사찰을 순례하며 벽화나 만다라 등에서 기독교와의 유사성을 찾아내기도 했다. 일례로 금강산 정양사 약사전에 봉안된 4점의 불화가 중국 화가 오도자(吳道子)의 그림임을 밝히고 있다. 저자는 "대승불교의 종교적 상징들이 갖는 의미에 주목하면서 불교와 기독교가 서로 다르지 않음"을 강조했다.

종교는 궁극적으로 상징이기 때문에 추상적 개념뿐만 아니라 조형적 상징물인 미술을 통하여 설명할 수 있다. 그래서 이 책은 앞으로도 한국뿐만 아니라 일본과 중국, 인도의 불교와 서양의 그리스도교를 함께 연구하는 비교종교학의 필독서가 될 것이다.

조선의 사찰 배

모내스터 수도원의 수도원장이 만든 켈트 십자가(위)
보호의 권능을 나타내는 신수(神手)와 해돋이와 해넘이를 상징하는 두 개의 만자문(卍字紋)

관에서 나오는 석가여래

아미타불, 세지보살, 관음보살, 그 주위의 하늘의 무리들이 극락의 호수에서 새롭게 태어난 물고기들을 반갑게 맞이하고 있다.

지장보살

석가여래와 우주수. 조선 금강산
에 있는 유점사의 보물

잔을 하사하는 관음보살

탑에서 내려온 선물을 반갑게 맞이하는 나한들

중국 시안의 경교비

문수보살, 달마대사

생명을 구하는 배의 후광을 지닌 관음. 감로병과 성스러운 부채를 들고 있다.

손에 법륜(rimbo) 표시가 있는 석가여래

유점사의 고승

대한제국 애국가를 지은 독일인 음악가

프란츠 에케르트

Franz Eckert, 1852~1916

〈대한제국 애국가〉(1902)

구한말 개화기의 역사를 읽다보면 기울어져
가는 국운에 슬픔과 답답함을 느끼면서도
묘한 희망과 위안을 느끼는 대목들이 있다.
나는 프란츠 에케르트(Franz Eckert)라는 독
일인 음악가가 대한제국의 애국가를 지었
고, 서울에서 사망하여 양화진의 서울외국
인묘지공원에 묻혔다는 사실을 알고 당장
찾아가보았다. 실제로 지금도 묘지 초입에 까만 오석(烏石)으로 장식을 한
묘비가 조용히 서 있다. 십자가 안에 그의 얼굴이 새겨 있고, "여기에 하느
님 속에 프로이센 음악대장 프란츠 에케르트 잠들다(Hier ruht in Gott
preussischer Musikdirektor Franz Eckert)"라는 독일식 비문이 새겨 있다.

프란츠 에케르트

비문에 새겨진 두 개의 별은 독일제국과 조선제국의 운명을 상징하는 것처럼 느껴진다.

　이 묘비 앞에 서면 약간 병약해 보이면서도 음악가다운 그의 얼굴 떠오른다. 어느 해는 이 묘비 앞에서 그가 작곡한 〈대한제국 애국가〉의 연주를 듣고 감회에 젖기도 했다. 그는 한국과 독일의 문화교섭사에서 중요한 인물이다. 그리고 우리 근대사에서 잊을 수 없는 존재이다.

대한제국 황립 양악대

탑골공원에서 군악대

작가의 생애

———

프란츠 에케르트(Franz Eckert)는 1852년 4월 5일 프로이센 슐레지엔 주 발덴부르크(Waldenburg)의 노이로데(Neurode)에서 법률가의 아들로 태어났다. 음악에 관심이 많았던 그는 브레슬라우와 드레스덴에서 예술학교를 다녔다. 이어서 나이세(Neiße, 현재의 폴란드 니사(Nysa))에서 군악대에 들어갔고, 해군 군악대 지휘자로 근무했다. 때마침 독일 해군에서는 일본 해군에 파견할 음악가를 찾았는데, 1879년에 그는 일본 메이지정부에

서울외국인묘지공원의
에카르트 묘비석

초빙되었다.

당시에는 일본에 서양 음악이 거의 알려져 있지 않았다. 그는 다양한 서양 악기들을 일본에 전수했고, 서양의 멜로디와 하모니들을 일본 음악계에 전해 주었다. 1888년 3월 에케르트는 일본 황궁의 고전 음악부에서 일했는데, 일본 황실의 제례음악을 처음 접하게 되었다. 그는 일본 황실 가족들을 위한 오케스트라를 만들었는데, 1892년부터 1894년까지는 도야마의 군악대에서 독일 군악을 가르치는 교습소를 운영하기도 하였다. 이때 그는 일본의 초등학교를 위해 음악책을 편찬하기도 하였다.

그가 남긴 업적 중 가장 중요한 것은 일본 국가를 작곡한 것이다. 1880년 에케르트는 일본 해군으로부터 일본 국가를 작곡해 달라는 부탁을 받았다. 에케르트는 일본의 대중음악을 토대로, 그레고리안 찬트 멜로디를 선택한 뒤에 이를 유럽의 악기에 맞는 화음으로 재구성하였다. 그리하여 탄생된 일본 국가 '기미가요'는 1880년 11월 3일 천황의 생일잔치에 일본 황궁에서 처음으로 연주되었다. 1899년 3월 31일 에케르트는 건강이 악화되자 일본을 떠나 독일로 돌아갔다. 그는 프로이센 왕립 악단의 단장으로 잠시 근무하였다.

한편, 독일 해군의 헤르타(Hertha)호가 1883년 11월 26일에 대한제국과 조약을 체결하기 위해 도착하였을 때, 독일 해군 군악단도 같이 상륙하였다. 대한제국은 당시 서울에 있던 독일 공사 바이페르트(Heinrich

Weipert)의 소개로 에케르트를 초청하였다. 그는 건강이 회복되자 1901년 2월 19일 서울에 도착하였다.

에케르트는 24명의 연주가들을 훈련시키기 시작했고, 이듬해에는 거의 70명으로 늘어났다. 그들은 왕궁뿐만 아니라 매주 목요일마다 파고다 공원에서도 연주를 하였다. 대한제국 정부는 에케르트에게 국가를 작곡해 달라고 부탁하였다. 이 부탁을 받아들인 그는 〈대한제국 애국가〉를 작곡했다. 〈대한제국 애국가〉는 바그너(Wagner)의 음률에 가까운 것으로 1902년 7월 1일에 완성되어 9월 9일 고종황제 앞에서 연주되었다. 그 공로를 인정받아 그해 12월 황제로부터 태극 3등급 훈장을 받았다. 안타깝게도 〈대한제국 애국가〉는 1910년의 한일 강제병합으로 금지되었고, 일본의 국가인 '기미가요'가 국가로 연주되었다.

제1차 세계대전이 발발하자, 본국 독일과 연락하기 힘들어지면서 에케르트의 연주단은 축소되었다. 게다가 에케르트의 건강까지 점차 악화되었다. 결국 연주단을 지휘하기 힘들어진 그는 1916년 제1 플루트 연주자였던 백우용에게 지휘자 자리를 넘기고 은퇴하였다. 그리고 1916년 8월 6일 서울에서 별세하였다. 장례식에는 그가 직접 만든 연주단이 장례음악을 연주하였다. 순종 황제는 100원을 하사하여 그의 죽음을 애도하였다. 에케르트는 서울 마포구 합정동 양화진의 서울외국인묘지공원에 묻혔다. 또 당시 신문에는 그의 죽음을 애도하는 '악계은인(樂界恩人)의 장서(長逝)'라는 제목의 추모기사가 실리기도 하였다.

그의 아들은 하인츠 에케르트(Heinz Eckert)였고, 딸은 한국에서 에밀 마르텔(Emil Martel)과 결혼하였다. 그의 외손녀인 임마쿨라타 수녀는 대구에서 살았다.

〈대한제국 애국가〉(1902) 초판본 표지와 본문

작품 속으로

이 책에 소개된 다른 인물과 달리 에케르트는 책을 쓴 작가는 아니다. 하지만 그는 〈대한제국 애국가〉를 작곡했으니 이 책에서 꼭 소개하고 싶다. 혹자는 "음악작품을 문학작품과 동일선상에서 볼 수 있겠느냐"고 물을 수도 있겠지만, 음악의 가사는 시와 유사한데, 좋은 가사는 문학적 기초를 갖추어야 쓸 수 있는 것이다.

에케르트는 〈대한제국 애국가〉 외에도 〈태호선(太湖船)〉, 〈중국 행진곡〉, 〈일본 국가(기미가요)〉 등을 작곡했고, 많은 피아노곡, 실내악곡, 관악독주곡 등을 만들었다.

〈대한제국 애국가〉의 가사에는 동양의 상제(上帝)가 등장한다. 동아시아에서 상제는 '하느님'을 뜻하는데, 그는 서양인이었지만 동양의 전통과 신화를 존중했기 때문에 '상제'를 가사에 등장시켰다. 하느님의 도움으로 대한제국의 황제가 국가를 번영시키기를 바란다는 가사를 지은 것이다.

상제는 우리 황제를 도우소서

성수무강하사 해옥주를 산같이 쌓으시고

위권이 환영에 떨치사

오천만세에 복록이 일신케 하소서

상제는 우리 황제를 도우소서

이 가사는 후일 이철우 씨가 합창곡으로 만들면서 이렇게 편곡하였다.

상제는 우리나라를 도우소서

영원무궁토록 나라 태평하고

인민은 안락하야 위권이 세상에 떨치어

독립자유부강을 일신케 합소서

상제는 우리나라를 도우소서

지금 우리는 안익태가 작곡한 〈애국가〉를 부르고 있지만 〈대한제국 애국가〉를 작곡한 에케르트의 존재를 잊어서는 안 될 것이다.

73

조선을 칭찬한 영국 귀족
헨리 노먼
Henry Norman, 1858~1939

『*The Peoples and Politics of the Far East*(극동의 민족과 정치)』(1895)

영국의 저명한 저널리스트요, 자유주의 정치
가였던 귀족 헨리 노먼(Henry Norman)이 조
선을 다녀갔다는 사실은 잘 알려져 있지 않
다. 나도 전에는 알지 못하였는데 그의 저서를
읽고 그가 얼마나 당시 동아시아의 정치에 밝았
고 한국에 대해서도 관심이 많았는지를 알게 되었다.

그는 1900년부터 1910년까지 자유당 의원으로 활동하면서, 여성 참
정권을 옹호한 바 있다. 또 정치인으로 활약하기 전에는 언론인으로 활약
하였다. 《뉴욕타임스》에서 기자로 활동하면서 드레퓌스 사건(Dreyfuss
Affair) 뒤에 숨겨진 진실을 밝혀내기도 하였다. 1892년부터 《뉴 크로니클
New Chronicle》의 편집장으로 활동했고, 세계 곳곳을 여행하며 많은 사진

과 글을 남겼다. 그는 러시아, 일본, 한국, 중국, 말레이시아, 중앙아시아 등을 여행한 경험을 토대로 『*The Peoples and Politics of the Far East*(극동의 민족과 정치)』를 출간하였다.

작가의 생애

———

헨리 노먼(Henry Norman)은 1858년 9월 19일에 영국 레이세스터 (Leicester)에서 태어났다. 그는 레이세스터 고등학교를 졸업하고 독일 라이프치히대학에서 신학과 철학을 공부하고 미국 하버드대학에서 공부하여 문학사(B. A.) 학위를 받았다.

졸업 후 바로《뉴욕타임스》기자가 된 그는 드레퓌스 사건의 진상을 파헤치면서 언론인으로 유명해졌다. 1892년부터《뉴 크로니클》의 편집인이 되었고, 1895년 부주필이 되었다. 1899년 언론에서 떠나기 전까지 미국, 캐나다, 러시아, 일본, 한국, 중국, 시암, 말레이시아, 중앙아시아를 여행하였다. 그리고 두 권의 여행기를 내었다. 그가 여행하면서 찍은 사진들은 케임브리지대학교에 소장되어 있다. 그는 1902년부터《세계의 일 *The World's Work*》이라는 잡지를 창간하여 1923년까지 42호를 발간하였다.

1906년에 작위를 받았고, 1915년에는 백작(baron)이 되었다. 1891년에 작가 도위(Ménie Muriel Dowie, 1867~1945)와 결혼했지만 1903년에 이혼하였다. 1907년에 맥라렌(Florence Priscilla McLaren, 1884~1964)과 재혼하여 세 자녀를 두었다.

그는 정치에도 참여하여 1900년부터 13년간 자유당 의원으로 활동하였다. 그는 특히 여성의 고통을 대변하는 정치가였다. 1939년 6월 4일 작고하였다.

작품 속으로

———

헨리 노먼은 다음과 같은 저서들을 남겼다. *An Account of the Harvard Greek Play*(1881), *The Preservation of Niagara Falls*(1882), *The Real Japan*(1892), *The Peoples and Politics of the Far East*(1895), *All the Russias* (1902), *The Treatment and Training of Disabled and Discharged Soldiers in France*(1917), *Will No Man Understand? A Play*(1934). 그중 한국에 관한 내용은 『*The Peoples and Politics of the Far East*(극동의 민족과 정치)』(1895)

에 소개되어 있다.

노먼은 19세기 후반의 극동문제 전문가였다. 그
는 일본의 메이지유신과 근대화에 대해 훌륭한 연구
업적을 낸 인물로 알려져 있다. 1890년대 초반에 4년
여에 걸쳐 극동지역을 직접 여행하면서 보고 느낀 점
을 토대로 연구보고서를 썼다. 연구보고서에 상하이
와 홍콩 등 중국을 위협하는 영국의 세력권, 동남아시
아의 프랑스 세력권, 블라디보스토크를 중심으로 한
러시아의 남진정책을 서술하였다. 그러면서 자신이

*The Peoples and Politics
of the Far East*(1895)
초판본

보고 느낀 중국, 한국, 일본, 시암(타이)의 현대사를 서술하고 있다.

그는 원산에서부터 한국여행을 시작했는데, 고대 한반도가 일본 문화
를 형성하는 데 크게 기여했음을 도자기 등을 예로 들어 설명한다. 그는 운
양호사건을 계기로 한반도의 운명이 기울기 시작했다고 말한다. 또 한반
도는 러시아와 일본 사이에서 대립의 장이 될 것이며, 일본은 러시아의 남진
정책을 강력히 반대할 것이라고 주장하며 러일전쟁의 가능성을 예견하였
다. 원산에서 한국 가을 산의 아름다움에 매혹된 그는 서울에서 고종황제
와 면담한 내용, 제물포의 발전상, 인구현황, 수출입 현황 등을 소상히 기
록하였다.

노먼의 『*The Peoples and Politics of the Far East*(극동의 민족과 정치)』는
'1. 극동에서의 영국제국, 2. 극동에서의 프랑스, 3. 극동에서의 러시아, 4.
극동에서의 스페인, 5. 극동에서의 포르투갈, 6. 중국, 7. 한국, 8. 일본, 9.
시암, 10. 말레이시아'의 순서로 되어 있는데, 608쪽에 이르는 방대한 책이
다. 그는 『*The Real Japan*(일본의 실상)』이라는 책을 출간하기도 했는데, 이
책의 뒷면에 『*The Peoples and Politics of the Far East*(극동의 민족과 정치)』의

광고도 실었다.

한국에 관한 내용은 7장에 실려 있는데, '1. 말등에 타고 한국을, 2. 서울의 도시와 주민, 3. 한국의 문제'의 순서로 되어 있고, 387쪽에서 447쪽에 걸친다. 이 책에는 색인이 붙어 있는데 한국이 중국의 속국처럼 전락한 것, 한국의 생산율, 외국인 지역, 한국의 장례, 한국 속의 중국과 일본, 한국의 왕, 관리들의 전횡, 한국의 군대, 러시아인에 대한 적개심 등을 다루고 있다. 그리고 그가 궁중에서 고종황제를 알현할 때 통역을 담당한 김 씨라는 한국인 귀족(nobleman)에 대해서도 언급하고 있다.

이 책에서 한국에 관한 내용은 다음과 같이 시작하고 있다.

　나는 은자의 왕국의 수도에 도착하기 위해 색다른 길을 선택했다. 보통의 길은 증기선으로 나가사키나 즈푸(Chefoo)에서 제물포로 가서 거기서 서울까지 26마일을 걷거나 짐승에 실려 가는 것이다. 나가사키에서 블라디보스토크로 가는 증기선은 나를 원산 북쪽에 내려다 주었고, 거기서 해관장의 주선으로 조랑말과 부역인들을 주선해주었다. 그래서 나는 반도를 가로질러 서울로 갈 수 있었다. 그래서 빙 돌아갈 필요가 없었다. 해안에서 서울까지 한 길이 있는데, 전에 일본영사관과 다른 영사관들이 여행한 길이다. 그러나 내가 간 때는 유럽인으로 거의 이 길을 걸은 사람이 없었다. 이 시점에 이 길은 흥미가 있는데, 왜냐하면 오랫동안 일본군들이 평양의 전투에 셋째 기둥 역할을 하는 긴 길이고, 원산은 그 가능한 미래를 볼 필요가 있었다. 한국당국은 여행자들을 만류했고, 도쿄 주재 한국공사는 나에게 집요하게 서울로 가는 여권을 주기를 거부했다. 내가 영국 공무관이라고 밝혔는데도 말이다. (387쪽)

　　7장에는 사진이 총 9개가 실렸는데, 그중 저자가 조랑말을 타고 여행을 시작하는 모습을 찍은 것이 가장 인상적이다. 조랑말이 넷이고, 5인의 길잡이가 함께 찍었다.

　　이 책은 아직 한국어로 번역되지 않았다. 7장만이라도 번역되었으면 좋겠다.

한국교회사를 이룬 선교사 부자

사무엘 오스틴 마펫

Samuel Austin Moffett, 마포삼열, 1864~1939

사무엘 휴 마펫

Samuel Hugh Moffett, 마삼락, 1916~2015

『진리편독삼자경眞理便讀三字經』(1908)

『*Where'er The Sun*(태양이 있는 곳)』(1953)

사무엘 휴 마펫(Samuel Hugh Moffett)은 한국에서는 마삼락(馬三樂) 박사로 알려져 있다. 그의 아버지 마포삼열(馬布三悅, Samuel Austin Moffett) 박사 역시 선교사였다. 그의 가문은 선교사 가문으로 한국 기독교회사에서 매우 중요하다. 나는 젊은 시절 그가 장로회신학대학교 대학원장으로 재직할 때 몇 번 뵌 적이 있다. 세월이 흘러 그가 미국으로 돌아가고 나도 교수가 되어 2010년 7월 29일 프린스턴대학에 갔을 때 다시 반갑게 만났다. 대학 정문 앞의 나사우 인(Nassau Inn)이라는 일종의 교수식당에서였다. 그는 "기왕이면 아인슈타인(A. Einstein)이 앉았던 자리에 앉으라"고 권하시며, 식사 도중에 농담도 많이 건네셨다.

오찬이 끝나자 댁으로 가자시며 구순 노인이 손수 운전을 하셨다. 강

아버지 마포삼열   아들 마삼락

을 건너 자택으로 가니 서울에서 뵈었던 사모님이 반가이 맞으셨다. 할머니가 되셨지만 옛날의 고운 모습이 그대로 남아 있었다. 거실에는 여기저기 한국물건들이 걸려 있었다. 화장실에 들어가니 거기에도 부친이 살았던 옛 평양시가의 지도가 걸려 있었다. 서재에 있는 책들은 정리하여 한국으로 보내어질 것이라고 하셨다.

감동의 재회를 마치고 또 직접 운전하여 프린스턴대학 캠퍼스까지 데려다 주셨다. 거기서 한 건물을 가리키며 저곳이 이승만 박사가 살던 기숙사라고 알려주셨다. 나는 작별을 하고 잔디밭에 앉아 그 기숙사 건물을 스케치하였다. 한국과 프린스턴이 가깝다고 생각했는데 마 박사를 통하여 더욱 그렇게 느껴졌다. 잊을 수 없는 추억이다. 몇 년 후 그는 별세하셨고, 그의 장서는 서울 광나루의 장로회신학대학에 〈마삼락문고〉로 기증되었다. 유튜브를 보니 2006년 5월 10일 그는 장로회신학대학에서 연설했는데, "나의 부친은 자동차를 거부하셨고, 나는 컴퓨터를 거부한다", "한국인은 2만 명의 선교사를 해외에 보내는 천성적 전도자이다. 선교사의 시대는 끝나지 않았다"고 말하기도 했다.

작가의 생애

사무엘 오스틴 마펫(Samuel Austin Moffett, 한국
명 마포삼열馬布三悅)은 인디애나 주 매디슨에서 1864
년 1월 25일 출생하였다. 1884년 하노버대학을 졸업
하고, 1888년 맥코믹신학교를 졸업하였다. 한국 선교

마포삼열

를 자원하여 1890년 내한한 후 1893년까지 서울에서 활동
하고, 1893년 이후에는 평양에서 선교활동에 종사하였다. 1901년 평양 장
로회신학교를 설립하고, 초대 교장에 취임하며 근대교육에 힘을 쏟았다.

1918년부터 1928년까지 숭실중학교와 숭실전문학교의 교장을 역임
하고, 평안도에 많은 학교와 교회를 설립하였다. 1912년 '105인 사건'으로
한국의 애국지사들이 투옥되자, 매큔·에비슨 선교사 등과 함께 "이 사건이

마포삼열(좌측 첫 번째)과 언더우드 등 성서번역원들

마삼락 박사의 만년의 모습

사실무근의 날조사건이며, 고문 등 비인도적 방법이 자행되고 있다"고 데라우치 마사타케(寺內正毅) 총독에게 항의하고, 미국의 장로회 본부에 일제의 만행을 보고하여 국제여론을 환기시키는 데 힘썼다. 1936년 한국으로 돌아올 것을 기약하고 귀국하였는데, 1939년 10월 24일 미국에서 소천하였다. 슬하에 아들 다섯을 두었는데, 그중 둘은 한국에서 선교사업에 종신하였다.

사무엘 휴 마펫(Samuel Hugh Moffet)은 사무엘 오스틴 마펫의 3남이다. 1916년 4월 7일 평양에서 태어나 고등학생 때까지 평양외국인학교에서 공부했다. 1942년 프린스턴신학교를 졸업하고 예일대학교에서 철학박사 학위를 취득했다. 이후 중국에서 교수 생활을 하다 1953년부터 1955년까지 프린스턴신학교에서 가르치다가 1955년부터 미국장로교 선교사로 한국에서 사

삼일절 기념식을 마치고(우측 여섯 번째가 마삼락)

자택에서 마삼락 박사와 저자(2010년)

역했다. 안동 지역에서의 선교활동을 시작으로 장로회신학대학에서 교회
사 교수(1959~1981)와 대학원장을 맡았고, 연세대와 숭실대, 대한성서공
회 이사도 지냈다. 1981년부터 1987년까지 프린스턴신학교에서 교수로
활동했다. 28년간 은퇴생활을 즐기다 2015년 2월 9일 98세로 소천했다.
그의 유해는 뉴저지 주 프린스턴에서 캘리포니아 주 카핀테리아의 가족묘
지로 이장되었다. 장서는 서울의 장로교신학대학교에 기증되었다.

작품 속으로

————

　사무엘 오스틴 마펫의 저서 중 가장 인상적인 책은 『진리편독삼자경眞
理便讀三字經』(1908)이다. 이 책은 원래 1880년 중국에서 그리피스 존
(Griffis John)이 쓴 책인데, 마펫이 한국인을 위하여 한글로 옮긴 것이다.
원래 송나라 때 편찬되어 광범하게 퍼진 『삼자경三字經』을 응용해 만든 기
독교 입문서이다. 『삼자경』은 『천자문』, 『백가성百家姓』과 함께 중국의 3

『진리편독삼자경』
(1908) 한국기독교역사
박물관 소장본

대 몽학서(蒙學書), 즉 아동교재이다. 기독교에서 이 책의 교리를 세 글자씩 압축하여 담은 것이 『진리편독삼자경』(중국 漢口, 1880)이다. 마펫은 한문으로만 되어 있는 이 책을 원본과 마찬가지로 16장으로 번역 편찬하였다.

이 책은 '1. 독일상제(獨一上帝). 2. 봉신지류(封神之謬), 3. 만유진원(萬有眞原), 4. 성현경제(聖賢敬帝), 5. 인지본원(人之本源), 6. 귀신지별(鬼神之別), 7. 가송상주(歌頌上主), 8. 구세진주(救世眞主), 9. 성신감화(聖神感化), 10. 복음성교(福音聖敎), 11. 거가귀진(去假歸眞), 12. 상론도고(詳論禱告), 13. 심판선악(審判善惡), 14. 성교경전(聖敎經典), 15. 약인성경(畧引聖經), 16. 경성유동(警醒幼童)'의 순서로 되어 있다. 각장에 한자 석 자로 되어 있는 성구(成句)를 통해 기독교 교리를 해설하였다. 한 성구를 이루는 한자들의 각각에 한글로 음과 뜻을 달아 쉽게 읽을 수 있도록 하였다.

『진리편독삼자경』은 현재 세 가지 판본이 있는데, 하나는 고려대학교 신암문고에 포함된 것으로 1895년에 간행된 것이다. 또 하나는 숭실대 박물관을 기초한 김양선 교수의 장서본이고, 또 하나는 1908년에 간행된 한국기독교역사박물관 소장본이다. 이들의 차이는 별로 없다. 한자표현을 한글로 바꾼 것, 예컨대 '회개(悔改)'를 '뉘우치고 고치기', '십자가(十字架)'를 '십자형틀'로 직역하고, '하나님'을 '상제(上帝)', '아브라함'을 '아백란', '베들레헴'을 '백리항'으로 적었다. 국어학자 이복규 교수(서경대)는 한글주석을 붙여 2012년에 편집 출간하였다.

이 책의 원문 첫 문장은 "대조주(大造主)는 즉상제(卽上帝)시니 제시수(帝是誰)요, 청자세(聽仔細)하라"이고, 번역은 "크게 조성하신 주님은 곧 하나님이시니, 하나님 이분은 누구신가 자세히 들어라"로 되어 있다. 다음 문장은 "천여지(天與地)와 인여물(人與物)을 개상제(皆上帝)가 친조출(親造出)이시니라"이고, 해설은 "하늘과 땅과 사람과 만물을 다 하나님께서 친히 지어내셨다"로 되어 있다.

제2장의 첫 문장은 불교에 대한 비판으로 시작된다. 원문은 "묘중불(廟中佛)과 보살문(菩薩們)과 동옥황(同玉皇)과 천만신(千萬神)을 인심상(人心想)하여 인수출(人手出)하니 비주재(非主宰)요, 유토목(唯土木)이라. 피우상(彼偶像)은 진허공(盡虛空)이니 경배지(敬拜之)라도 호무용(毫無用)이요, 석가불(釋迦佛)은 시범부(是凡夫)라 기본국(其本國)은 즉천축(卽天竺)이요, 제보살(諸菩薩)은 불도제(佛徒弟)라. 칭위신(稱爲神)이 대패리(大悖理)로다"이다. 번역하면, "사당 가운데의 부처와 보살들과 옥황상제와 천만 가지의 신을 사람의 마음으로 생각하여 사람의 손으로 만들어내니 주재자는 아니요, 오직 흙과 나무일 따름이다. 저 허수아비는 다 헛것이니 공경하여 절할지라도 털끝만큼도 쓸데없고 석가불, 즉 석가모니 부처님은 범상한 사람이니 그 본국은 천축국, 즉 인도요, 모든 보살은 부처의 제자인데도 일컫기를 신이라고 하는 것은 크게 이치에 어긋난다"이다.

이런 식으로 되어 있는 이 책의 마지막장인 제16장은 어린이에게 다음과 같은 교훈을 건넨다.

호소자(好小子)는 신구주(信救主)하며 경상제(敬上帝)하고 효부모(孝父母)하며 불론시(不論是) 하죄악(何罪惡)하고 심뇌한(心惱恨)을 불긍작(不肯作)이니라.

좋은 아이는 구주를 믿으며 하나님을 공경하고 부모에게 효도하며 어떤 죄악이든 논하지 아니하고 마음에 답답하고 한스러운 일을 즐겨 짓지

Where'er The Sun
(1953) 초판본

아니하느니라. (155쪽)

아들 사무엘 휴 마펫(마삼락)의 『*Where'er The Sun*(태양이 있는 곳)』은 1953년에 뉴욕에서 출판되었는데, 122쪽에 이르는, 삽화까지 넣은 꽤 호화판 책이다. 서울대 도서관에만 한 권 소장되어 있는데, 놀랍게도 저자가 서울대 총장 유기천(1915~1998) 박사에게 "To my friend Paul Ryu"라고 사인을 하여 선사한 책이다. 유 총장의 아버지 유계준(1879~1950)은 마포삼열에게 복음을 받고 평양 산정현교회의 장로가 되어 주기철 목사의 옥바라지를 하였는데, 공산당에게 총살당한 순교자였다. 아들 유기천이 마삼락의 친구가 되어 선물받은 책을 서울대 도서관에 기증하여 이렇게 이용되고 있는 것이다.

이 책은 매장마다 화가 캐슬린 보우트(Kathleen Voute)의 삽화가 실려 있다. 총 10장으로 되어 있는데, '1. 태양을 따라서, 2. 하나의 목적, 3. 그리스도가 답, 4. 전에 있었던 일, 5. 연이은 반동, 6. 오늘날의 기적, 7. 낮은 천장, 8. 넓혀지는 서클, 9. 우리의 뒷마당, 10. 그늘의 전방'의 순서이다. 이 소제목들만 보면 어떤 책인지 분간할 수 없는데, 저자가 선교사 내지 선교학자로서 아시아와 세계 교회의 선교 현장에서 경험한 사실들을 이야기로 적은 책이다. 좀 놀라운 것은 한국에서 선교하면서 쓴 이 책에는 한국선교에 관하여는 한 번만 언급한 것이다. 그저 자신의 동생인 하워드 마펫(Howard F. Moffett, 한국명 마포화열, 1917~2013)에 대한 이야기만 하고 있다. 그의 동생은 의료선교사로 활동하다 대구 동산병원장을 지냈는데, 현재 동산병원 묘지에 묻혀 있다.

나의 동생 호워드 마펫이 최근에 서울 근처의 작은 마을을 찾았다. 그곳은 1950년 9월 인천상륙작전에서 서울을 탈환하기 위해 피를 흘리며 한강을 건너야 했던 곳이다. 내 동생의 편지는 내가 몰랐던 사실을 말해주었다. 때때로 나는 내가 지금 모르는 것을 원하는 것 같다. 그는 내게 큰 총의 모든 베터리가 목표물을 정하고 동시에 적당한 시간에 쏘면 같은 숫자의 총알을 하나하나 쏘는 것보다 훨씬 큰 힘을 낸다고 했다. 그런 동시적 사격이 이 지역에서 이루어졌던 것이다. 그것은 공산군들에 의해서였다. (…) 신앙이 한국 크리스천의 신앙 같으면 어떤 적도 심지어 가시적 교회를 제거할 수 없을 것이다. 350명 이상의 한국 목사들이 공산당에 의해 순교하였다. 그리고 그 350명의 순교자의 한 사람 한 사람을 위하여 적어도 두 사람의 청년이 신학교에서 그들을 따르려고 준비하고 있다. 세계선교의 지도자 스피어(Robert E. Speer) 박사는 만일 어떤 세력이 한반도의 교회만 빼고 세계를 쓸어버린다면 이 작은 나라의 교회는 다시 전 세계를 신앙으로 되돌려놓을 것이라 하였다. 우리는 그날 아침 대나무 커튼 아래서 찬송하는 뜻을 알았다. (5~7쪽)

그런가 하면 중국에서의 선교에 관하여는 여러 번 언급하고 있다. 제4장에서 지미 옌(Jimmy Yen)의 문맹퇴치활동을 펄 벅(Pearl S. Buck)의 책 *Tell the People*(1945)을 인용하여 서술하고, 이 서술은 벅의 허락을 받아 서술한다고 밝히고 있다(119쪽). 저자와 마찬가지로 펄 벅은 선교사의 자녀이니 서로 잘 알았을 것이다. 펄 벅의 아버지 압살롬 시던스트라이커(Absalom Sydenstricker) 목사도 같은 장로회 선교사로 1927년 한국에서 두 달간 체류했는데, 그때 접촉하지 않았을까 싶다.

러일전쟁을 파헤친 영국 언론인

앵거스 해밀튼

Angus Hamilton, 1874~1913

『러일 전쟁 당시 조선에 대한 보고서 *Korea*』(1904)

구한말 개화기에 외국인이 집필한 한국 관계 저서를 이야기할 때 앵거스 해밀튼(Angus Hamilton)의 『러일 전쟁 당시 조선에 대한 보고서 *Korea*』(1904)를 빼놓을 수 없다. 하지만 저자는 물론 책의 내용에 대해 많이 알려지지 않은 것도 사실이다. 이 책의 영어판은 뉴욕에서 1904년에 출간되었고, 같은 해에 독일어판이 라이프치히에서 나왔다. 한국에서는 2010년에 『러일 전쟁 당시 조선에 대한 보고서: 1899~1905년 사이의 격동과 성장』이라는 제목으로 살림출판사에서 '그들이 본 우리' 시리즈의 제17권으로 출간되었다. '그들이 본 우리' 시리즈는 서양인이 16세기부터 20세기 중엽까지의 우리를 바라본 모습을 담은 책들을 번역한 것이다.

1980년대 나는 오랫동안 한독관계사를 연구하면서 번번이 이 책과 저자의 이름을 접하게 되면서도 깊이 알아볼 여유를 갖지 못하였다. 이번에

앵거스 해밀튼

이 책을 읽어보니 저자가 수준 높은 저널리스트였기 때문인지 당시에 출간된 여행기적 저서들 중에서 매우 귀중한 책으로 느껴졌다. 한국어판의 제목이 '보고서'라고 붙여져 있지만 이 책은 일반적인 기행문으로 되어 있다.

작가의 생애

앵거스 해밀튼(Angus Hamilton)은 1874년에 영국의 귀족가문에서 태어났다. 그의 원래 이름은 존 앵거스 루싱턴 무어 해밀튼(John Angus Lushington Moore Hamilton)으로 꽤 긴데, 줄여서 앵거스 헤밀튼이라고 썼다. 귀족인 에버콘 가문의 후손인 그의 아버지는 서인도 제도의 함장이었고, 장인은 유명한 극작가 피네로 경(Sir Arthur Wing Pinero)이었다. 영국의 첼튼햄대학을 졸업하고 독일과 프랑스에서 공부하고, 영국신문《폴 몰 가제트 *Pall Mall Gazette*》지의 기자로 활동하였다. 기자생활을 하던 그는 한국으로 파견되어 1899년부터 1902년까지 3년간 대한제국의 서울에서 살았다. 그의 저서 『러일 전쟁 당시 조선에 대한 보고서 *Korea*』는 러일전쟁이 발발한 1904년에 출간되었다.

그 후 남아프리카, 중국, 마케도니아에도 체류하였다. 1913년 2월 미국으로 강연여행을 떠났는데, 6월 14일 돈이 떨어져 뉴욕의 한 호텔에서 자살하였다. 다음 날《뉴욕타임스》지에 부고기사가 났는데, 큰 개 한 마리와 함께 군복 혹은 여행복을 입은 그의 사진이 크게 실렸다. 6월 18일 뉴욕의 에버그린묘지(Evergreen Cemetery)에 안장되었다.

저서로는 *The Siege of Mafeking*(1900), *Korea*(1904), *Afghanistan*(1910), *Somaliland*(1911)가 있는데, 대부분이 여행기이다.

작품 속으로
——

해밀튼은 기자이기 때문에 관찰력과 묘사력이 뛰어나다. 이 책은 24장으로 351쪽(한국어판)에 이른다. 340쪽부터는 부록으로 철도 일정표와 다양한 물품 내역 등이 실려 있다.

해밀턴은 약 30쪽에 이르는 긴 분량의 서문을 싣고 있는데, 이 서문은 1903년 12월 15일에 쓴 것이다.

Korea(1904) 초판본

서문에서 저자는 이 책을 쓰는 데 도움을 받은 이들을 밝히고 있다. 저자가 밝힌 이름 중에는 우리에게 낯익은 인물들도 여럿 있다.

조선에 대한 나의 메모 외에도 나는 은자의 왕국의 동시대 역사에 대해 관심 있는 많은 사람들(작가, 여행가, 학생)로부터 정보를 모았다. 이제 서둘러 이들에게 감사를 표하려 한다. 조선해관장 맥리비 브라운씨, 영국 공사관 소속 거빈스씨에게 감사한다. 조선에 대한 출판물로 말로 다 할 수 없는 귀한 도움을 준 친구 호머 헐버트(Homer B. Hulbert) 교수에게도 심심한 감사를 드린다. 조선에 대한 흥미롭고 중요한 기고를 해주신 비숍(Isabella Bishop) 여사, 영 허스번드(Young Husband) 대령, 그리피스(Griffith) 목사, 굴드 아담스(Gould Adams) 소령에게 감사를 표한다. 조선어 이름의 표기를 게일(Gale) 박사의 표준에 맞도록 해주신 콜리어(Collyer) 목사께도 감사한다. (38쪽)

서문에서 저자는 '조선은 특별한 아름다움이 있는 땅'이라고 말하며, 조선의 지명 등에 대해 설명하고, 산신령에게 제물을 바치는 모습, 명당에 대한 이야기 등 조선의 관습에 대하여도 언급하고 있다.

또한, 조선이 처한 현실을 냉철하게 바라보며 러일전쟁이 일어날 것을 예측하는 글을 남기고 있다. 정치적 상황뿐 아니라 조선의 생활풍속도 다루고 있는데, 여성의 복장과 조선인의 모습에 대해 다음과 같이 말한다.

여성의 의복은 어떤 면에서 경성만의 특징을 가지고 있다. 상의는 흰색이나 크림색의 주아브(zouave) 재킷 같은 것으로 되어 있고, 비단, 천 혹은 옥양목으로 만들 수 있다. 저고리 몇 인치 밑에서 흰색 속치마가 시작

본문에 실린 조선 여인의 모습

본문에 실린 아이들의 모습

되는데, 돛처럼 풍성하고 사방에서 바닥까지 내려오며 넓은 띠로 연결된다. 이 두 의복 사이에는 맨살만 있어서 가슴이 완전히 노출된다. 밖에서 볼 수 있는 여성은 대개 나이가 들거나 허약한 사람이기 때문에 이것은 보기 좋은 광경은 아니다. 자신들의 사라지는 매력을 돋보이게 하려는 듯이 여성들은 언제나 얇은 녹색 비단 망토인 장옷을 쓰고 있는데. 이것은 거의 경성에만 있는 것이며 여자들이 거리를 지나갈 때 얼굴을 가리기 위해 사용한다. 남자를 만나면 여자들은 그것을 눈 아래로 붙잡는다. 장옷의 목은 입는 사람의 머리 위로 뒤집어쓰게 되어 있고, 길고 넓은 소매는 귀에서 늘어뜨린다. 감춘 얼굴과 드러난 가슴이 보여주는 대조의 효과는 정말 우스꽝스럽다. 그것을 제대로 쓰면 한쪽 눈과 뺨과 관자놀이와 이마가 약간 드러난다. 그러나 그것은 거의 불필요하다. 왜냐하면 대부분의 여성들의 경우 그들의 유일한 매력은 장옷이 감추고 있는 잠재된 아름다움이기 때문이다. (78~79쪽)

몇몇 개혁이 도입되었지만 경성에는 은자의 왕국의 유산이라고 할 수 있는 구질서의 모습이 많이 남아 있다. 여성들은 여전히 조심스럽게 격리

친구집을 방문한 여인의 모습

무당의 모습

되어 있다. 상류층 여성들이 밤에만 야외운동을 할 수 있도록 허용하는 관습 또한 여전하다. 그러나 남자들은 그 시간에 거리에서 더 이상 배제되지 않는다. 하녀들이 비추는 등불로 발걸음을 밝히며 이리저리 뛰어다니는 밤의 흰 정령들의 모습은 군중이 모두 흰 옷을 입고 움직이는 경성의 낮 동안의 광경만큼이나 놀랍다. 조선인들이 가득 찬 거리는 헨리 노먼 (Henry Norman) 의원이 전에 표현했듯이 부활의 정통적인 개념을 암시한다. 남자들과 여자들의 모습이 경성을 특이한 매력을 가진 도시로 만든다는 사실은 부인할 수 없다. 남자들은 잘 생기고 체격이 좋고 온화한 사람들이며, 태도에 품위가 있고 공손하며 남들에 대한 배려가 많다. 이런 타입은 이들이 몽골 및 북아시아의 반야만적인 유목민과 서아시아의 백인종의 후손이라는 틀림없는 증거를 제시한다. (81~82쪽)

이 책에서 저자는 고종황제에 대해 서술하고 있고, 종묘제례에 참석한 황제와 왕세자의 모습도 자세히 서술하고 있다. 이와 관련된 것은 정작 한국인들도 사실적으로 서술한 것이 없는데, 실제로 해밀턴의 서술에 기초하여 종묘제례악을 복원한 논문이 발표된 바 있다.

황제는 한문은 유창하게 말하고 쓰며 조국의 역사에 대해서는 가장 진지하게 연구하는 사람이다. 그의 통치방식은 모든 공적인 일은 자신이 직접 주재한다는 원칙에 기초하고 있다. 그가 의도한 이상과 실제 그의 정부 업적 사이에 약간의 차이가 있을지 몰라도 그의 근면함과 인내심을 부인하기 어렵다. 그는 친절하고 매력적이며 자신의 나라를 발전시키기를 갈망하는 자비로운 군주이다. 그는 밤에도 일을 하여 신하들과 새벽까지 회의와 토론을 계속한다. 그는 서양식 기준으로 보면 결점이 많이 있지만 그것으로 그를 평가할 의도는 없다. 그는 많은 장점을 갖고 있다. 그는 자신의 땅에서 장려하는 개혁이라는 거대한 작업에 참가한 모든 외국인들의 공감을 사고 있으며, 또한 그럴 자격이 있다. (100~101쪽)

엄숙한 표정의 남자들이 바쁜 동작으로 노란 도포자락을 휘날리며 옥좌를 지나갔고, 그들의 입술에서 나오는 노래는 영혼에 담긴 깊은 절망과 한탄을 표현했다. 그들은 멀어져가는 발걸음과 함께 여운을 남기며 사라져갔다. 다시 악공들이 열두 분의 조상들의 신주의 존재를 알리는 의기양양한 음악을 연주했고, 여덟 명이 맨 노란색 가마에 실려 온 각각의 신주는 기다리고 있던 황제와 왕세자의 예를 요구했다. 엄숙한 노래가 들리는 가운데 한 개의 신주가 천천히 들어왔다. 황제, 그의 아들 왕세자, 그리고 귀비 엄 씨의 소생인 왕자가 무릎을 꿇었다. 잠시 그들은 손을 모아 경의의 태도로 무릎을 꿇고 신성한 가마에 실린 신주 앞에 머리를 조아렸다. 황제의 무리들 앞으로 열두 번의 신주가 지나갔고, 왕세자는 도와주는 관료들과 시중드는 내관의 도움을 받아 매번 경의를 표했다. (…) 의식이 끝나자 12개의 가마는 종묘로 향했고, 황제가 노란색의 공식 가마에 자리를 잡고 아버지의 모범을 따라 왕세자도 주홍색 비단가마에 올

라타자 아기는 사내답고 유아적인 기쁨의 소리를 내며 내관의 등에 올라 탔다. (114~115쪽)

이 책 마지막 부분에는 짐꾼들과 싸움이 벌어지는 일을 서술하며, 그의 3년간의 한국생활을 마무리하는 과정을 서술하고 있다.

말에 짐을 싣고 호텔비가 계산되었을 때 하인들이 한 사람당 멕시코 달러로 10달러씩(1파운드) 월급을 인상해달라고 조르고 있다고 통역관이 조용히 내게 말했다. 엠벌리씨는 이런 거래에 강력히 저항했다. 나는 절반으로 무마하려고 했다. 그들은 고집을 부렸다. 위기가 닥쳐오고 있는 것처럼 보였다. 그들과 승강이하기에 나는 너무 지쳤고 짜증이 났다. 나는 8달러로 내 제안을 올렸다. 그것이 거부되고 하인들은 해고되었다. 마당에서 소동이 일어났고, 엠벌리씨가 내 마지막 제안인 멕시코 달러 8달러를 수락하라고 하인들을 설득하면서 진정되었다. 통역관의 형인 하인들의 우두머리가 이 거래를 거부했지만 이처럼 인상한 것은 큰 의미가 있었다. 단호한 입장을 취하는 것이 필요했다. 지금 생각하니 처음에 지불기준에 어떤 변화를 받아들인 것이 현명하지 못했던 것 같다. 2달러를 더 지불하는 문제에 대해서는 나는 단호한 입장을 취했다. 한푼도 더 줄 수 없었다. 통역관은 형이 안 가면 자기도 남겠다고 알려왔다. 나는 잠시 그를 쳐다보다가 마침내 수작을 알아차리고는 그를 때렸다. 그는 마당으로 도망치며 죽는다고, 살인을 당할 거라고 고함을 질렀다. 말을 돌보던 마부들이 그의 주위에 모여 크게 편을 들었다. 엠벌리씨는 그들을 불러 자초지종을 설명했다. 나는 마당으로 걸어갔다. 마부의 리더가 내게 다가와서 이미 받아들였던 조건에서 조선 화폐로 30달러의 인상을 요구했다. 원래는 4분의 1만 주기로 했었다. 나는 30달러를 거부했고 그를 채찍으로 때렸다. 바로 그때 나의 여행은 끝장이 났다. 마부의 리더가 씩씩대며 들어오더니 사람들 사이를 발광하며 헤집고 다녔다. 그러고는 큰 바위를 가지고 내게 달려들었고, 내가 그의 관자놀이를 치자 소동이 시작되었다. 내 짐은 말에서 떨어졌고 돌덩이가 공중을 날아다녔다. 나는 나를 공격하는 사람들을 때렸고, 한동안 아주 고약한 상황의 중심이 되었다. 하인들과 마부들, 통역관 그리고 몇몇 구경꾼들이 싸움이 계속되는 동안 맹렬히 논쟁을 벌였다. 마침내 엠벌리씨가 마당을 치우고 나의 물건들을 회수했다. 그러나 나는 이마가 약간 찢어졌고, 오른손은 복합 골절을 보이고 있었다. 조선인의 머리는 때리기 힘든 대상이다. 이제 여행을 연기할 수밖에 없었다. 건강에 대한 나의 두려움이 현실화되었다. 이 소동이 벌어진 날 밤이 되자 아픈 징조가 나타났다. 오른손과 팔의 통증이 가중되었고 머리는 아팠으며 목은 부었다. 나는 즉시 일본으로 떠나라는 충고를 받았다. 다음날 나는 요코하마로 가서 거기서 블라디보스토크로 가서 러시아 본부에서 원정을 시작할 요량으로 배를 탔다. 그러나 배가 일본에 도착했을 때 나는 장염을 앓게 되었다. 더 이상의 여행은 말도 안 되는 일이었고, 사람들이 나를 요코하마의 호텔에서 영국으로 데려갈 일본 증기선의 객실로 옮겼을 때 나는 마음속으로 이 세계에 속한 나라들에게 작별인사를 고했다. 왜냐하면 내가 죽어가고 있다고 의사가 말했기 때문이다. (337~338쪽)

76

문서선교의 대표적 미국 선교사

찰스 알렌 클라크

Charles Allen Clark, 1878~1961

『한국교회와 네비우스 선교정책

『*The Korean church and the Nevius methods*』(1930)

『*Religions of Old Korea*(옛 한국의 종교)』(1932)

찰스 알렌 클라크(Charles Allen Clark)는 한국의 개신교인들에게는 곽안련(郭安連) 목사라는 이름으로 매우 익숙하다. 언더우드, 아펜젤러, 마펫 선교사보다는 한국에 늦게 왔지만 문서선교 분야에서 유명한 저자였기 때문이다. 그는 영어와 한글로 쓴 42권의 책을 출간했다. 몇 권은 지금도 읽히고 계속 번역되고 있다. 물론 그에 대한 연구서들도 나온다. 그는 한국 기독교 사에서 중요한 인물인데, 기독교와는 별개로 한국의 문화사 내지 문학사 에서도 주목할 만한 인물이다.

무엇보다도 기독교인이었다는 점에서 그의 행보는 더욱 흥미롭다. 그는 1906년부터 서울 종로에 있던 승동교회의 담임목사로 활동했고, 150여 개의 교회들을 개척했다. 자신이 당회장으로 성례를 집례한 교회가 매년 20여 교회였다. 어떤 해는 150여 교회를 순회하기도 하였다. 또 기독교학교인 광동학교를 세워 청년들을 계몽하는 데도 앞장섰다. 여운형의 생애를 얘기할 때 꼭 언급되는 인물이기도 하다.

작가의 생애

찰스 알렌 클라크(Charles Allen Clark)는 1878년 5월 14일 미국 미네소타 주 스프링 밸리(Spring Valley)에서 태어났다. 1880년에 미네아폴리스로 이사했는데, 10살 되던 해에 어머니가 결핵으로 돌아가시고 형이 호수에서 익사하였다. 클라크는 신문배달을 하며 고등학교를 마치고 1895년 미네소타대학교에 입학하였다. 라틴어나 희랍어 교수가 꿈이었던 그는 2년 후 세인트 폴시에 있는 매칼레스터(Mecalester)대학교에 3학년으로 편입하여 2년간 공부하였다. 다시 맥코믹신학교에 입학하여 선교사의 길을 택했다.

1902년 클라크가 조선에 오기 전에 이미 12명의 맥코믹신학교 출신이 조선에서 활동하고 있었다. 그중에는 사무엘 마펫(Samuel Moffet, 마포삼열, 1890~1936)도 있었다. 그는 1902년 6월 2일 여성 선교사인 마벨(1876~1946)과 결혼하였다. 이들 부부는 1902년 9월 22일 조선의 제물포 땅을 밟았다. 이후 40년에 이르는 긴 세월 동안 주로 서울과 평양에서 각각 20년씩 목회와 선교를 하였다. 서울에서는 새문안교회와 곤당골교회에서 목사로 활동했다. 1904년에 승동교회 부목사가 되었고, 1906년 4월에 제2대 담임목사가 되었다. 이때 여운형이 조사였다. 1910년 승동교회를 신축하였을 때 직접 설계했다. 대구의 기독병원 재건축에도 총감독하여 건축가로도 알려졌다.

그가 서울에서 목회할 때 중국에서 온 하버드대학의 호킹(William Hocking) 교수를 위원장으로 하는 중국선교의 장래에 대한 조사보고서가 발간된 일이 있었다. 이 보고서에 대해 중국에서 선교사의 딸로 태어나 자신도 선교사 자격을 갖고 있던 펄 벅(Pearl S. Buck, 1892~1973)이 우호적인 입장을 취했다. 펄 벅은 "중국에는 더 이상 전통종교와 문화를 부정하는 선교사는 필요 없다"는 견해를 발표하여 프린스턴신학교의 메이첸(G. Machen) 교수에게 비난을 받았다. 클라크는 이런 사건을 알아서인지 호킹의 보고서에 대해 비판적인 글을 발표하기도 하였다. 아무튼 그의 신앙은 프린스턴신학교와 맥코믹신학교의 보수적 신앙을 확고하게 유지하고 있었다.

1908년 봄 클라크는 평양의 장로교신학교에서 처음 가르치기 시작했다. 그때부터 1941년 한국을 떠날 때까지 교수로서 학생들을 계속 가르쳤다. 평양으로 이사한 것은 1920년 여름이었다. 주말마다 서울로 내려오다 1924년 6월에 승동교회 담임을 사임하였다. 그가 40년간 돌본 교회는 서울경기지역에 100여 개, 평양과 중화지역에 50여 개에 이르렀다. 3천 명 이상에게 세례를 주었다. 평양신학교의 38년 역사 중에서 그는 31년간 학생들을 가르쳤다. 이는 마포삼열 다음으로 가장 오래 교수로 근무한 것인데, 1,600여 명의 제자를 양성했다.

1931년 선교사연합공의회(Federal Council of the Korea Missions)에서 구술선교 외에 문서선교의 중요성을 강조했다. 그리고 네비우스(John Nevius) 선교사의 조선선교방식을 종합한 저서를 집필 및 출간하였다. 권서인(勸書人)들을 고용하여 문서를 보급하게 한 것은 한국의 근대문화사에서 그리스도교가 행한 중요한 공헌이었다. 1918년부터 1940년까지 《신학지남》의 발행인 겸 편집인이었다.

1929년 「The Korean Church and the Nevius Method(한국교회와 네비우스 선교정책)」이라는 논문으로 시카고대학교에서 철학박사(Ph. D.) 학위를 받았다. 그의 아들은 1933년에는 프린스턴신학교를 졸업하고 한국으로 와서 1940년까지 선교하고, 다시 1953년부터 1978년까지 선교활동을 하였다.

그는 1939년부터 평양의 장로교신학교 학장이 되었다. 그러다 1941년 봄에 평양에서 '세계 평화를 위한 기도회'사건이 발생하여 일본경찰의 심문을 받고 7월에 강제로 추방되었다. 미국에 살면서 1945년 9월 한국에 다시 돌아가려고 신청했으나 선교부에서는 그의 건강을 고려해 허락하지 않았다. 1946년 11월에 아내 마벨이 소천하고, 이듬해 7월 11일 수잔 윌리엄(Susan T. William)과 재혼하였다. 1948년 미 북장로회 선교사직을 은퇴하고 1961년까지 오클라호마 주 지역에서 목회를 하였다. 1961년 5월 26일 오클라호마 머스코기(Muskogee)에서 83세로 소천하였다.

작품 속으로

클라크의 전기에 따르면 그는 약 50권의 저서를 썼는데, 42권은 한국어, 7권은 영어, 2권은 스페인어로 썼다. 그리고 수많은 논문을 발표하였다. 내용은 설교학, 목회학, 성경주석, 주일학교, 기독교교육, 교회헌법, 사회사업과 봉사, 한국장로교회사, 성경연구 등 매우 다양했다.

『한국교회와 네비우스 선교정책 The Korean Church and the Nevius Method』은 시카고대학 박사 학위 논문을 책으로 출간한 것인데 한국에서

클라크의 저서들. 좌측부터 *First Fruits in Korea*(1921), *Christian Social Service*(1932),
The Nevius Plan of Mission Work in Korean(1937) 초판본

도 번역 출간되었다. 이 책은 '1장 서론, 2장 네비우스 원리, 발명자 자신의
설명, 3장 네비우스 정책에 대한 오해, 4장 한국의 배경, 5장 초창기 :
1884~1893, 6장 공의회 시대 : 1893~1901, 7장 연합공의회 시기 :
1901~1906, 8장 대한예수교장로회 독노회 시기 : 1907~1911, 9장 총회 시
기: 1912~1921, 10장 완전한 헌법의 채택시로부터 현재까지의 시기, 11장
권리 이양, 12장 네비우스 선교정책 시험, 13장 결론, 14장 질의 응답, 15장
통계 그리고 부록'의 순서로 되어 있다. 이 책은 선교를 위한 전반적인 교회
정책을 다루었는데, 백정에 관한 대목도 나온다. 그가 있던 승동교회가 양
반과 백정 사이의 문제로 분립되어 백정에 대하여 관심이 있었기 때문이다.

한국의 기독교가 크게 성장한 이유는 네비우스 선교정책의 성공 때문
이라고들 한다. 네비우스는 주로 중국에 있었지만 한국에도 다녀갔다.
아무튼 클라크가 네비우스 선교정책을 이처럼 방대하고 심도 있게 설명한
저서를 내었다는 사실도 크게 기여한 것이라 아니할 수 없다.

학술적인 면에서 중요한 의미를 갖는 책은 『*Religions of Old Korea*(옛
한국의 종교)』이다. 그는 이 책의 저자로서 필명이 높다. 295쪽에 이르는 이

Religions of Old Korea(1932) 초판본

책은 8장으로 나뉘어, '1. 불교 2. 불교(계속), 3. 유교, 4. 군소 신앙, 5. 천도교, 6. 샤머니즘, 7. 그리스도교와의 초기접촉, 8. 요약'의 순서이다. 이 책의 앞부분에서는 세 쪽에 걸쳐 자신의 한국 종교에 대한 연구이력을 쓰고 있다. 다소 요약하여 번역하면 아래와 같다.

수년 전 나는 한국에 관한 일본철도의 지도를 하나 보았는데 첫 페이지에 "한국은 불교국가이다"고 적혀 있었다. 그것은 "희망은 사상의 아버지"는 될지 모르나 오늘날 한국을 아는 사람에게는 웃음밖에 아니다. 500년 전엔 한국은 뛰어난 불교국가였지만, 지금은 공식적으로 1,472개의 사찰이 있고 어떤 의미에서든 불교국가는 아니다. 그렇지만 아직도 불교는 어떤 종교적 행위를 하려고 할 때 여전히 힘을 갖고 있다. (중략) 그럼에도 중국 불교와 일본 불교에 비해 한국불교는 거의 연구가 되지 않았다. 헐버트(Hulbert)씨는 『한국의 역사 *History of Korea*』에서 간혹 불교 항목을 언급하고 있다.

도쿄의 고든(EA. Gordon) 여사는 평생의 일본 불교연구를 위해 한국 불교를 얼마간 관찰하고 『도의 상징과 세계치유자들 *Symbols of the Way and World Healers*』에 언급했다. 그러나 대부분 사실로 있는 그대로 보다 그녀가 찾아내기를 원하는 것만 얘기해주어 조리가 닿지 않고 비논리적이라 따라가기가 힘들다. (중략) 나는 약 20년 전에 이 주제에 접근하였다. 내가 처음 이 나라에 왔을 때 서울 북쪽 산의 한 승려를 내 한국어 교사로 가졌다. 그는 새로운 삶을 살기 위해 기독교인이 되었고, 우리는 자연히 불교에 대해서도 얘기했다. 처음 10년 동안 이분은 나의 동반자였다. 우리는 많은 중요한 사찰들을 함께 방문했고 그의 해설을 들었다. 가보지 못하는 사찰에 관하여는 사진을 보내며 내 질문에 답해주었다.

나는 권상로의 3백여 쪽의『불교약사』를 번역했고, 이능화의 백과사전적『조선불교통사』도 어느 정도 작업했다. 1919년 여름 당시 서울의 불교대학 총장이던 박학년은 일주일에 나흘씩 와서 강의를 해주었다. 그는 놀랄 만큼의 지식을 갖추고 자료도 많았다. 이런 것들이 나의 자료가 되었다. 나는 인도나 중국이나 일본의 불교에 관해 내가 본 것들과 비교하기 시작했다. (12-13쪽)

흥미 있는 설명은, 한국불교의 기원에 관한 부분이다.

우리는 고든 여사의 설명에 많은 오류가 있어 인용을 주저하지만 한 가지 흥미 있는 사실을 지적하고 있다. 372년 순도가 처음 고구려에 와서 그를 위해 소수림왕이 두 개의 절(寺)을 지어주었는데 하나는 이불란사(伊佛蘭寺)라 했다는 것이다. 이불란은 '에브라임(Ephraim)'(이스라엘의 사라진 10지파의 하나—역자주)의 중국식 표기일 것이다. 아무도 그 뜻을 모른다. (221쪽)

또한 석굴암에 있는 나한상들이 한국인의 얼굴이 아닌 유대인 얼굴을 하고 있다고 말했다. 그는 다시 석굴암은 고대 시리아의 석굴교회의 구조를 갖고 있다는 고든 여사의 주장을 인용하고 있다(58쪽). 이 부분을 요약하여 번역해 본다.

우리가 언젠가 검토해보아야 할 가장 흥미 있는 것은 경주 석굴암 이야기이다. 이 석굴을 만들도록 한 묵호자(墨胡子)는 '검은 사람' 외국인이었다. 석굴 자체는 분명 불교적이다. 중앙의 부처는 일본 가마쿠라 석불의 원형처럼 보이는 11피트의 모형이다. 벽면 아래 다른 부처상들이 있고, 천정에 바퀴가 새겨져 있다. 놀라게 하는 것은 16 입상들이다. 남녀의 실상보다 약간 큰 이들은 모두 한국인과는 전혀 다른 유대인 얼굴(Jewish faces)을 하고 있다. 여성상들은 시리아 석굴교회에서처럼 배(船)모양의 후광을 갖고 있다. 그중 하나는 지중해 주변의 생선 모양의 부채꼴을 하고 있다. 또 하나는 성만찬의 성배와 매우 같은 모양으로 옆의 사람에게 건네고 있다. 우리는 그리스 문화가 박트리아 국가들(Bactrian states)을 통해 북부인도에 전해진 사실을 알고 있다. 묵호자는 이 북서부인도에서 온 '검은 사람"이었다고 설명하면 합리적일 것이다. 이런 설명은 훌륭한 것이다. 확실히 이들 형상들은 놀랍고 이들 설명은 미심쩍다. (221쪽)

이렇게 클라크는 고든 여사의 주장을 비판하면서도 의존하면서 '불교와 그리스도교의 혼합(Buddhist-Christian syncretism)'을 시사하고, 이어서 고든 여사가 발견한 금강산의 경교비(景敎碑, Nestorian stone)를 거론한다. 펄 벅도 1960년 한국을 방문해 경주의 분황사 조각을 보고 고대 희랍 조각을 연상케 한다고 하였다. 이러한 사실을 한국학자들은 지금까지도 모르거나 외면하고 있는데, 세계화의 시대에 세계 속의 한국을 바르게 이해하려면 이런 연구를 심화시켜야 할 것이다.

한국 한센인들과 함께 죽은 독일인 간호사
엘리자베스 요한나 쉐핑
Elizabeth Johanna Shepping, 1880~1934

「*Sanitary Work in Korea*(조선의 위생사역)」(1920)
「*Korean High School Girls*(조선의 여고생)」(1928)

한국이름 '서서평'으로 알려진 엘리자베스 요
한나 쉐핑(Elizabeth Johanna Shepping)은 오
늘날 한국인에게는 잊혀진 이름이다. 그러나
잊어서는 안 될 이름이다. 그녀를 작가라고
불러도 될지 모르겠지만 한국인을 사랑하여
평생 한국에 살면서 가난하고 병든 자의 간
호, 특히 여성교육에 헌신한 독일여성이다.
언어에 각별한 재능이 있어서 간호 관련 저술
과 번역을 하였고, 몸소 병에 걸릴 정도로 병자들을 헌신적으로 돌보았다.
한국에서 삶을 마치고 광주에 안식하였을 때 동아일보는 그녀의 거룩한 삶
을 크게 보도하고 사설까지 게재하였다. 솔직히 나는 이런 인물을 알지 못

조선인들의 어머니, 푸른 눈의 어머니라고 불렸던
엘리자베스 요한나 쉐핑

했다가 근년에 양창삼 박사가 쓴 전기를 읽고 무척 감동받았다. 이런 인물을 〈한국을 사랑한 세계작가들〉에 넣는 것을 매우 기쁘고 보람되게 생각한다. 22년간 한국의 비참한 여성들과 한센병자들을 위해 살았던 그녀의 일생과 책을 소개하고자 한다.

작가의 생애

────

엘리자베스 요한나 쉐핑(Elizabeth Johanna Shepping)은 1880년 9월 26일 독일 코블렌츠에서 태어났다. 독일식으로 엘리제라고도 불렸는데 조선에 와서도 이 이름을 자주 사용하였다. 한 살 때 아버지를 여의고 어머니와 헤어져서 할머니와 함께 살았다. 독실한 가톨릭 신자였던 할머니는 쉐핑을 로마가톨릭 교구학교(parochial school)에 입학시켜 주었다. 그러나

1918년 세브란스 간호사 양성소 졸업 사진.
뒷줄 오른쪽에서 네 번째가 쉐핑이다.

어머니 역할을 해왔던 할머니마저 세상을 떠나게 되자 헤어진 어머니를 찾기 위해 미국으로 향했다. 아홉 살 나이의 쉐핑은 8년 동안 헤어진 어머니를 만나러 영국 해협을 거쳐 미국 땅 엘리스 섬에 도착하였다. 1889년 어머니와 재회한 후 미국에서 살아가면서 19살이 되던 1899년 뉴욕에서 가톨릭계의 고등학교를 졸업하였다. 같은 해에 미국 시민권을 얻었다.

1899년부터 뉴욕에 있는 성 마가병원 간호학교(St. Mark's Hospital Training School for Nurses)에서 공부하고 1901년에 졸업하였다. 졸업 후 동료간호사의 권유로 개신교회 예배에 참석하였다. 그리고 개신교로 개종하였다. 이것은 가톨릭신자였던 어머니에게 충격이었으며, 딸에게 크게 실망해 집 밖으로 내쫓았다. 미국에 온 지 14년 만에 어머니에게 버림받고 1904년 24세 때 뉴욕에 있는 성서교사훈련학교(Bible Teacher's Training School)에 입학하여 31세인 1911년에 졸업하였다.

쉐핑은 한국에 오기 전 1911년까지 뉴욕시의 유대인 결핵요양소와 이탈리아 이민자 수용소에서 일하였다. 1912년 2월 13일 한국 의료선교사로 임명받아 1912년 2월 20일에 샌프란시스코를 떠나 한국으로 향했다. 1912년 3월 20일 간호선교사로 한국에 도착하여 광주선교부에 소속되어 '서서평(徐舒平)'이라 이름을 지었고 한국말을 익혔다. 광주 제중병원, 군산 구암예수병원, 세브란스병원에서 간호사로 일했다. 1921년 병상에 누웠지만 그 와중에도 조선을 위한 여성교육과 전인적 간호활동을 전개해 나갔다. 특히 일제강점기에 조선의 운명을 세계에 알리기 위하여 1923년 조선간호부회를 조직하여 국제간호협의회(ICN)에 가입시키고자 앞장섰다. 1914년까지 광주 제중병원에서 환자를 간호하였으며, 특히 한센 환자들을 정성껏 돌보았다. 길에서 여자 한센 환자나 거지들을 만나면 집에까지 데리고 와서 목욕시키고 밥을 먹였다. 1914년 군산으로 이임되었고, 1917년까지 4년 동안 군산 구암예수병원에서 간호사 양성과 병원사역의 주업무 외에도 전도, 주일학교 사역 등 사역의 폭을 넓혀갔다.

어린 양자 요셉을 업은 모습

쉐핑은 독자적인 간호학교를 정식으로 세워 간호사를 양성하고자 했다. 그 후 세브란스를 세브란스유니언 병원으로 개칭했고, 1917년에 남장로교 선교부에서는 쉐핑을 세브란스에 파견하여 근무하도록 했다. 쉐핑은 하루라도 빨리 간호사를 양성해야 한다는 일념을 가졌으며 이러한 꿈은 세브란스 간호사훈련학교에서 실행되었다. 1917년 9월부터 세브란스병원에서 간호사일 외에도 세브란스병원 간호학교 책임자를 맡아서 간호사교육과 훈련을 맡았다. 건강이 나빴던 그녀는 아침부터 오후 1시까지 반나절만 근무하기로 했지만 대부분 저녁까지 병원에서 일하였다. 1929년 7월 8~13일 캐나다 몬트리올에서 열린 국제 간호협의회(ICN)의 총회에 참석하여 연설하고 조선간호부회의 가입을 호소하였으나 일본의 방해로 가입이 보류되었다. 이 총회에는 한국 지역사회 간호의 선구자로 활동한 이금전과 이효경이 동행하였다. 이금전은 총회 참석을 마치

서서평 선교사와 아들 요셉, 제자 박해라와 함께

고 토론토대학 공중위생학과에 입학하였다. 이금전은 공중위생과 모자보건의 독보적인 인물로 1959년 제17회 나이팅게일 수상자가 되었다.

　1930년 8월 7일 안식년 마지막 날에 밴쿠버에서 조선으로 귀환하였다. 1931년 9월 11일 금강산 온정리 수양관에서 열린 제20회 조선예수교장로회 총회에서 여성선교사회 부회장이 되었다. 1932년 6월 20일 이일학교 교정에 사역 20주년 기념비를 세웠다. 1925년에 그녀에 의해 시작된 절제회는 금주금연운동과 공창제도 반대 등 시민운동으로 발전하였다. 1932년 11월 와병 중에도 일본 도쿄에서 열린 국제간호사협의회에 참석하였다. 1933년 8월 제주도를 방문하여 제주 장로회를 조직하였다. 같은 달 대구 동산병원에서 열린 조선간호부연합회에 참석하고 회장직을 후임자에게 넘겼다. 1934년 2월 17일부터 폐렴으로 투병하다가 6월 26일 소천하였

다. 장기를 연구용으로 기증하였다.

작품 속으로
———

1934년 6월 29일자 《동아일보》에는 「위대한 인류애: 서서평(徐舒平) 씨 영전에」라는 사설이 실렸다.

    "그는 조선민족과는 아무런 피의 관련이 없는 이국의 여성으로서 끓어오르는 인류애의 발로를 참지 못하여 조선으로 건너와서 조선여성 중에도 특히 과도기 여성의 필연적 산물인 불운의 여성들을 위하여 그 청춘을 바치고 그 재산을 바치고 그 열정을 바치더니 급기야는 그 생명까지를 즐거운 마음으로 바쳤다. 일생의 온갖 것을 다 바친다는 일은 같은 민족으로써도 어려운 일이거늘 항차 이국의 여성을 위하여 일생을 희생한다는 일은 실로 위대한 일이 아닐 수 없다. 이 위대한 인류애야말로 존경을 받아야 하며 칭송을 받아야 한다. 특히 서서평 양이 사업에 있어서는 다른 보통 선교사와는 달리 보다 더 훌륭한 희생이 있었으니 씨는 누구보다도 특히 불운에 우는 여성들을 상대로 일생을 보냈을 뿐 아니라 자기 자신이 그들의 한 사람이 되어 보리밥 된장국에 고무신을 끌고 다니면서 일신의 안일을 초개같이 알았으니 그 이야기를 듣는 자로 하여금 오직 감읍케 한다. 백만장자의 주택에 지지 않을 굉대한 집에 편히 앉아서 남녀하인을 두고 자동차를 몰고 다니는 어떤 선교사들의 귀에 그의 일생은 어떠한 음향을 가지고 울려올까? 그보다도 값싼 허영에 떠서 동족의 비참한 생활에는 눈을 감고 오직 개인향락주의로 돌진하고 있는 수많은 조선 신

여성들의 양심에 과연 어떠한 자극을 주고 있을까? 서서평 씨의 일생은 조선의 신여성 대중 앞에 일대 거화(巨火)가 되지 않을 수 없다. 이국의 여성으로서도 이러하거든 조선의 여성으로서 그 뒤를 따를 자 그 몇몇이뇨!"

이 사설만 보더라도 쉐핑의 삶과 죽음이 당시 한국사회에 준 감동과 충격이 실로 컸음을 알 수 있다. 지금도 '서서평을 생각하는 모임'(대표 양국주)이 있다.

쉐핑은 저서로 『간호교과서』, 『실용간호학전서』(1925), 『간호요강』, 『간이 위생법』을 썼고, 『Practical Nursing(실용 간호학)』과 『간호사 약사 Short History of Nursing』를 번역하였다. 그리고 몇 군데 기고를 하였다. 여기서는 전문적인 간호학과 관련된 기고문들은 제외하고 일반적인 글들만 살펴보고자 한다. 이 기고문들은 양참삼 박사가 번역하여 모두 『조선을 섬긴 행복: 서서평의 사랑과 인생』이라는 전기 겸 자료집에 수록되어 있다. 이 책에 실린 쉐핑의 글들을 소개하겠다.

쉐핑은 1920년 10월 《선교사 조사 Missionary Survey》지에 「Sanitary Work in Korea(조선의 위생사역)」이라는 글을 기고하였다.

사회봉사 사역에 대한 글을 써보내면서 그동안 광주선교부의 지속적인 긴급한 요청에 우선적으로 일하다 보니 제가 이루어놓은 것들은 단지 그 일을 시작한 것뿐이라는 생각에 솔직히 자신이 부끄러울 따름입니다. 사회봉사 사역과 관련하여 이 일은 무한한 가능성을 가졌음에도 불구하고 조선에서 전혀 다루어지지 않았던 분야입니다. 남쪽(전라도)에 살면서 광주나 군산에서 병원 간호업무를 책임지고 있을 때 저는 하나님께서 제수고를 축복해 주실 것으로 믿고 병자와 가난한 자를 돕겠다는 일념으로 사회구호 사역에 뛰어들었습니다. 어떤 이들은 너무 무지하거나 너무 두려워해서 혹은 너무 가난해서 병원에 오지 않습니다. 남쪽에서는 병원에 오지 않는 이들 가운데 부자를 만나기가 어려웠지만 서울에는 지나치게 부자라서 병원에 오지 않는 반대적 상황을 더러 경험하였습니다. 즉 제가 집으로 찾아가야만 했던 몇몇 환자는 병원에서 치료받는 것보다 아늑한 자신의 집에서 치료를 받는 것이 조용하고 편하게 여기는 경우입니다. 일반적으로 조선에서는 마지막 극한적 상황에 이르러서야 외국인 의사나 간호사를 찾기에 결국 예방이라는 점에서 큰 문젯거리를 초래합니다. 예방사역은 조선 대중이 자신들의 복지에 매우 중요한 영향을 끼치는 이 일의 중요성이 더욱 계몽되기 전까지는 만족스럽게 행해지기 어렵습니다. (351쪽)

그러면서 쉐핑은 자신이 경험한 사실에 대해 이야기한다.

한 소녀가 주인의 잔혹한 발길질로 궤양이 생긴 다리로 입원하였습니다. 한 달 동안 병원에 머물며 보살핌을 받은 탓에 퇴원하고 노예생활로 되돌아가는 것을 꺼려했습니다. 조선나이로 15살밖에 되지 않은 이 아이는 그 전 해에 매일 반복되는 매질을 피해 물에 빠져 죽으려 시도하기도 했습니다. 부모가 없기 때문에 퇴원하면 실제로 팔리게 된다는 것을 알았습니다. 그 아이는 저에게 자신이 종의 신분으로 돌아가지 않게 해달라고 간청했습니다. 저는 평판이 나쁜 집에서 이 소녀를 해방시킬 것과 자청해서 원래 몸값을 지불하겠다고 하였지만 반복적으로 거절당했습니다. 한 해 전에 또 다른 여인이 낳은 그 남자의 딸이 수치스럽게 사느니

차라리 자살했다는 사실은 그 악한 남자에게 아무런 효과도 없었고 그들은 경찰이 자신의 편이라고 주장하면서 그녀를 억지로 데려가겠다고 위협하였습니다. 소녀를 며칠 밤 지켜본 후에 저는 결국 그녀를 다른 도시로 조용히 데리고 갔습니다. 이것은 위협과 폭력이라는 끝없는 사건이 진행된 후의 일이었습니다. 결국 저는 말 그대로 그녀를 값없이 샀습니다. 그녀는 4년간 집과 학교에서 기독교 훈련을 받았고 우리 집에서 좋은 기독교인과 결혼했으며 이제는 사회의 사랑을 받고 존중받는 일원이 되었습니다. (351쪽)

쉐핑이 쓴 또 다른 글도 살펴보자. 1928년 3월호 《조선선교지 *The Korea Mission Field*》에는 그녀가 기고한 「*Korean High School Girls*(조선의 여고생)」이라는 글이 실렸다. 이 글을 통해 당시 한국 소녀들의 모습을 엿볼 수 있다.

공립 그리고 미션스쿨의 소녀들이 예외적일 뿐 지배적인 경우가 아니라는 점에서 이 시기의 조선 소녀들은 대체적으로 여전히 심한 무시를 당하여 영적으로나 지적으로 매우 빈약한 상태이다. 7~8년간 학교를 다녔던 소녀들은 형제나 자매의 나이 어린 어머니였던, 그리고 3R(Reading읽기, writing쓰기, arithmetic셈하기)을 배울 수 있는 기회가 없었던 그들의 누이에 비하면 숫자상 다수가 매우 행복하고 즐거운 편이다. 정상적인 학창생활과 야외운동을 하는 고등학교 소녀들은 인생의 흥미거리를 상당히 즐길 수 있다. 그들은 학교에서의 우정, 음악과 주일학교, 그리고 방학 중에 열리는 매일 성경학교 추수감사절과 크리스마스의 관습, 그리고 학교오락을 즐긴다. 이 모든 것은 학교에 머무는 동안 학생들이 온전하고 바쁜 생활을 하도록 만들어준다. 소녀들은 농구와 다른 서양경기를 짧은 치마와 머리밴드(bandeau)에 스웨트 정장을 하고 나타나는 학교소녀들이 아니라 교육을 받지 못한 채 최소한의 가정교육을 받았고 이제 결혼적령기에 이른 것으로 여겨지는 사랑스런 16세의 나이에 이른 여고생이 나의 주된 관심이다. 이 문명의 시대에 배운 남자들은 교육받지 못한 여성들과 결혼을 원하지 않기 때문이다.

이에 대하여는 몇 가지 이유가 있다. 공부한 조선 청년들은 더 이상 부모가 골라준 신부와 결혼하기를 바라지 않는다. 청년들은 특정한 유형의 여성을 바라며 그녀를 얻으려고 다소간 부모로부터 독립하거나 혹은 부모에게서 자기들의 뜻을 관철해야 한다. 그렇게 하면 관련자가 문제를 거론하지 않는다면 오래전의 조혼이라는 곤란한 일을 모면하게 된다. 요즘 부모들은 자기 아들들이 교육받은 아내들을 원한다는 것을 점차 깨닫지만 그들은 과잉교육을 반대한다. 소녀들이 고등학교를 졸업했다면 더 이상 밭에서 일하거나 길쌈을 하지 않을 것이며 부모가 자기 아들이 좋아할 정도로 충분히 교육을 받은 여자를 좋아하더라도 그녀가 과도하게 교육을 받게 하는 데 관심이 없다. (354쪽)

'서울은 아테네'라 부른 일본인 철학자

아베 요시시게

安倍能成, 1883~1966

『청구잡기青丘雜記』(1932)

나는 일제강점기의 역사를 읽으면서 아베 요시
시게(安倍能成)라는 이름을 자주 들어보았지만
별로 관심을 기울이지 않았다. 그러다 그가 경
성제국대학의 철학교수였다는 사실을 알면서
조금씩 관심이 생겼고, 존경하는 언론인 동촌
김용구(1929~2019) 선생이 글에서 아베를 자
주 인용하는 것을 보고 매력을 느끼기 시작했
다. 일본 최고의 지성인이었던 아베 요시시게는
서울에 살면서 한국을 사랑했다. 나는 이스라엘에서 한 학기 동안 강의했
는데, 이스라엘 학생이 선사한 예후다 아미카이(Yehuda Amichai) 시인의
『*Poems of Jerusalem*(예루살렘 시집)』(1987)을 가끔 읽으면서 서울을 어떻게

일본의 화가 소타로 야스시(安井曾太郎,
1888~1955)가 그린 아베의 초상

노래할까 생각하곤 했다. 그럴 때마다 아베의 '서울은 아테네'라는 표현을
상기하곤 했다.

일본연구와 문화비평가로 저명한 한양대학교의 김용운 교수는 이렇게
말했다. "일제시대 경성제대 철학과 교수였던 아베 요시시게는 한국은 천
재가 나오는 나라라고 했어요. 니체가 그리스를 방문했을 때 하늘이 맑고
머리에 자극을 주는 날씨라고 했는데, 한국 날씨가 그리스와 같다는 것이
죠. 한국 사람들이 머리가 좋은데 천재가 나오지 않는 것은 교육 탓입니다.
소크라테스를 보면 길을 가다 사람들이랑 이야기하고 토론하잖아요. 우
리도 이런 전통이 있었어요. 그런데 주자학 원리주의에 빠져 사라졌어요.
조선 시대를 보면 일부 실학자를 빼면 지적 정직성이 없어요. 지금은 대학
입시가 주자학을 대신하고 있어요."

한국에 소크라테스 같은 철인이 언제쯤 나올 수 있을까? 우리는 과
연 아베 요시시게의 기대에 부응하고 있을까? 이런 원초적 질문을 할 때가
있다.

작가의 생애

아베 요시시게(安倍能成)는 1883년 12월 23일 일본 에히메현의 마츠야마에서 한의사의 여덟째 아들로 태어났으며, 법조인 아베 하카루는 그의 동생이다.

1909년 7월에 도쿄제국대학 문과대학 철학과를 졸업하고 대학원에 진학하였다. 소설가 나츠메 소세키, 철학자 하타노 세이이치, 출판인 이와나미 시게오 등과 사귀었다. 그는 학생시절부터 문학비평을 쓰기 시작했고, 특히 자연주의에 관심이 깊었다.

1913년 4월에 니치렌슈대학의 강사가 되었고, 1916년 4월에 게이오기주쿠대학 예과 독일어 교수가 되었다. 1920년 4월에 호세이대학 교수가 되었고, 1924년에는 하이델베르크대학에 머물며 신칸트철학을 연구하였다. 1926년 3월에 경성제국대학의 교수가 되어 서울에서 살았다. 1928년 9월에 경성제국대학 법문학부장이 되었다. 이 무렵 한국문화와 한국문학에 심취하였다.

1940년 9월에 일본으로 돌아가 모교인 제일고등학교의 교장이 되었고, 문교정책을 비판하기도 하였다. 위협을 받기도 했지만 체포되지는 않았다. 제2차 세계대전이 끝나고 1945년 12월에 귀족원 의원이 되어 1947년 5월까지 역임하였다. 1946년 1월에는 문부대신으로 임명되어 4개월 동안 전후 교육개혁에 공헌하였다. 교육기본법 초안을 만드는 데 참여하였고, 일본어 사용법의 정착에도 기여하였다.

1946년 8월에는 제실박물관(1947년 5월, 국립박물관으로 개칭) 관장으로 임명되어 1948년 6월까지 재임하였다. 1946년 10월에 귀족학교 가쿠슈인(學習院) 원장으로 임명되어 1966년 6월까지 재임하였다. 1960년대에 전후 사회주의(post-war socialism)가 군국주의처럼 위험하다고 생각해 거리를 두었다.

1958년에는 출판인 이와나미 시게오의 전기를 써서 요미우리문학상을 받았다. 자서전『我が生ひたち(내가 살아온 길)』(1966)을 출간하고, 1966년 6월 7일 도쿄에서 사망하였다. 무덤은 가마쿠라의 도케이사에 있다.

작품 속으로

———

도서관에서 찾아보니 아베 요시시게의 책은 상당히 많다. 철학자로서 칸트철학을 전공했기 때문에 칸트의『도덕철학원론』,『종교철학』등을 번역하기도 했고, 철학자이자 노벨문학상을 받은 루돌프 오이켄(Rudolf Eucken)의『7대철인 Sieben Philosophen』을 번역하기도 하였다. 뿐만 아니라 이와나미서점을 세운 이와나미 시게오 씨의 전기도 썼다.

『청구잡기青丘雜記』
(1932) 초판본

1926년부터 1940년까지 조선에서 15년간 살면서『청구잡기青丘雜記』(1932)라는 문집을 내었다. 이 책은 수필 모음집인데, 차례는 '페인트칠한 간판, 조선소견 두셋, 경성의 거리에 관하여, 내가 본 지나, 경성과 아테네, 경성잡기(雜記), 열쇠의 문명, XY군에게, 경성풍물지, 〈혼자 여행하는 사람〉에 대하여, 하르빈 산책기, 신의주에서 봉천까지, 탐라만필, 자연에 관하여, 봉천을 걸으며, 길림일별, 제남일숙(濟南一宿), 팔달령에 놀며, 아사가와(淺川)군의 〈조선도자명고〉, 어느 하루의 소풍, 경성가두소견, 전차 속의 고찰, 오랜 친구'의 순서로 되어 있다.

이 책은 표지가 유난히 두껍고 윗면에는 금박까지 하였는데, 서문에 밝히기를, "이 책의 표지천(裝布)은 조선산 마포(麻布)를 썼고 조선산 종이를 썼다"고 한다. 이런 모든 것들이 당시 경성제국대학의 일본인 동료교수들의 도움으로 이루어졌다며 감사하고 있다.

그는 작가가 아니라 철학교수였지만 당대의 지식인으로 조선의 자연과 풍속을 관찰하고 담담하게 담았다. 그림도 그렸다는데, 이 책에는 경성의 사진만 몇 장 실려 있다.

서문에서 "눈으로 보고 귀로 들은 주관적인 인상을 말하는 글에 지나지 않는다"고 적었지만 그는 특히 조선의 자연, 고유한 건물, 풍속 등에 세신한 관심을 가졌다. 찌개나 물병, 여성의 옷차림, 기와집과 곡선의 아름다움, 조혼의 습관, 강가에서 빨래하는 습관 등에 관심을 기울인 것이다. 빨래에 대해서는, "조선의 부인이 이렇게 생활의 많은 시간을 빨래하기 위해 쓴 것은 조선인이 얼룩을 쉽게 알아볼 수 있는 백의를 즐겨 입기 때문이다"

고 적었다(91쪽). 옷 이야기가 나와서 말인데, 그가 가장 아름답다고 생각한 옷은 여름에 조선인들이 즐겨 입고 다니는 삼베옷(麻衣)이었다.

지금 경성에서 남대문, 동대문, 경복궁 등을 없앤다면 경성은 얼마나 영락(零落)한 꼴이 될까? 그러나 이들 뛰어난 건축 외에 보통 건축에도 아름다움이 없는 것은 아니다. 총독부 앞 광화문 거리의 구 궁성은 유물인 문이지만 그 주변의 일자 집 창문 등에도 최근의 건축에 없는 아름다움이 있다. 종로거리의 낮은 지붕의 곡선에도 삼월당(三月堂)을 연상시키는 어떤 멋이 없는 것은 아니다. 이렇게 조선집 지붕이 겹쳐 있는 것을 보면 분명히 경성에 있는 일본집 지붕보다 아름답다. 조선의 목수는 거의 무의식적으로 이 지붕의 곡선을 만든다고 하는데, 그렇게까지 한 민족에 스며들어 있는 기교에는 어딘지 아름다운 점이 있다.

그는 철학자이기 때문에 건축뿐 아니라 자연에 대한 사유가 깊다.

길가 양쪽의 작은 개울이 넘친 채 얼어붙은 거무튀튀한 오수(汚水)가 사르르 녹기 시작함과 동시에 이 조선의 수도에도 봄이 왔음을 느낄 수 있다. 겨울 내내 흑갈색으로 말라 길가의 탁발승처럼 먼지를 뒤집어쓰고 서 있던 플라타너스 잎도 어딘가 모르게 초록의 광택을 띠기 시작한다. 이윽고 남산의 나무 사이로 계곡을 내려가는 작은 여울의 얼음도 녹기 시작하면 버드나무 싹이 어렴풋이 푸름을 보인다. 경성의 여자들은 기다렸다는 듯이 빨래더미를 들고 나오는 것이다. (『경성풍물기』)

그는 남산에서 서울을 내려다보며 서울의 도시환경이 어떻게 개선되면 좋을지를 이야기했다. "고저의 차이가 있고 수목이 있고 전각이 있으며 회당이 있다"라고 하면서 남산의 서남 방향인 용산 쪽을 넓혀 한강을 바라볼 수 있는 산책길을 제안하기도 하였다. 또 경성의 성벽에 대해서도 이야기하고 있다.

경성에 있어서 지금 하나 보존하고 싶은 것은 그 성벽이다. 이것을 일일이 수리하여 보존하는 것은 바라지 않지만 다만 파괴를 방지한다는 의미에서 소극적인 의미의 보존을 바라는 것이다. 이 성벽은 북한산 정상에까지 이르고 있다. 그것이 만들어진 당시의 의미가 무엇이든지 지금은 이미 자연화한 인공물로서 훌륭한 폐허의 아름다움을 지니고 있다.

그는 1928년 9월 27일 밤 서울에서 「경성과 아테네」라는 글을 썼다. 이 글을 통해 서울이 아테네와 같다고 말했다.

처음 경성에 왔을 때 나는 어딘지 희랍의 아테네에 가깝다고 생각되었다. 우선 총독부가 있는 곳이 아테네의 왕궁의 위치에 가깝고, 그 위에 삼각형을 이룬 백악(白岳)은 왕궁의 왼편에 있는 류가베토스산에 매우 비슷하다. 북한산의 변화 많은 산모습에 비하면 아테네 동쪽의 휴메토스산은 평범하지만 화강암을 골자로 하는 전자와 대리석을 품은 후자는 아름다운 백미(白味)의 저광(底光)을 가진 점에서 비슷하다. 아크로폴리스가 있는 곳은 경성에서는 조선신궁이 해당하지만 아크로폴리스의 언덕은 조선신궁이 있는 남산 전체에 미치지는 않는다. 한강과 같은 큰 강은 아테네에는 없지만 신궁 앞에서 한강을 보는 경치는 나에게는 아크로폴리스 위에서 필레우스, 파레론의 바다를 바라보는 기억을 불러일으킨다. 경성 쪽이 3면이 산으로 가렸다는 느낌이 아테네보다 강하다. 그러나 곳곳에 크고 오랜 건물과 폐허가 남아 있고 그것이 비교적 좁은 거리를 보이는 점, 문명의 도시로서 뒷골목은 난잡함을 보여주는 점에서 양자는 공통적이다.

그렇지만 무엇보다 양자의 공통점을 내가 직감한 것은 실로 맑고 짙푸른 하늘의 마르고 흰 땅바닥이다. 아테네는 경성보다 더 건조한 도시일 것이다. 물, 물! 이라고 부르짖는 위에 비는 귀하다. 그러나 경성의 우기는 여름마다 한강을 채우고 강변 용산의 주민들의 가슴을 조리게 한다. 그러나 우리의 비 많은 도시 도쿄에 비하면 경성은 역시 건조한 도시이다. 니체는 천재가 태어난 도시는 모두 건조한 곳으로 피렌체, 파리와 함께 아테네를 꼽았다. 만일 니체가 누이에게 보낸 편지에 쓴 희망을 실현하여 만일 일본에 와 도쿄에서 습기를 저주할 것이 틀림없겠지만 경성을 천재의 도시라고 불렀을 것도 틀림없다. 하지만 천재는 토끼도 뿔도 범인(凡人)인 우리에게 있어서도 건조한 경성의 공기는 확실히 신체와 두뇌에 호적(好適)하다. 봄 같은 때에도 도쿄에서 면키 어려운 묘한 우울한 권태의 기운이 없다. 실로 니체가 존경한 그리스의 철인 헤라클레이토스가 건조한 혼에서가 아니면 만물의 일체(一體)를 깨달을 수 없다고 한 말을 상기할 때 경성의 건조한 공기는 심신에 상쾌하다. (76~78쪽)

경성제국대학이 개교하던 1926년에 그는 「경성제국대학에 거는 희망」이란 글을 써서 이렇게 주장했다.

도쿄는 국도(國都)로 그곳이 문화의 중심이 됨은 원래 개연적이고 당연한 일이지만, 게다가 그것을 위하여 각 지방도시가 그 봉건시대에 지니고 있던 특색조차 파기하여 쓸데없이 더 작고 더 천박한 도쿄문화를 곳곳에 만든 것은 한탄해야 한다. (중략) 경성은 경성으로서 새로운 문화를 수용하는 것과 동시에 독특한 문화를 발휘해야 한다는 것은, 즉 경성제대가 그 독특한 사명을 다해야 한다는 것과 마찬가지이다. (90쪽)

아베는 많은 조선학생과 교제하면서도 일본이 조선에 행한 억압과 착취 때문에 기쁨보다는 고통이 많아 결국 조선을 떠나기로 결심한다. 그때의 심경을 이렇게 적었다.

소화 15년 가을 내가 모교 제1고의 초대를 받아 귀경하였을 때 이와 같은 사정에 견딜 수 없다는 마음도 있었다. 나는 중일사변의 장래가 오늘의 패전을 초래할 것을 분명히 예견하였던 것은 아니지만 곧 큰 국난이 올 것이라고 막연하게 느끼고 있었다. 그리고 그것을 이와 같은 정치적 조건 아래서 조선인과 함께 견디지 못할 거라고 느끼고 있었다. 나는 마음속으로 도피의 생각을 품고 조선을 떠난 것이 사실이었다. (183쪽)

금강산 등정기를 쓴 미국 여성 동화작가
엘리자베스 코츠워스
Elizabeth Coatsworth, 1893~1986

『*The Captain's Daughter*(선장의 딸)』(1950)
『*Personal Geography*(개인적 지리)』(1976)

엘리자베스 코츠워스(Elizabeth Coatsworth)는 한국에는 잘 알려지지 않았지만 미국의 유명 동화작가이다. 나는 그녀의 이름조차 알지 못하다가 펄벅을 연구하다 코츠워스의 이름을 접하게 되었다. 펄 벅은 자신이 편집한 《아시아*Asia*》 잡지에 한국에 관한 글을 쓴 필자들의 명단을 만들었는데, 그것이 미국의 펄 벅 인터내셔널 본부에 있는 것을 발견하였다. 코츠워스 여사가 1919년에 한국 금강산 등반기를 《아시아》지에다 썼다는 것이다. 이에 흥미를 느끼고 코츠워스에 대해 알아보았다.

그녀는 첫 로맨스 소설의 무대로 한국을 택했다. 아버지의 반대로 사랑에 실패한 딸 자넷이 금강산으로 여행을 떠나며 성숙해가는 과정을 『*The Captain's Daughter*(선장의 딸)』(1950)에서 그려냈다. 나는 만년에 쓴 그녀의 회고록 『*Personal Geography*(개인적 지리)』도 읽었는데, 이 책 역시 한국어

행에 관한 내용이 있다. 만년까지 한국
을 기억한 것이다. 그래서 '한국을 사랑
한 세계작가'에 그녀를 포함한 것이다.

작가의 생애

엘리자베스 코츠워스(Elizabeth
Coatsworth)는 1893년 5월 31일 미국
뉴욕의 버펄로에서 곡물상인의 딸로 태
어났다.

1898년부터 이듬해까지 8개월간
영국, 독일, 스위스, 이탈리아, 이집트에서 살았다. 1906년부터 3년간 캘리
포니아의 파사데나(Pasadena)에서 고등학교를 다녔다. 1909년부터 1911
년까지 버펄로 세미너리에서 공부하였다. 1912년에 아버지를 여의고 버펄
로를 떠났다. 여름은 캐나다의 에리호수(Lake Erie)에서 보냈다. 어릴 때부
터 여행을 시작하여 다섯 살 때 부모와 알프스와 이집트를 다녀왔다. 1914
년 영국여행에서부터 "열나게(with real zest)" 시를 쓰기 시작했다. 1915년
에 바사르대학(Vassar College)을 졸업할 때 수석졸업생 연설을 하였다. 이
듬해인 1916년 뉴욕의 컬럼비아대학교에서 문학석사 학위를 받았다. 이때
부터 2년간(1916~1918) 또다시 세계여행을 시작하여 필리핀과 자바, 시암
(타이), 중국, 한국, 일본을 여행하였다. 중국에서는 북경에서 출발해 고비
사막과 서호(西湖)까지 갔다. 한국에서는 24인의 짐꾼들을 데리고 금강산
에 올라갔다. 이때 불교 사찰에서 숙박하기도 했는데 이런 체험이 문학작

품에 반영되었다. 이 무렵 그녀는 캘리포니아에서 친척들과 함께 살았다. 그녀의 딸들도 작가가 되었다.

1919년에는 어머니와 보스턴 근처의 케임브리지에 살면서 래드클리프 (Radcliff) 여자대학에서 공부했다. 1920년부터 8년간 어머니와 동생을 데리고 영국, 스코틀랜드, 이집트, 이스라엘 성지를 번갈아 여행하면서 살았다.

1929년 소설가이자 자연주의자인 헨리 베스턴(Henry Beston)과 결혼하였다. 딸 둘을 낳았다. 1933년부터 1954년까지 멕시코, 덴마크, 스웨덴, 노르웨이, 아이슬란드를 여행하였고, 1931년 미국작가협회에서 주는 뉴베리상(Newbery Medal)을 받았다. 『*The Cat Who Went to Heaven*(하늘나라에 간 고양이)』는 미국 아동문학에서 가장 훌륭한 작품으로 칭찬받았다. 1968년에는 안데르센상의 추천작이 되기도 했다.

1968년 4월 남편이 병환으로 별세하고 침니농장(Chimney Farm)에서 애완견 타마르(Tamar)와 살았다. 1986년 8월 31일 미국 노블보로에서 사망하였다. 그녀의 유품은 미네소타대학교와 보우도인대학, 뉴잉글랜드대학이 소장하고 있다.

작품 속으로

코츠워스의 첫 책은 1912년에 출간한 시집이었다. 그러다가 친구 루이제 시멘(Luise Seaman)의 권유로 아동소설 『*The Cat and the Captain*(고양이와 선장)』을 내었다. 1930년에는 『*The Cat Who Went to Heaven*(하늘나라에 간 고양이)』가 나왔다. 그녀는 1910년부터 작품활동을 시작하여 1976년에 회고록을 쓸 때까지 90권 이상의 책을 썼다. 동화로는 *The Cat and the Captain*(1927), *The Cat Who Went to Heaven*(1930), *Cat Stories*(1953) 등을 썼다. 소설로는 『*The Captain's Daughter*(선장의 딸)』(1950) 등을 썼다.

코츠워스의 『*The Captain's Daughter*(선장의 딸)』은 아버지의 반대로 사랑에 실패한 자녯이 금강산으로 여행을 떠나며 성숙해가는 과정을 그려냈다. 저자는 만년인 1976년에 출간한 『*Personal Geography*(개인적 지리)』에서 한국여행에 대해 이렇게 서술하고 있다.

The Captain's Daughter
(1950) 초판본

나는 마르코 폴로(Marco Polo)도 앞선 여행자들을 말했을지 모른다. 그렇지만 그것은 나의 새벽이었고, 그 이른 햇빛은 나의 기억 속에 오래 남아 있다. 우리는 결코 계획대로 여행하지 않았고, 우리의 운에 따라 하루든 일주일이든 심지어 한 달도 한곳에 머물렀다. 누가 어떤 기적을 말할 때는 완전히 녹아떨어졌다. 단 한 번 코리아의 금강산 사찰에 온 몇 순례자들이 우리를 처음 본 백인으로 놀라는 것을 보았다. 그들은 우리의 옷을 살갗이 닿을 정도로 만져보았다. 그렇지만 우리

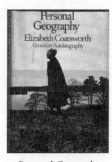

Personal Geography
(1976) 초판본

는 각각 다른 항구들을 여행했고, 동서양의 다른 사람들이 자신의 조상
들의 입던 옷을 입고 있는 것을 발견하였다. 나는 오늘날 이렇게 획일화
된(homonized) 세계를 여행하면서 이런 즐거움을 느끼지 못한다.
(181~182쪽)

고맙게도 코츠워스는 자신의 자서전을 한국의 동화를 소개하며 끝내
고 있다. 넓은 바다에서 거북이의 등에 업혀 살아남은 뱃사공의 이야기를
소개하며, 작가로서의 포부를 밝히고 있다.

　　나는 나 자신을 위하여 한국의 거대한 거북이의 등에 업혀 산 뱃사공에
관한 얘기를 뽑는다. 그는 배가 파선되자 곁에 있는 커다란 거북이 등에
올라탔던 것이다. 그를 구한 사람들은 그가 넓은 바다에서 거북이 등에
타고 있었다고 했다. 그가 얼마나 멀리 타고 왔는지, 왜 배를 버리고 왔
는지, 그가 뭘 먹고 마셨는지는 중요하지 않다. 그리고 거북이에게 무슨
일이 생겼는지도 묻지 않았다. 바람 부는 밤을 뚫고 무언가 집을 향하여
오고 있다. 나는 어떤 일도 기다리기를 미워했다. 그것이 무엇이든 만나
러 가야 한다고 생각한다. (182~183쪽)

한국시조를 시화집으로 엮어낸 두 영국여성

조안 사벨 그릭스비 Joan Savell Grigsby, 1891~1937
릴리안 메이 밀러 Lilian May Miller, 1895~1943

『*The Orchid Door*(난초의 문)』(1935)

『한국을 사랑한 세계작가들』제1권을 읽은 분은 서울에 살던 앨버트 와일더 테일러(Albert Wilder Taylor)와 메리 린리 테일러(Mary Linley Taylor) 부부의 '딜쿠샤(Dilkusha) 1923' 집의 이야기를 기억할 것이다. 그 집을 짓고 가꾸다 일제에 의해 떠날 수밖에 없던 사연도 절절한데, 알고 보니 그 집은 외국인들과 함께 시를 짓고 그림을 그린 문화요람이었다. 엄혹한 일제강점기 때도 서양인들은 서로 연락할 수 있었고, 서울에 오면 딜쿠샤에서 지낼 수 있었다. 특히 딜쿠샤의 여주인인 메리는 문인, 화가, 연극배우였기 때문에 한국문화를 얘기하고 한국의 풍경을 그림으로 그렸다. 딜쿠샤에는 30대의 영국 여성시인 조안 사벨 그릭스비(Joan Savell Grigsby)와 화가 릴리안 메이 밀러(Lilian May Miller)가 함께 머물며 작업을 하여 아름다운 호화판 시화집을 출간했다. 무척 흥미롭고 문화사적 향취가 풍긴다. 일제 암흑

조안 사벨 그릭스비   그릭스비의 가족사진. 뒷줄 중앙이 그릭스비

기에도 이런 문화적 숨통이 트일 수 있었던 것은 그들이 서양인 신분이었기 때문이다.

작가의 생애

영국의 여성시인 조안 사벨 그릭스비(Joan Savell Grigsby)는 한국인에게는 생소한 인물이다. 그렇지만 한국문학을 세계에 알리는 데에 이만큼 아름답고 큰일을 한 인물도 많지 않다. 더구나 여성으로 한국에 와서 1년간 살면서 시를 짓기도 하고 한국의 시조를 영어로 번역하여 책으로 내었다. 책도 그림을 넣어 예쁜 장정으로 내어 『*The Orchid Door*(난초의 문)』라는 책제목처럼 한 떨기 난초를 연상케 한다. 그릭스비는 1891년 영국 스코틀랜드에서 태어났다. 어린 시절과 학교생활에 대하여는 잘 알려져 있지 않다.

1929년 초 포드자동차 영업담당 책임자로 서울지사에 근무하게 된 남편을 따라 조선에 입국하였다. 1930년 말까지 서울에 살면서 행촌동에 있는 '딜큐샤'에 메리 테일러 등과 모여 담론하였다. 일본에서 태어난 미국인 화가 릴리안 메이 밀러(Lilian May Miller)와 친분을 쌓으며 작업을 했다. 집주인 메리는 조안보다 두 살 위인 영국인이니 어쩌면 동생처럼 친하게 지냈을 것으로 짐작된다.

조선에 머무는 동안 그릭스비는 조선인들의 삶의 모습을 예술로 승화시킨 자작시 10여 편을 써서 시집 『*Lanterns by the Lake*(호숫가의 등불)』(1929)에 실었다. 이 시집에는 「*The Islands of Chemulpo*(제물포의 섬들)」, 「*Korean Night*(한국의 밤)」, 「*The Way to the Well*(우물로 가는 길)」 등의 시가 실려 있다.

그릭스비는 1929년부터 이듬해까지 서울에서 사는 동안 우리의 고시조 70여 편을 영어로 엮고 릴리안 메이 밀러가 삽화를 그린 『*The Orchid Door*(난초의 문)』(1935)를 일본에서 호화판으로 출간하였다. 이 책은 일제 강점기에 고통받고 있는 조선인들의 삶의 모습을 예술로 승화시킨 것이다. 그릭스비는 한국어를 읽고 말할 정도는 아니었지만 선교사 게일(James Gale)과 호주 출신 여성선교사 맥클라렌(Jessie McLaren, 1883-1965)의 번역을 참고하여 우리의 시를 서양에 소개하는 의미 있는 공헌을 하였다. 1937년 4월 10일 캐나다 밴쿠버에서 암으로 사망하였다.

제시 맥클라렌(Jessie Mclaren)은 호주의 교사이자 번역가, 정원사, 선교사, 책 수집가로 알려져 있다.

릴리안 메이 밀러

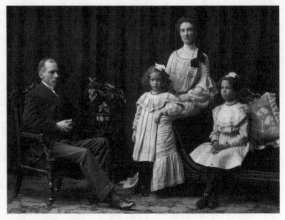
릴리안의 가족 사진. 오른쪽 끝이 릴리안

릴리안 메이 밀러(Lilian May Miller)는 1895년 7월 20일 일본 도쿄에서 태어났다. 그녀의 아버지 랜스포드 밀러(Ransford Miller)는 1890~1894년 도쿄 YMCA를 도와 영어를 가르치고 있었다. 그는 1894년에 영어교사 릴리 머레이(Lilly Murray)와 결혼했는데, 1895년부터 1909년까지 그는 통역 관이었다.

판화가 헬렌 하이드(Helen Hyde, 1868~1919)의 추천으로 릴리안은 도쿄의 카노미술원에 입학하여 판화를 배웠다. 3년 후에 작품전시회를 가졌다. 아버지가 미국무성의 극동국장이 되자 릴리안도 워싱턴으로 갔다. 14살 때 《워싱턴 포스트 *The Washington Post*》지 미술공모전에서 〈*Early Morning in Old Japan*(옛 일본의 아침)〉이라는 판화로 당선되었다. 뉴욕의 바사르대학(Vassar College)에서 공부하여 1917년에 졸업하였다.

1918년에 아버지가 서울의 미국총영사로 부임하자 릴리안도 따라왔다. 그녀는 이듬해부터 미대사관에서 비서 겸 저널리스트로 활동했다. 릴리안은 그릭스비와 함께 한국 관련 시집을 냈다. 서울에서 지내는 동안 지은 시 82편이 실린 시집에 목판화로 삽화를 그려 넣은 『*Grass from a Cinnamon Garden*(계피 밭에서 나는 풀)』을 출간했다. 1928년에 출간된 이 책에는 조선의 자연과 궁궐, 산과 들 그리고 시골사람들의 생생한 생활상을 담은 시 10여 편이 실려 있다. 1927년 일본에서 출판된 이 책에는 조선, 중국, 일본을 두루 다니며 밀러가 읊어낸 자작시와 목판화가 담겨 있다.

그녀는 1923년부터 1928년까지 서울에서 부모와 함께 지냈다. 서울에서 병환으로 투병하면서도 작품을 그렸다. 1930년에 일본 교토로 돌아갔는데, 1923년 9월 1일 간도대지진으로 많은 작품이 파괴되었다. 아버지는 워싱턴으로 가서 국무성 극동지국장이 되었다가 1932년에 작고하였는데, 요코하마 외국인묘지에 묻혔다.

릴리안은 1935년에 암수술을 받았고, 1936년에 일본 과격주의자들이 몇몇 정치가들을 암살하였을 때 어머니와 함께 일본을 떠나 하와이의 호놀룰루로 갔다. 1938년 가을에 샌프란시스코로 이주했다. 그녀는 자유분방한 스타일이었는데, 작업할 때는 남자복장을 하기도 했고, 동성애적 성향도 보였다고도 한다.

1941년 12월 일본이 진주만을 공격하자 일본에게 배신당했다면서 일본과 관련된 판화들을 부숴버렸다. 전쟁 중에는 일본을 반대하는 활동을 했다. 그녀는 미해군에서 일본분석관 및 선전관으로 일했다. 1942년 12월 9일 스탠퍼드대학병원에서 악성종양 수술을 받고 1943년 1월 11일 위암으로 사망하였다. 샌프란시스코의 우들랜드묘지(Woodland Cemetry)에 안장되었다.

〈*In a Korean Palace Garden*(한국궁 정원에서)〉(1920)라는 작품으로 일본에서 작품상을 받았다. 1930년대 공황기에는 새로운 스타일의 100여 점의 수채화를 그리기도 하였다.

작품 속으로

그릭스비는 여성시인으로 이미 4권의 시집과 동시집 한 권을 낸 작가였다. 그녀는 1929~1930년 서울의 '딜쿠샤'에서 살 때 게일과 제시 맥클라렌(Jessie Mclaren)에게 영어로 번역된 조선 시조들을 받았다. 그녀는 이미 일본과 한국에 관한 시집『*Lanterns by the Lake*(호수 옆의 등불)』(1929)를 출판한 바 있는 케간 폴(Kegan Paul)출판사에서 이 시들을 출판하려고 계획했다.

The Orchid Door
(1935) 초판본

『*The Orchid Door*(난초의 문)』는 1935년 일본 고베에서 출간되었다. 그릭스비의 딸 노리스(Faith G. Norris)가 남긴 그릭스비의 전기에 의하면, 그릭스비는 자신의 시집을 출간했던 영국의 출판사(Kegan Paul)에서 출간하려고 하였지만, 미국에서 시작된 대공황의 여파가 유럽에까지 확산되자 어떤 출판사도 판매가 보장되지 않는 이러한 번역서를 출간하려고 하지 않았다. 그러다가 이 책의 삽화를 그린 릴리안 밀러와 평소 알고 지냈던 메리 테일러가 일본의 출판사를 설득하여 고베에서 출간할 수 있었다. 노리스에 의하면 당시 이 책은 한국과 일본에서 판매되었고, 출간에 깊이 관여하였던 메리 테일러와 릴리안 밀러가 이 책을 다량 구입하였다.

이 책의 부제는 '한국의 古詩(Ancient Korean Poems)'이다. 이러한 부제에 걸맞게 이 책에는 '공무도하가(公無渡河歌)'부터 조선후기 문인의 한시에 이르기까지 19세기 이전에 창작 향유된 한국의 고전시 73편이 간단한 해설과 함께 시대순으로 배열되어 있다. 이 가운데 24편은 무명씨작이고 49편의 유명씨작이다. 이 책에 수록된 작가는 여옥, 유리왕, 최충, 최치원

(2), 우륵, 김부식, 이인로, 곽여, 이자현, 이규보(8), 우탁, 이제현(2), 이존오(2), 이숭인(3), 진화(3), 이색, 김구용, 이달충, 변계량, 성간, 상건, 성삼문, 이황(2), 정여창, 이정귀, 이이(2), 한종유, 향랑, 광해, 인목대비, 홍양호(3) 등 모두 31명이다. 시기별로 보면, 고려시대 이전 작품이 9편, 고려시대 29편, 조선시대 작품이 35편이다. 이규보의 작품이 가장 많이 수록되었으며, 수록된 원전의 장르로는 한시가 가장 많다. 책에 실린 작품 한 편을 소개하겠다.

The Orchid Door(난초의 문)
Anon. (무명씨)

Stilled is the lute string after hours of song.
오래도록 노래한 후 악기 소리도 잠잠한데
The fountain is a shower of rainbow spray,
폭포에서 무지개 빛깔의 물방울이 쏟아지네.
Lit by the moon. Upon the littered floor
밝은 달빛에. 어질러진 바닥 위에
Guest after guest falls into drunken sleep.
손님들은 모두 술에 취해 쓰러져 자고 있네
Winecups are drained. The flickering lantern light
술잔은 비었네. 등잔불은 깜박이는데
Glimmers above a weary dancing girl,
깜박이는 불빛이 지친 기생의
Shines through the amber pins that hold her hair,
머리에 꽂힌 호박 장식에서 빛나네.
Mocks at the peonny bud which is her mouth,
모란 꽃 봉오리 같은 그녀의 입
The jasmine petals that enfold her eyes.

『난초의 문』 본문에 실린 밀러의 삽화

자스민 꽃잎 같은 그녀의 눈
What are such joys to me? I turn away.
내게 즐거움은 무엇인가? 나는 거부하네.
Beyond the Fountain of Ten Thousand Jewels
만 개의 보석 같은 물방울들이 있는 샘물 너머
In fragrant shadow waits an orchid door.
향기로운 그림자 속에서 난초 문이 기다리네.

그릭스비가 한국 고시조 70여 편을 번역하여 엮고, 밀러가 삽화를 그려 넣어 1935년 출간한 이 시집에는 유리왕의 「황조가」, 이색의 「부작견홍」, 이규보의 「소정희작」, 한종유의 「한양촌장」 등이 보인다. 또한 1929년에 펴낸 『*Lanterns by the Lake* (호숫가의 등불)』에는 조안 그릭스비가 조선의 모습을 표현한 10편의 시가 실려 있는데, 그 가운데 대표작 「*The Islands of Chemulpo* (제물포의 섬들)」를 한국어로 번역하여 소개하고 있다.

나는 작년(2019)에 서울역사박물관에서 열린 '딜쿠샤 1923' 전시회에 갔었는데, 메리 테일러의 여러 유품이 전시된 가운데 조안 그릭스비의 시 「은행나무」가 전시되었다.

그릭스비 자신이 해설을 한 면에 쓰고 자신의 시 밑에 이름을 붙인, 직접 타자기로 쓴 시의 원본이다. 이 귀한 기록이 남아 있다니! 이 시는 아마 어디에도 활자화되지 아니하였을 것이다. 그래서 여기에 원문을 소개하고 번역해 본다.

The Ginko Tree

"There are trees that love and dream with the souls of men or, it maybe, of gods" LEGEND

Dawn... and the garden wakes. The Ginko Tree
Stirs in a dream while mists of morning shed
Their pallid veil above the cloud of leaves.

Noo tide and throbbing heat—The branches spread
On brown, burnt grass their cool, green canopy.

Deep in the Healing well their shadows lie.
Sometimes the blue flash of a magpie's wing
Shines in the water or a green leaf drops
Onto the flat, grey rock above the spring.

Still dreams the tree in mists of memory.

Once to this carven altar women came,
Murmuring to the tree desires unknown,

Their green cloaks in the starlight glimmering.

And once, at moonrise, through the garden shone
The crimson light on sacrificial flame
That burned for dead men by the Ginko tree,
While solemn chant of white-robed mourners fell,
Like wind among the branches, on the night,
Broken by beating drum or tremulous bell.

Still dreams the tree in mists of memory.

And these green boughs, like arms, below the sky
Outspreading, seek to fold the whole earth in,
One with the vision their deep shadow veils;
To gather up the lonely souls of men
Into a deeper soul's serenity.

For there are trees and this, ah! this is one,
More passionate than men. They love, they know
The hunger in a heart that asks of life
Always too great a thing; that seeks to go
Always too far and so must go alone.

They love, they know and peace for ever falls
From their great boughs that still perceive afar,
Beyond the changing sky, the swerving wind,
Beyond the sunset and the morning star
A golden city girt with ivory walls.
— Joan Grigsby

은행나무

인간들의 어쩌면 신들의 영혼을
사랑하고 꿈꾼 나무들이 있었다 (전설)

새벽, 그리고 정원이 잠을 깨고
아침 안개가 잎들의 구름 퍼질 때도
은행나무는 꿈에서 꿈틀거린다

정오의 조수와 고동치는 열기— 가지들은 뻗어
불탄 갈색 잔디 위에 시원한 초록 덮개를 벌린다

치유의 천정 깊이 그림자는 눕고
때로는 까치날개의 청색빛이
눈 속에 빛나거나 초록 잎새가
샘 위의 잿빛 너렁바위에 떨어진다

아직도 나무는 기억의 안개 속에 꿈꾼다

한때는 깎은 제단에 여인들이 와서
알지 못할 소원을 나무에게 웅얼대고
푸른 망토는 별빛 속에 빛났다

그리고 달이 뜨고 정원으로 비쳐
진홍빛의 희생 불꽃
은행나무 옆에 죽은 남자들을 위해 태웠다
흰옷 입은 애도자의 숙연한 주문이 읽히는 동안
바람처럼 잎사귀들 속에서
북과 종소리가 파열했다

아직도 잊은 기억의 안개 속에 꿈꾼다

그리고 이 초록색 가지들은 팔처럼 하늘 아래
뻗으면서 세상을 통째 접으려 한다
그 깊은 그림자 베일로
인간의 외로운 영혼들을
더 깊은 영혼의 평정 속으로 모으려고

저기 나무들 아! 이것 하나
인간보다 더 정열적으로 그들은 사랑하고 서로 안다
마음의 배고픔은 생명을 구하고
항상 너무 큰 것을 찾아가고
항상 너무 먼 곳을 홀로 간다

그들은 사랑하고 이해하고 언제나 평화롭다
거대한 가지들은 지금도 멀리서 숨쉬고
변덕스런 바람과 바뀌는 하늘 너머
일몰과 새벽별 너머
황금색 도시, 상아벽의 금빛 도시자락.
— 조안 그릭스비

2019년 10월 국제펜클럽 한국본부에서 주최한 제5회 세계한글작가대회에서 서강대 명예교수 앤서니(Brother Anthony, 안선재) 수사는 '한글문학에서 세계문학으로'라는 강연에서 그릭스비와 『난초의 문』을 소개했다 (《PEN문학》 152호, 2019.11-12월호, 42~43쪽).

미군정 고문으로 한국에 산 독일인 학자

에른스트 프랭켈

Ernst Fraenkel, 1898~1975

『*Korea: Eine Wendepunkt im Völkerrechts?*(한국-국제법의 전환점?)』(1951)
『*Neuaufbau der Demokratie in Deutschland und Korea*
(한국과 독일에서의 민주주의의 재건)』(1999)

에른스트 프랭켈(Ernst Fraenkel)은 한국인에게
생소한데, 미군정을 거쳐 대한민국이 수립되는
과정에서 법률가로 기여한 공적이 많은 인물이
다. 독일에 돌아가서는 자유베를린대학교(Freie
Universität zu Berlin)의 정치학 교수로서 미국식
다원주의(Pluralism) 정치학을 소개한 학자로 명
성이 높았다. 알다시피 독일은 워낙 법학의 전통
이 길어 정치학은 여기서부터 비로소 사회과학의 한 분야로 자리 잡으며 일
반인의 관심을 끌었던 것이다.

나는 1981년에『한국의 서양법수용사』라는 책을 내면서 그의 생애를
소개하였고, 독일에서는 박성조 박사가 그의 지도 아래 박사 학위를 받았

다. 나는 한국법학사나 한독관계사에서 그가 중요한 인물임을 알고 생애 와 업적에 대하여 수차례 글을 썼다. 1999년~2011년에 독일에서 『*Ernst Fraenkel Gesammelte Schriften*(에른스트 프랭켈 전집)』이 전6권으로 발간되 었는데, 제3권은 『*Neuaufbau der Demokratie in Deutschland und Korea*(독 일과 한국에서의 민주주의의 재건)』으로 한국에 관한 중요한 기록들이 포함되 어 있다. 시모네 루드비히-빈터스(Simone Ludwig-Winters)가 쓴 『*Ernst Fraenkel: Ein Politisches Leben*(에른스트 프랭켈: 정치적 생애)』이라는 전기도 나왔다. 2016년에는 대법원에서 프랭켈이 한국 사법의 시초에 행한 공헌을 인정하여 부산대학교 산학협력단에 의뢰하여 「대한민국 법원 재건시기의 미군정 법률고문 에른스트 프랭켈 등 대한민국 법원의 재건 및 성립에 관한 인물들에 대한 연구」 보고서와 자료집을 내기도 하였다. 법률가와 정치학

자였던 그를 '작가'로 연결시키는 것은 그의 한국체류기가 최근에 한글로 번역되었기 때문이다. 그는 1946년부터 1950년까지 서울에서 살면서 일기와 메모를 남겼던 것이다.

나는 작년(2019) 7월 독일 베를린자유대학의 한국학연구소에서 펄 벅에 관한 강연을 하고 근처에 있는 숲공동묘지(Waldfriedhof)에 들러 프랭켈의 묘지에 참배하였다. (자세한 내용은 서울법대 문우회, 《Fides신의》 제8호, 2019, 33~112쪽의 에른스트 프랭켈 특집 참조)

작가의 생애

에른스트 프랭켈(Ernst Fraenkel)은 1898년 12월 26일 독일 쾰른에서 유대계 가정에서 태어나 프랑크푸르트대학에서 법학을 공부했다. 진츠하이머(Hugo Sinzheimer) 교수의 지도 아래 노동법으로 법학박사 학위를 받고 1926년부터 1938년까지 베를린에서 변호사로 활동하였다. 1933년 나치스 정권 아래서는 유대인들을 돕다가 위험에 처하자 1938년 9월 런던으로 탈출하였다. 친구인 칸-프로인트(Otto Kahn-Freund)의 집에 머물다 11월 미국 뉴욕으로 이주했다.

그는 『*The Dual State*(이중국가)』를 출간하여 주목을 받았다. 1939년부터 시카고대학 로스쿨에서 미국법을 공부하여 미국변호사 자격을 얻었다. 1944년부터 미국 중앙정보국의 전신인 전략정보국(OSS)의 대외경제부에서 독일재건계획에 참여하였다.

1945년에 미국 행정부는 그에게 독일 점령지에서의 일자리를 제안하였다. 하지만 해방된 한국의 미군정 고문이 되기로 결심하였다. 1946년 3월

1948년 한국의 농촌 지역을 방문한 에른스트 프랭켈(가운데)과 그의 부인 한나(왼쪽).
프랭켈은 남한 원조 사업을 하는 미국 경제협력처(ECA)의 법률고문이었다.

11일에는 한국 대법원장으로부터 한국변호사 자격을 인정받았다. 미군정
하에서 유엔임시위원단과 연락하며 지원하였고, 한국의 선거법과 헌법 제
정에도 자문하였다. 이런 과정에서 유진오, 홍진기, 황성수 등 한국법률가
들과 우의를 나누었다. 1948년에 대한민국 정부가 수립되자 서울에 남아
미국 대사관에 근무하면서 마셜플랜을 실행하는 경제협력처 한국대표부의
고문직을 맡았다. 그리고 서울대 법대에서 헌법과 국제사법을 강의하였다.
1949년 독일의 한 대학에서 교수직을 제안해 왔지만 자신은 이미 독일인이
아니라며 거절하였다.

　　1950년 6월 25일 한국전쟁이 발발하자 그는 6월 27일 미군용기를 타
고 일본으로 탈출하였다. 이후 미국 경제협력처 도쿄사무소에서 일하다 탈
장수술을 받으러 1950년 10월 뉴욕으로 갔다. 1951년 2월에 완쾌한 그는

1946년 미소 공동위원회 관계자들과 함께 선 에른스트 프랭켈(오른쪽에서 세 번째).
그는 미국 대표단 중에서 가장 반공적인 구성원이었다.

잠시 한국 관계 업무로 복귀하였다가 미국 정부의 독일행을 제안받고 1951
년 4월 부인 한나와 함께 고국으로 돌아갔다. 자유백림대학 교수로 재직
하다 1975년 3월 28일 별세하였다.

작품 속으로

———

프랭켈은 한국 관계 단행본으로 『*Korea: Eine Wendepunkt im
Völkerrechts?*(한국-국제법의 전환점?)』이라는 독일어 책을 냈다. 그리고 미
군정기에 일어난 법률문제에 대한 의견서(Legal Opinions)들을 많이 썼다.
이런 것들은 두말할 필요 없이 법학에서 중요한 자료인데, 여기서는 일반인

Korea: Eine Wendepunkt
im Völkerrechts? (1951)
초판본

Neuaufbau der Demokratie
in Deutschland und
Korea(1999) 초판본

『에른스트 프랭켈 전집』

의 관심을 끌 만한 당시의 일기와 메모를 소개하고자
한다. 그는 4년 동안 한국에 살면서 일기를 썼는데,
고 강주진 박사(전 국립도서관장)가 베를린에서 그것
을 보았다는데 지금은 행방을 알 수 없다. 1999년
~2011년에 『*Ernst Fraenkel Gesammelte Schriften*(에른
스트 프랭켈 전집)』전6권이 출간되었는데 그중 제3권
이 『*Neuaufbau der Demokratie in Deutschland und*
Korea(한국과 독일에서의 민주주의의 재건)』(1999)이다.

프랭켈은 1946년 1월 18일 서울에서 부인에게 보
낸 첫 편지를 이렇게 썼다.

서울에 대한 첫인상은 복합적입니다. 경치는 아름답
습니다. 중앙청은 현재 눈으로 덮여 있는 높은 산이 병
풍처럼 둘러싸고 있습니다. 날씨는 꽤 춥습니다. 사람
들은 오늘은 날씨가 비교적 덜 추운 편이라고 합니다.
시간을 두고 봐야 할 것 같습니다. 나는 추운 날씨를
좋아하는 편이라, 바람이 세게 불지 않는다면 견딜 만
합니다. 서울 중심가에 위치한 매우 현대적
이고 아름다운 건물에 있는 24사단에서 이
편지를 씁니다. 이 거리는 서울에서 가장
인상적인 풍경입니다. 대부분 건물들은 —
믿거나 말거나— 독일의 바우하우스 양식
으로 지어졌습니다. 이들 건물 대부분은 정
부청사입니다. 일본 사람들은 분명히 한국

사람들에게 깊은 인상을 주기 위해 "헌법 거리(Constitution Avenue)"의 건물을 가능하면 한국 건축 양식과 다른 이국적 스타일로 지었습니다. 십 년이나 십오 년 전에도 전 세계에서 가장 현대적으로 손꼽히는 건물들을 일본인들이 왜 지었는지 설명해 줍니다. 몇몇 건물들은 정말 아름답습니다. 물론 지붕을 멋있는 돔으로 한 미 군정청 건물에는 어울리지 않는 표현입니다. 미국인들은 그 건물이 돔이 있는 미국 국회의사당과 비슷하다는 이유로 "캐피털(The Capitol)"이라고 부릅니다.

오늘 아침 중앙청을 떠날 때 수백 명의 여성과 아이들이 태극기를 흔들며 울면서 노래하는 광경을 보았습니다. 그들은 한국어와 영어로 쓴 플래카드를 들고 있었습니다. 영어로 쓴 플래카드에는 "우리는 해방되어 감사한다—그러나 우리는 신탁통치가 아니라 한국인이 통치하는 정부를 원한다"고 적혀 있었습니다. 시민들의 행진은 한국 경찰이 통제하고 있었고 완전히 질서정연하고 평화로웠습니다. 수백 개의 태극기를 보았고 단 하나의 깃발만 유엔 회원국이 그려져 있는 깃발이었습니다(미국 국기도 아니었고 영국 국기도 아니었습니다). 나는 —물론— 한국어를 알아듣지 못하지만 확실히 어떤 노래는 뒤렌베르크에서 내가 자주 들은 노래와 비슷했습니다. 군중들이 행진하는 방향으로 가고 있을 때, 여성과 소녀들이 내 사진을 크게 찍었고 나를 소련 사람으로 생각하는 것 같았습니다(여기에는 미국 민간인들이 거의 없습니다). 어쨌든, 그들은 엄청나게 많은 깃발을 흔들며 나를 환영하고 "구호"를 외치며 그들이 원하는 것을 말했습니다. 미안하게도 나는 그들이 내게 뭘 원하는지 몰랐고, 한국에 독립을 허락할 힘도 갖고 있지 못합니다. 한국인들의 행진과 데모는 매우 감동적이었습니다. 수십 년 동안 억압당한 민족의 정치적 행진이 범죄가 아니라는 것을 처음으로 깨달았습니다. 그들은 주어진 자유를 만끽하였습니다. 미국인들은 아마도 인간이 생각할 수 있는 것 중 가장 현명한 일을 했다고 봅니다: 미국은 한국인들이 행진하고 데모하는 것을 허용했습니다. (《Fides신의》 8호, 서울법대문우회, 2019, 38~39쪽)

프랭켈은 아내에게 해방 이후 서울의 모습과 신탁통치에 반대하는 서울시민을 이야기했다. 그는 서울에서 아름다운 한국 도자기들을 보았는데, 인플레이션으로 도자기와 맥주 등의 상품이 비싼 현실에 대해 말하고 있다.

이곳의 상점 진열창에서 아름다운 도자기들을 보았습니다. 그러나 가격이 상상할 수 없을 정도로 어마어마하게 비쌉니다. 여기는 인플레이션을 실감 나게 겪고 있습니다. 공식 환율은 1대 15(1달러가 한국 돈 15원)입니다. 그러나 한국 상품의 가격이 매우 비싸 미국 사람들은 실제로 아무것도 살 수 없습니다. 한국 식당에서는 맥주 한 병에 22원을 받습니다. 인플레이션과 바가지가 기가 막히게 합쳐진 결과입니다. (같은 책, 46쪽)

프랭켈은 1946년 1월 28일 홍진기(전 법무장관 및 중앙일보 사장)와 만났고, 법률문제에 대해 진지하게 토론했다. 또 이 책에는 당시 국립중앙도서관에 해외도서가 얼마나 소장되어 있는지를 짐작케 하는 내용도 있다.

오늘 처음으로 한국인과 흥미로운 대화를 나누었습니다. 국립도서관에 볼일이 있었고 도서관의 법률 분야를 안내하기 위해 같이 간 사람에게 나를 이해시키려고 최대한으로 노력을 했습니다. 우리 모두 서로를 이해하려는 시도를 거의 포기했을 때 그는 유창한 독일어로 내가 그 이상한 언어, 독일어를 이해할 수 있는지 물었습니다. 나는 지난 4주 이상 거의 독일어를 말하지 않았지만 물론이라고 했습니다. 그는 자기가 대학 부교수이며 지방 법원의 판사라고 했습니다. 그는 상법을 전공했고 한국과 독일 두 나라의 동일한 상법에 관해 독일 법률 서적을 읽으려고 독일어를 공부했다고 했습니다. 그는 비이란트(Wieland) 책을 갖고 있었고, 상법(Handelsrecht) 책과 슈타우프(Staub)가 쓴 주석 복사본을 갖고 있습니다. 우리는 국립도서관에서 중앙청까지 같이 걸어오면서 좀 더 복잡한 법률문제에 대해 진지하게 토론을 했습니다. 확실히 이상한 상황이었습니다! 도서관은 그다지 나쁘지 않았습니다. 독일 책과 프랑스 책을 많이 소장하고 있었으나, 영미 서적은 거의 없었습니다. 독일 영향이 압도적입니다. 나는 가능한 한 일본법전(독일, 프랑스, 영국법)을 번역한 책을 많이 수집하려고 열심이었고, 그 분야의 작업이 많이 이루어진 걸 알고 놀랐습니다. 순전히 이론적 관점에서만 보면 이런 종류의 연구는 매우 흥미롭습니다. 실제적인 면에서 보면, 지난번 편지를 쓴 이후로도 내 생각은 바뀌지 않았습니다. (같은 책, 53쪽)

이렇게 한국생활을 시작한 그는 독일에 있는 부인도 데려오고 나름대로 잘 살았는데, 1950년 6월 25일 갑작스레 전쟁을 맞는다. 주한 외국인들이 탈출하기 위해 수송기에 타는 순간까지를 그는 일본에 도착하자마자 자세히 기록하였다.

엊그제 비행기로 후쿠오카 규슈항에 도착하고, 이후 16시간 동안 기차를 타고 이동해서 오늘 아침 교토에 도착하여, 임시 보호시설에서 지금 이 편지를 쓰고 있습니다. 지난 일요일 오전 이후 처음으로 잠시나마 몇 시간 동안 휴식을 취했습니다. 그날 일요일은 아침부터 오후 2시까지는 별다를 게 없는 평소와 같은 주말이었습니다. 어느 일요일처럼 독서를 하고, 낮잠도 자고, 궁궐 정원에서 산책도 하는 그런 하루였습니다. 평화로운 우리 집으로부터 40마일 떨어진 곳에서 무슨 일이 벌어지고 있는지 전혀 알지 못했습니다. 12시 라디오 뉴스에서 프랑스 장관이 사임했다는 소식을 들었습니다. 그렇게 대단한 뉴스거리는 아니었습니다. 오후 2시가 되었을 때 로이스 라이트가 1시 라디오 뉴스에서 북한이 38선을 넘어 대대적인 공격을 개시했다는 보도가 있었다고 알려주었습니다. 북한이 침략을 감행한 것입니다. 로이스와 나는 바로 대사관으로 가서 주한미사절단 경제협력처장인 번스 박사를 만나 북한의 침략 소식을 확인했습니다. 공식적인 입장은 긍정적이었는데, 번스 박사의 자신감 넘치는 모습을 보고 사람들은 오히려 더 걱정했습니다. 나는 남한에서 사보타주 상황이나 공산주의자들의 소요사태가 발생했는지 궁금했지만, 이에 대한 답은 듣지 못했습니다. 북한의 공격은 전혀 예상하지도 못한 갑작스러운 일이었습니다. 대사관 창문 밖으로 소총을 들고 헬멧에는 꽃장식을 한 군인들과 기관총을 잔뜩 실은 트럭들이 길게 줄지어 북쪽으로 향하는 모습을 볼 수 있었습니다. 수백 명의 사람들이 트럭이 지나갈 때 큰 박수갈채를 보냈습니다. 1914년 8월 영국이 독일에 선전포고를 하고 세계1차대전으로 확전된 그날의 모습이 여기 지금 한국에서 일어나고 있었습니다. (같은 책, 60쪽)

저자는 이렇게 생생한 기록을 남겼는데, 프랭켈에 대한 연구는 앞으로 종합적으로 이루어져야 할 것이다. 그가 한국의 민주주의와 법치주의를 위하여 기울인 노력을 바르게 이해하는 것은 우리의 몫이다.

82

한국인의 아내로 자서전 쓴 미국여성
아그네스 데이비스 김
Agnes Davis Kim, 1900~1989

『나는 코리안의 아내 *I Married a Korean*』(1953)
『아직 이루지 못한 도전 *Unrealized Challenge*』(1982)

1966년 대학 1학년 시절에『나는 코리안의 아내 *I Married a Korean*』라는 책이름을 보고, 어떻게 미국여자가 한국인과 결혼하여 한국에 와서 살 수 있을까 궁금하여 서울대 도서관에서 빌려 읽었다. 상당히 흥미 있고 감동적이었다고 기억되지만 내용은 완전히 잊어버렸다. 지금은 한국도 다문화사회가 되었고 국제결혼이 전혀 낯설지 않게 되었지만 50년 전만 해도 엄청 특이하고 호기심이 가는 일이었다.『나는 코리안의 아내』의 저자 아그네스 데이비스 김(Agnes Davis Kim)과 김주항 박사는 1934년 10월 2일에 결혼했는데, 이승만과 프란체스카의 결혼보다 1주일 앞선 우리나라 최초의 국제결혼이었다. 또한 이 책은 서양여성이 한국인과 결혼하여 한국생활을 체험하고 처음으로 심도 깊게 쓴 책이므로 매우 중요하다.

그 후 이 책이『한국에 시집 온 양키처녀』(1986)라는 제목으로 다시 출간

된 줄도 몰랐고 까맣게 잊고 살았다. 작년에 양화진의 서울외국인묘지공원에 갔다가 까만 오석의 〈김주항과 아그네스〉의 묘비를 보고 "아, 세월이 흘러 이들도 이곳에 묻히셨구나" 하는 작은 탄성을 내뱉으며 잠시 묵념하였다. 묘비에는 "Companionship is rich than life is bittered(삶이 쓸수록 동행은 풍요롭다)"라는 1978년 4월 28일자의 아그네스의 메모가 새겨져 있다.

그 후 어느날 아그네스의 한국생활은 어떠하였을까, 그 삶의 의미는 무엇이었을까 하는 궁금증이 새삼스레 일었다. 서울대 도서관에 가서 이 책을 찾으니 50여 년 전에 빌려 읽었던 바로 그 책이 종이가 까맣게 변한 채 나를 반겨주었다. 정말 감회가 새로웠다. 그리고 다시 읽으니 새로운 사실도 알게 되었다. 독서의 묘미란 이런 것이다.

작가의 생애

———

아그네스 데이비스 김(Agnes Davis Kim)은 1900년 12월 29일 미국 오하이오 주의 칠리코스(Chillicothe)에서 태어났다. 일리노이 여자대학에서

1934년 결혼식 장면(좌). 전 재산을 연세대 부설 농업개발원에 기부했던 김주항·아그네스 데이비스 김 부부. 김주항 교수는 1986년 87세로, 데이비스 여사는 3년 뒤인 1989년 89세로 세상을 떠났다.

가정학과 화학을 전공하였고, 드류(Drew)신학교에서 한국인 유학생 김주항을 만났다. 컬럼비아대학에서 종교교육으로 석사 학위를 받고 같은 대학교 사범대학의 링컨스쿨에서 가르치다 1934년 10월 2일에 김주항과 결혼하였다. 한국에 와서 살다가 1942년에 다시 미국에서 살았고, 해방 후에 다시 한국으로 왔다. 서울여자대학에서 '기독교 생활'을 강의하고, 서울대학교 상과대학에서 영어회화를 가르쳤다. 한국전쟁 중에는 미국에서 살면서 1953년에 『나는 코리안의 아내 I Married a Korean』를 출간하였다.

1961년에 다시 한국으로 와서 살며 1964년 《코리아 헤럴드》와 《코리아 타임스》에 칼럼을 쓰기 시작했으며, 홍은동 자택에서 PTA 모임을 시작하여 1989년까지 지속하였다.

1979년 남편 김주항의 모교인 연세대에 서울 홍은3동의 농장 1천 6백 평과 한일은행 예금액·장서 등 전 재산을 기증했다. 1982년에는 『아직 이루지 못한 도전 Unrealized Challenge』을 출간하였다. 1989년 12월 29일 서울에서 영면하였다.

남편 김주항은 1899년 6월 1일 평안북도 정주에서 출생하였다. 오산중학교를 졸업한 후 모교에서 교편을 잡다가 1919년 3·1운동 때 시베리아로 피신하여 독립군에 가담하였다. 이 무렵 기독교인이 되었고, 얼마 후 서울로 돌아와 감리교신학교에 입학하였다. 여기서 어느 선교사의 책을 번역하며 여비를 준비해 미국 드류신학교로부터 장학금을 받게 되어 1926년 도미하였다. 드류신학교에 입학하였다가 오하이오 웨슬리언대학에서 학사학위를 받고, 이어서 대학원에서 석사(B. A) 학위를 취득하였다. 보스턴대학교에서 S. T. B 학위, 뉴욕의 컬럼비아대에서 교육학 석사 학위를 취득하였다.

1944년에 미국 전략정보국(OSS) 요원으로 만주에서 활동한 후 미군정청 대시민공보부 책임자로 활동하였다. 한국전쟁 당시에는 미국에 있다가 귀국해 1961~1964년 서울여자대학교 농과대학 교수로 재직한 후 홍은동 자택으로 돌아와 농장을 가꾸었다. 1980년 월남(月南)기념장을 받았다. 1982년에는 아내와 함께 『아직 이루지 못한 도전 *Unrealized Challenge*』을 출간하고, 1986년 3월 16일에 작고했다. 양아들 김기욱은 미국에서 음악 교수로 활동하고 있다.

작품 속으로

————

『나는 코리안의 아내 *I Married a Korean*』는 1958년 여원사에서 양태준 역으로 출간되었다. 역자 서문에서, 김주항 내외는 "1948년 미군이 한국에서 철수할 때 한국을 떠나 뉴욕 주의 밀우드(Millwood)에서 살고 있다"고 적고 있다.

이 책은 '1. 사랑 찾아 한국으로, 2. 백합화를 들고 예식장에 갔으나,

I Married a Korean (1953)
초판본

3. 황색의 색맹이 되리, 4. 비쳐오는 서광, 5. 미국사람과 일본사람, 5. 코리
아의 아내가 되는 날, 6. 시집살이는 고달팠지만, 7. 그는 돼지띠 나는 쥐
띠, 8. 맛있는 한국음식, 9. 의복, 10. 무당과 병원, 11. 사랑하는 데이비스
의 와병, 12. 우리 손으로 지은 새 집, 13. 지리산에서의 휴양, 14. 아이를
못 낳아 양자를 삼다, 15. 사랑에 만족하는 한 무엇이 있으리요, 16. 이장
(里長)이 된 데이비스. 17. 하느님의 뜻을 따라, 18. 북경여행, 19. 재산상
속을 둘러싸고, 20. 도미하자 태평양전쟁이 터져, 21. 다시 해방된 한국으
로, 22. 누에도 길러보고, 23. 미군은 한국을 이해하지 못했다. 24. 친정아
버지의 별세, 25. 내가 다시 결혼한다면'의 순서로 되어 있다.

　아그네스는 이 책의 표지와 삽화를 직접 그렸다. 그녀는 김주항을 사
랑하게 된 사연을 이렇게 적고 있다.

드류대학 휴게실의 문을 열고 들어오는 데이비스의 미소 띤 얼굴 어디인가 청렴하고 기품이 높아 보이는 그의 인상은 처음 보는 나의 마음을 사로잡았다. 나 자신도 모를 일이며 내심 부끄러운 감정도 솟아올랐다. 그러나 당시부터 깊은 애정을 가진 것은 아니다. 우리들의 교제가 시작된 것은 내가 그에게 노트를 빌려줄 때부터였다. 이러한 접촉이 잦아질수록 나는 데이비스에게 끊임없이 끌려가고 그를 존경하게 되는 것이었다. (중략) 상록수 잎사귀에서 떨어지는 빗방울에 비친 아름다운 광채, 찬 눈을 헤치고 옹기종기 솟아나오는 이른 봄의 노란 새싹, 화단 근처에서 풍겨 나오는 향긋한 냄새 등 그는 자연의 아름다움에 각별한 정서적 감정을 가지는 데에 나는 더욱 매력을 느꼈다. 사물의 진리와 하나님의 진리를 따르는 그의 청백한 기개에 나는 더욱 매혹되었으며 지금도 잊지 못하고 있다. (22~23쪽)

사랑에는 국경이 없다고 했던가. 사랑에 빠져 결혼하게 된 이들 부부는 한국에서 살게 된다. 한국에 처음 도착하자 저자는 벅찬 감회에 사로잡힌다.

한국땅— 한국의 풍토냄새가 그윽히 풍겨오는 한국땅에 나의 첫발을 디디니 깊은 감회로 공연히 몸에 날개가 돋듯 하고 또 어떠한 심정인지 나 자신도 알 수 없는 무엇에 나를 한참 잊고 있었다. 이 땅이 나의 제2의 고향이 될 것이요, 이 땅이 나의 인생살이가 시작되는 첫 스태프의 흙이요 그리고 데이비스를 만난다는 그리움의 벅참으로 나는 소란한 마음을 진정시킬 수가 없었다. 사랑, 사랑이 무엇인지! 사랑은 눈이 없다지? 국경도 앞도 생각할 필요가 없는 것이 아마 사랑인 모양이지? 나는 내 모습

을 바라보면서 이 같은 생각에 잠시 동안 잠겨 있었다. (33쪽)

저자는 서양인이었지만 여느 한국 며느리들처럼 시집에서 첫날밤을 보낸다. 또 한복도 입었다.

나의 집 즉 시집의 첫날밤은 밝아 멀리서 들려오는 닭 우는 소리에 눈을 떴다. (중략) 이웃 사람들이 찾아와 인사를 하였고 특히 이국사람인 나를 보고자 많이 몰려들었다. 그들은 서로 무슨 말을 지껄이면서 '코-코-'하는 말을 반복하는 것을 나는 들었다. 데이비스에게 코가 무슨 뜻인지 물어보았다. "저 사람들은 당신이 한국 옷을 입고 있는 것에 매우 감탄하고, 코라는 것은 당신의 노즈(nose)를 말하는 것이에요. 당신이 서양사람인데도 키가 크지 않고 코도 크지 않다고 말한 거예요."(78쪽)

지금은 그렇지 않지만 당시에는 아이를 낳지 못하면 소박맞기 일쑤였다. 저자는 아이를 낳지 못해 시동생의 아들을 양자로 삼았고, 시아버지의 외도로 생긴 이복동생과 재산상속분쟁 등을 겪어야 했다. 이처럼 이 책은 한국적인 삶의 이야기를 담고 있다.

사실 데이비스는 그에게 마땅히 상속되어야 할 아버지의 재산을 그의 이복동생이 아버지의 병중에 계략을 써서 재산을 계승받은 그릇된 소행에 분노를 참지 못했다. 그러나 부친이 돌아가신 후 데이비스는 집에 돌아가서 이복동생에 대한 모든 증오심을 일소하고 오히려 그에게 사과의 편지를 보냈다. "그가 상속을 하라지. 우리는 우리 자신이 번 돈으로 넉넉히 생활해 나갈 수 있으니까."라고 후일 말하였다. 그러나 어머니는 이런 불공평한 처사에 매우 분을 못 참으셨다. 더구나 어머니 출가 당시 결혼 지참금으로 논 여러 마지기를 부친 앞으로 부치게 한 것까지 친아들에게 일푼의 상속도 없이 고스란히 첩의 아들에게 넘겨준 것에 비분하여 땅을 치며 우셨다 한다. (158쪽)

이 책에는 윤치호, 김활란 등 유명인사들도 등장한다. 저자 부부는 이들과 친분이 있기 때문이다. 놀랍게도 춘원 이광수에 관한 내용도 꽤 길게 나온다.

학교선생, 변호사, 학생들 등 많은 방문객이 연달아 있었다. 그중에도 한국의 문단에서 손꼽히는 춘원 이광수씨도 찾아왔으며 그는 데이비스가 다녔던 오산고등학교의 선생이기도 하였고 우리에게 많은 관심을 가지고 있는 사람이었다. 그런데 이광수씨가 우리집을 방문하였을 때는 불행히도 데이비스가 없었을 때였으나 그는 영어를 매우 유창히 말할 수 있어 우리는 서로 담화를 할 수 있었으며 나는 이광수씨가 오기 얼마 전 데이비스에게 줄려고 읊은 시를 그에게 보여주었다. 그는 나의 시를 읽은 후 한 장을 베껴서 며칠 후 신문에 그의 우리집 방문 감상기와 나의 시를 번역해서 실었다.

만족

같은 인생의 길을 가는
깊은 이내 사랑 무엇이라 말하리오
또 이 사랑 무엇에 비기리오
원시적인 삶에서 오는 고달픔도 사랑에 비하리오

뜨거운 사랑에는
이 뜨거운 불길같은 사랑에는
아무리 무섭고 어려운 일이라도 녹아버리도다.
부귀와 영화만이 행복이런가
고난과 구렁에 빠질지라도
깊은 사랑의 만족은 나를 구출하도다.
나의 기쁨의 가슴은
어느 번민도 어느 누구의 비난도 아랑곳없이
그대 있는 곳에는 평화와 민족만이 깃들도다.
그대의 사랑과 친절은 내 가슴에 가득차고
그대에 대한 내 사랑 더욱 깊어가노라.

나는 친구도 버렸노라, 고향도 버렸노라
그대 사랑 찾아서 수만리 이국을 찾아 왔노라
홀로 ― 홀로 왔노라
나의 생애는 비참하리라고
나는 불행할 것이라고.
그러나 그대들의 충고는 나에게는 들리지 않노라
사랑과 사랑
사랑의 힘으로써 힘차게 앞날을 디디면
이것이 평화요 행복이오리
그대의 사랑과 힘을 나는 아노니
나는 믿으오
사랑에 만족하는 한 무엇이 있으리오.

얼마 후 우리는 이광수씨의 초대를 받아 같이 식사도 하고 한국의 역
사, 한국의 전통에 대한 이야기를 많이 들은 일도 있었다. 1951년 북한
공산군을 38선 위로 축출하였을 때 불행히도 이광수씨는 납치당하고 말
았다. 아직까지도 나는 그에 대한 아무 소식도 못들었다. (135~137쪽)

아그네스는 한국전쟁을 피해 미국에서 살면서 이 책을 썼는데, 뒷부분에 다음과 같은 내용을 적고 있다.

공산군의 침공은 서울에 들어오기 전 서울 북방에 있는 우리집을 먼저 거치게 되었다. 우리 가족은 데이비스가 밤나무가 있는 산과 논을 사둔 천안에서 얼마 안 되는 산골로 피난했다. 다행히도 전쟁은 여기까지 미치지 않았다. 가족의 피해는 없었으며 우리가 한국을 떠난 지 거의 1년간 아무 소식도 못들었다. 북한 공산군이 쫓겨나간 후 우리 가족은 다시 서울 근처에 있는 우리 농장으로 복귀하였으나 또다시 중공군의 침략으로 피난치 않으면 안 되었다. 가족들은 많은 물건을 땅속에 감추어 두었으나 돌아와 보니 모두 없어졌다. 수많은 우리의 책도 행방불명이 되어버렸다. 피아노, 축음기, 가구도 없어지고 심지어 창문, 문짝도 없어지고 부서지고 엉망진창이 되었다. (191쪽)

이 번역서는 원래 《여원》 지에 여러 차례 연재된 것들을 모은 책이라 뒤쪽에 연재 중 게재된 8인의 독후감이 실려 있다. 김돈임, 양수년, 국송원, 박동월, 박정희, 장영희, 김영실, 김안자가 이 책을 읽고 독후감을 남긴 것이다. 이들은 지금 어디서 아그네스를 기억하고 있을까?

Unrealized Challenge
(1982) 초판본

『아직 이루지 못한 도전 *Unrealized Challenge*』의 한국판은 한국 최초 다문화부부의 러브스토리를 사후 30여 년 만에 다시금 펼친 책이다. 우리는 이 책에서 1920년대부터 한국전쟁에 이르기까지 제국주의 시대의 세계열강들이 한국을 놓고 다투는 상황을 엿볼 수 있고, 하느님의 존재에 대한 기독교 신앙의 의미도 생각해 볼 수 있다. 이 책은 총2책으로 구성되어 있다. 제1책『아직 이루지 못한 도전』은 아그네스 데이비스 김의 저서이고 제2책『사랑을 하려거든 철저하게 하라』는 부군의 유작을 모은 것이다. 남편 김주항이 기록을 남기려다 별세하는 바람에 못 이룬 꿈을 후학들이 아그네스 사후 30여 년 만에 출간한 책이므로 매우 의미 있다.

이승만 대통령의 오스트리아인 영부인

프란체스카 도너 리

Francesca Donner Rhee, 1900~1992

『대통령의 건강』(1988)

『프란체스카의 난중일기』(2010)

나는 프란체스카 도너 리(Francesca Donner Rhee) 여사를 딱 한 번 뵈었다. 1989년인가 이화장에 세배드리러 갔는데, 잠시 한국어와 영어와 독일어를 섞어가며 대화를 나누었다. 연로하신데도 소녀 같은 웃음을 지으셨다. 『이승만대통령휘호집』에 사인을 해서 선물로 주셨다. 그 후 다시 이화장에서 한국인물전기학회의 주최로 며느님 조혜자 여사가 〈시어머니 프란체스카 여사〉에 대한 발표회를 가졌다. 그 자리에서 프란체스카 여사의 유품 등을 관람하고 다시 깊은 감동을 받았다. 대통령의 영부인이라고는 상상할 수 없을 정도로 수수하다 못해 초라한 의복과 가구를 보고 존경심이 일었던 기억을 지금도 지울 수 없다.

여기서는 작가이자 기록자로서의 프란체스카 여사를 다룰 것이다. 사실 나는 여사가 그렇게 꼼꼼하고 충실한 기록자라는 사실을 두 권의 저서를 읽기 전에는 알지 못했다. 독립운동시기부터 이승만 박사의 곁에서 비서노릇을 충실히 했다는 것은 알고 있었지만, 저서들을 통해 자신의 관찰과 증언을 기록한 '작가'임을 확인하게 되었다. 물론 이런 기록들을 책으로 내는 과정에서 이인수 박사 내외를 비롯한 연구자들의 도움을 받았을 것이다. 아무튼 대한민국 초대 대통령의 영부인 프란체스카 여사가 남편의 모습을 바로 옆에서 지켜보면서 자신의 증언을 숨김없이 자세히 기록해 출간했으니 여간 뜻깊고 다행스런 일이 아니다.

작가의 생애

———

프란체스카 도너 리(Francesca Donner Rhee)는 1900년 6월 15일 오스트리아 빈(Wien)에서 가톨릭 가문의 사업가 루돌프 도너의 세 딸 중 막내로 태어났다. 아들이 없었던 아버지는 영리한 막내딸이 가업을 잇기를 원했고, 아버지의 뜻에 따라 영국으로 유학을 떠나 유창한 영어실력을 갖추게 되었다. 1920년 독일의 자동차경주 선수 헬무트 뵈링(Helmut Boehring)과 결혼하였으나 3년 만에 이혼하였다.

1934년 제네바에서 국제연맹 회의에 참석한 대한민국 임시정부 대표 이승만 박사를 만났고, 어머니의 반대를 무릅쓰고 같은 해 10월 8일 미국 뉴욕 클레어몬트 호텔에서 결혼식을 올렸다. 프란체스카는 미모와 세련된 매너, 뛰어난 외국어 실력 등을 갖추었는데, 그런 그녀는 미국에서 독립운동을 하던 이승만에게 꼭 필요한 존재였다. 이승만이 태평양전쟁을 예측한

책인『*Japan Inside-Out*(일본내막기)』도 프
란체스카 여사의 손끝에서 나온 책이다.

프란체스카는 한때 '호주댁(濠洲宅)'
으로도 불렸는데, 그때는 오스트리아를
오스트레일리아와 구별하지 못했기 때문
에 그런 것이다. 또한 미국 출신이라고
말하는 사람들도 있었다. 그녀는 이부란
(李富蘭)이라는 한국이름도 있는데, 이는
이승만이 지어준 것이다.

1945년 10월 이승만과 함께 귀국하
였다. 이후 돈암장과 이화장에서 거주하
다가 1948년 8월에 이승만이 대통령에
선출되자 경무대로 이주하여 살았다.
1948년 1월 12일 UN한국위원단이 서울
에 도착하자 이승만을 따라 회의에 참관
하기도 하였다.

1955년 11월 중앙대학교 대학원에
서 명예법학박사 학위를 수여했다. 쇠약
해진 대통령을 대신해 여러 정책 문제를
처리하기도 했다. 얼마 뒤 4·19 혁명으로

이승만 대통령과 프란체스카 여사

이승만 대통령이 자진 사임한 후 하와이로 출국하자 함께 하와이로 떠났
다. 거주지를 정하지 못해 수시로 거처를 옮겨 다니던 부처는 하와이 한국
인 교포단체의 도움으로 한 빌라에 머무르다가 이승만의 병세가 악화되어
요양원으로 옮겨졌다.

1965년 7월 19일 이승만이 별세하고 하와이에 머무르다 오스트리아로 갔다. 이후 친정 동생, 친정 언니의 집을 전전하였다.

1970년 5월 16일에 대한민국 정부의 배려로 귀국하였다. 이후 청와대가 주관하는 각종 행사에 귀빈으로 초대되었다. 이후 양자 이인수 교수 내외와 함께 이화장에서 살았다. 만년에는 국립서울현충원에 안장된 이승만의 묘소를 찾아 참배하는 것을 낙으로 삼았다.

1992년 3월 19일 이화장에서 92세를 일기로 세상을 떠났다. 3월 23일 서울 정동제일교회에서 영결식을 마친 뒤 동작동 국립서울현충원에 묻힌 남편 곁에 안장되었다. 오스트리아 빈(Wien)에는 2012년에 조성한 'Francesca Donner Rhee Weg(프란체스카 도너 리 길)'이 있다.

작품 속으로

『프란체스카의 난중일기』는 2010년에 양장본과 보급판으로 출간되었다. 책에는 머리말을 대신하여 국방부 군사편찬연구소 연구원 남정옥 박사의 글이 붙어 있다. 이에 따르면, 이 책의 원본은 프란체스카 여사가 쓴 영문일기이다. 이 영문일기는 '비망록(Confidential Notes)' 혹은 '프란체스카 일기(Mrs Rhee Diary)'로 통용되었다. 전시에 대통령과 경무대를 중심으로 일어난 전쟁 상황을 포함한 국내외 중요 사건들을 기록한 '대통령의 경무대일지'라고 불렸다. 그런 점에서 대통령의 '전시통치사료'의 성격을 지닌 책이다.

『프란체스카의
난중일기』(2010)
초판본

이 책은 전쟁이 발발한 1950년 6월 25일부터 중공군 개입 후 유엔군이 37도선으로 철수하여 재반격을 시작하는 1951년 2월 15일까지의 상황을 기록하고 있다. 이 책의 내용은 1983년 6월 24일자 《중앙일보》에 「6·25와 이승만 대통령」이라는 제목으로 113회에 걸쳐 한글로 처음 공개되었다. 이때 영문일기에 누락된 기간의 내용을 기억과 자료에 의해 복원하였다. 이 비망록은 이 대통령의 지시로 작성되었는데, 그 이유는 당시 경무대 비서로 김광섭(1905~1977)이 〈경무대 일기〉를 적었으나 너무 문인답게 시적으로 적어 부인에게 사실대로 적으라고 부탁했다는 것이다.

몇 군데 손에 잡히는 대로 인용해 본다. 한국전쟁을 어떻게 맞았는지를 다음과 같이 밝히고 있다.

북한 공산군은 6월 25일 새벽 5시에 쳐들어왔다. 나는 이날 오전 9시에 어금니 치료를 받으러 치과로 갔고, 대통령은 아침식사를 끝내자 9시 30분쯤 경회루로 낚시하러 나갔다. 10시쯤 신성모 국방부장관(국무총리 서리겸임)이 허겁지겁 경무대로 들어와 "각하께 보고드릴 긴급사항이 있습니다"라고 했다. 두 분이 집무실에 마주앉은 게 오전 10시 30분, 이 자리에서 신 장관은 개성이 오전 9시에, 그러니까 내가 치과로 떠나던 그 시각에 이미 함락되었고 탱크를 앞세운 공산군은 춘천 근교에 도착했다고 보고했다. 대통령은 "탱크를 막을 길이 없을 텐데…"라며 입속말을 했고, 순간 얼굴엔 어떤 위험을 느끼는 듯한 불안의 빛이 스치고 있었다. 시내에는 '우리 아이들' ―대통령과 나는 군인들을 꼭 우리 아이들(Our boys)이라고 불렀다― 을 태운 트럭이 북쪽을 향해 달리고 있었고, 시민들은 영문도 모른 채 "이제 38선이 깨진 모양이니 이북땅도 되찾겠지"라며 이들에게 격려의 박수를 보냈다. 경무대 안 분위기도 사태의 심각성을 모르는 것 같았다. "그 자식들 장난치다 그만두겠지"라는 식으로 생각하고 있었다. 신 국방까지도 대통령에게 "크게 걱정하실 것 없습니다"라는 말을 되풀이했다. 그러나 경찰정보는 '상황이 심각하고 위급'하다는 것이었다. (23쪽)

8월 12일의 일기에는 이런 기록이 있다.

　미군기들은 하루 종일 출격했으나 적의 움직임은 조금도 사라지지 않았다. 정말로 믿을 수 없는 일이었다. 어젯밤엔 인도의 유엔한국위원단(UNCOK) 군사 옵서버가 영국기자 2명, 한국인 4명 등과 함께 전선으로 갔다가 지뢰를 밟는 바람에 이들 전원이 사망했다는 보고가 들어왔다. 국방장관은 사전에 이들에게 안내자가 없는 전선방문을 금한다고 통고해 주었음에도 불구하고 아무도 모르게 떠났다가 침변을 당했다고 보고했다. (94쪽)

이들 영국 기자 두 사람 중 하나는 이안 모리슨(Ian Morrison)이었는데, 바로 소설과 영화 〈모정 Love is a Many – splendored Thing〉(1958)의 남자 주인공, 즉 작가 한수인과 홍콩에서 열애를 나누다 종군기자로 급파되어 온 그였다(자세한 내용은 『한국을 사랑한 세계작가들』 2권, 228~237쪽 참조). 다음 날인 8월 13일의 일기는 낙동강 전선에 관해 이야기하고 있다.

　국방장관이 아침에 와서 매일 같이 전사자 명단을 놓고 검토하다 보면, 미24사단에서 실종자가 대거 발생하고 있다. 실은 그들 대부분이 도망병이라고 했다. 미 전투부대의 실종자들은 거의가 일본에 주둔하고 있을 때 취사병이었거나 부대 내의 지원부서 사병들이었다. 그래서 전투능력이 없었던 것으로 알려졌다. 워커장군은 이 사실을 알고 나서 그곳에 새로운 병력을 파견했다. 어제 왜관에 다녀온 외무장관이 강둑 위에는 파괴된 대포와 부서진 탱크들만이 나뒹굴고 있더라고 전했다. 그는 미군들이 공중엄호를 받고 장거리포도 갖고 있으면서, 왜 진격을 하지 않느냐고 반문했다. 우리는 어느 지점을 돌파할 것인가의 여부를 따질 시간이 있다면 차라리 그 시간에 공격을 퍼부을 텐데, 미국인들은 항상 "좀 더 기다려보자"는 소리만 되풀이하고 있다. (95쪽)

이처럼 생생한 기록이기 때문에 여기서 인용하고 싶은 것들이 많다. 그렇지만 지면관계로 많이 인용하지 못하니 책을 직접 읽어보기를 권한다. 저자는 영부인이었기에 공적으로 중요한 사항들을 일기에 남겼지만 여성으로서 흥미를 느낀 것들도 남겼다.

나는 무척 신경이 쓰였다. 어느 집 여자치고 이런 기분은 마찬가지일 것이다. 어느 날 밤 11시가 다 되어 주방에 떠드는 소리가 나서 가만히 다가가 보니 양씨가 술에 취해 '자선파티'를 열고 있었다. "소금 조끔", "간장 조끔" 하면서 웃는 소리가 났다. 가정부가 걱정스레 말했다. "대통령 사모님한테 들키면 어떻게 하려고 이러세요?" 그러자 양씨가 "내 빽이 대통령인데 '깍쟁이 사모님'이 어쩌겠어?" 하며 큰소리를 쳤다. 나는 '깍쟁이'란 말을 몇 번 들었지만 정확히 무엇을 뜻하는지 그때까지 몰랐다. 나는 대통령에게 가서 "양씨가 나더러 깍쟁이라는데 그게 뭡니까?"라고 물어보았다. 대통령이 "알뜰하게 살림 잘하는 부인네를 칭찬하는 말이요"라고 가르쳐 주었다. 그러나 얼마 후에 그 말이 꼭 좋은 뜻만은 아니라

는 걸 알았다. (110쪽)

놀랍게도 1950년 10월 6일의 일기에는 모윤숙에 관한 기록도 나온다

　모윤숙 씨가 단정하고 말쑥한 차림을 하고 생기가 도는 모습으로 우리 임시관저를 찾아왔다. 전쟁 중 잃어버린 외딸 경선이를 찾았다고 대통령께 감사드리러 온 것이다. 지난번 서울 경무대에서 지저분한 차림으로 대통령을 찾아뵙고, 자기를 버려두고 후퇴했다고 원망하며 딸을 찾아내라고 떼썼던 일을 사과하러 왔다고 했다. 우리는 딸을 찾았다는 말을 듣고 퍽 반갑고 기뻤다. 지난번 서울 환도식이 끝난 다음 경무대로 찾아온 모윤숙 씨가 대통령에게 원망 섞인 말을 했을 때 대통령은 "그래, 내가 죄가 많아. 딸은 꼭 찾아줄게. 윤숙이의 건강부터 우선 회복해야 하겠어" 하고 위로했다. (179쪽)

저자는 친정어머니의 별세 소식을 듣고 이렇게 적고 있다.

　친정어머니가 11월 9일 별세하셨다는 기별이 왔다. 6·25전쟁이 난 후 우리 내외와 우리나라를 위해 줄곧 금식기도를 하며 밤낮으로 걱정하다 돌아가신 어머니, 막내딸인 나를 먼 나라로 시집보낸 후 그토록 보고 싶어 하셨는데 17년 동안 한 번도 못 만난 채 그냥 세상을 떠나셨다. 전쟁이 끝나는 대로 꼭 찾아가 뵈려고 마음먹고 있었는데 이제는 영영 어머니를 뵐 수 없게 된 것이다. 어머니가 틈만 나면 내 사진을 한없이 들여다보는 것이 일과였다는 말을 들을 때 나는 가슴이 미어질 듯 아팠다. 대통령이 어머니 장례식에 다녀오라 권했으나 내 마음에는 여러 생각이 엇갈렸

다. 결국에는 떠나기를 포기한 채 바쁜 나날의 일과에 묻혀 슬픈 마음을 달래는 길밖에 없었다. (248쪽)

이 책의 마지막에는 1951년 2월 15일의 일기가 실려 있다.

대통령의 구술을 계속해서 받으며 타자를 해나가는 내 손끝은 모두 부르트고, 눈은 너무나 피로해서 뜰 수조차 없다. 나는 염려 말고 쉬도록 하라는 대통령의 권유로 잠자리에 들었으나 잠이 오질 않았다. 독립운동 중 가장 힘든 고비였던 1941년, 대통령의 『*Japan Indise-Out*(일본내막기)』의 원고를 세 차례나 타자했을 때도 손끝이 부르트고 눈이 짓무른 경험이 있었다. 당시 대통령은 나를 워싱턴의 포토맥 강변으로 데리고 가 '아리랑' 노래를 부르며 위로해 주었었다.

"아리랑 아리랑 아라리요, 아리랑 고개를 넘어간다. 청천하늘엔 별들도 많고, 우리네 가슴속엔 시름도 많다. 아리랑 아리랑 아라리요, 아리랑 고개를 넘어간다. 오다가다 만난 '님'이지만 살아서나 죽어서나 못 잊겠네."

끝 구절은 대통령이 나를 위해 지어서 넣은 가사다. 이 노래가 떠오를 때는 나도 모르게 눈물이 난다. (442쪽)

84

한국 고아들을 미국으로 입양한

버사 메리안 홀트

Bertha Marian Holt, 1904~2000

『동방의 자손들 *The Seed From The East*』(1956)
『원방에서 내 자녀들을 오게 하라 *Bring My Sons From Afar*』(1986)

오늘날 '홀트'라 하면 대개 홀트아동복지재단을 연상하고 좀 나이 많은 세대는 그것을 설립한 헤리 홀트(Harry Holt)와 버사 메리안 홀트(Bertha Marian Holt) 부부를 기억할 것이다. 그렇지만 버사 홀트 여사가 세 권의 책을 출간하였다는 사실을 아는 사람은 많지 않을 것이다. 한국과 운명적으로 인연을 맺은 이들 부부는 입양사업으로 미국에서 '올해의 여성'으로 뽑혀 존슨 대통령이 직접 축하해 주었을 뿐만 아니라 세계적으로 유명인사가 되었다. 그렇게 된 데에는 확고한 기독교 신앙이 있었고, 책을 통해 많은 사람들에게 감동을 주었기 때문이다. 노벨문학상 수상작가 펄 벅은 1960년 11월 한국을 방문해 헤리 홀트 씨를 만나보고 입양사업을 논의했는데, 1964년 홀트 씨가 갑자기 사망하자 "가장 잊을 수 없는 인물 중의 한 분"이라고 하였다. 오늘날 우리는 이런 아름다운 영혼들이 가장 어려웠던 한

국전쟁 직후에 도움을 준 것을 잊어서는 안 될 것이다.

그런데 해리는 학력도 없는 일개 농부였고, 부인 버사 홀트는 간호사였다. 그렇지만 해리는 수많은 자상한 편지들을 남겼고, 부인은 그것들을 기초로 집필하여 책으로 출간했던 것이다. 한국 현대사에 뿌려진 아름다운 이야기라 아니할 수 없다.

작가의 생애
———

버사 메리안 홀트(Bertha Marian Holt)는 1904년 2월 5일 미국 아이오와 주 디모인(Des Moines) 시에서 태어났다. 아버지 클리포드 홀트(Clifford

Holt)는 교사이자 우체부였고, 어머니 에바(Eva)는 주부였다. 버사는 1926년 아이오와대학교를 졸업하였다. 이듬해 12월 31일에 농부인 헤리 홀트(Harry Holt)와 결혼하였다. 그들은 사우스 다코타(South Dakota)로 가 농사를 지으며 자신들의 집을 지었다. 대공황기에는 농장을 버리고 오리건 주의 윌라메트 계곡(Willamette Valley)에서 목재사업을 하여 돈을 벌었다.

헤리 홀트

1954년에 오리건 주 유진(Eugene) 시의 한 고등학교 강당에서 로버트 피어스(Robert Pierce, 1914~1978) 목사와 함께 한국전쟁의 고아들에 관한 다큐멘터리를 보고 고아들을 위해 일생을 바치기로 했다. 홀트 부부는 처음에는 성금을 보내다가 1955년 10월에 한국으로 가서 8명의 고아를 입양했다. 헤리 홀트는 1964년 한국에서 활동 중 심장마비로 사망하였지만 그가 설립한 고아원은 오늘날까지 홀트아동복지재단으로 활동하고 있다. 버사 홀트는 2000년 7월 31일 미국 오리건 주 유진 시 크레스웰(Creswell)에서 96세로 별세하였다. 유해는 한국으로 옮겨져 일산의 홀트복지타운에 있는 남편의 묘지 옆에 안장되었다.

이처럼 홀트 부부는 한국의 고아들을 위해 일생을 바쳤는데, 앞에서 말했듯이 이들의 인생을 바꾼 것은 로버트 피어스 목사이다. 그는 '밥(Bob) 피어스'로 알려졌는데, 한국 고아의 아버지, 세계적인 대부흥사, 제트기처럼 날아다니는 성직자, 한국 어린이와 교회의 영원한 벗으로 기억되고 있다. 중국에서 선교사로 활동하던 그는 1949년에 남대문교회 부흥집회 강사로 한국을 방문했다. 그리고 1950년 봄에 서울, 부산, 대구 등에서 대규

피어스 목사

한국에서 설교하는 피어스 목사(우측)와 통역하는 한경직 목사

모 전도집회를 가졌다. 그가 한국을 떠난 지 두 달 후에 한국전쟁이 일어
나자 자신이 전도했던 한국의 많은 젊은이들이 죽는 것이 안타까웠다. 그
리하여 종군기자 자격으로 10월에 한국을 다시 찾았다. 영락교회의 한경
직 목사는 1950년 봄에 중국을 거쳐 한국에 온 그를 처음 만났다. 그 후 밥
피어스는 한경직의 초청으로 영락교회에서 설교했는데, 통역을 하던 한 목
사는 그의 설교에 압도되었다. 그리하여 6·25 전쟁 직전에 남대문 옆 공터
를 빌려 초교파적인 연합전도대회를 열도록 주선했다. 1950년 밥 피어스
와 한경직은 선명회(현 월드비전)를 세워 신앙부흥운동, 목회자수양회 등의
전도사역과 전쟁고아와 전쟁미망인을 위한 구호, 전쟁포로 전도, 한센병
퇴치, 농아와 맹아를 위한 구호와 의수족 사업 등의 구호사역을 함께 펼쳐
나갔다. 이러한 공로를 인정받아 밥 피어스는 한국정부에서 수여하는 문
화훈장을 받기도 했다.

작품 속으로

버사 홀트는 『동방의 자손들 The Seed From The East』(1956), 『원방에서 내 자녀들을 오게 하라 Bring My Sons From Afar』(1986), 『Created for God's Glory (하나님의 영광을 위해 창조하다)』(1982) 등의 책을 썼다.

『동방의 자손들』은 300쪽으로 주로 남편 헤리 홀트가 보내온 편지를 토대로 쓴 책이다. 버사 홀트는 1954년 한국에서 고아입양을 위해 노력한 남편의 이야기를 총4장으로 구성했다. 또 후기 형식으로 1964년에 남편이 별세한 이후의 홀트재단의 활동상을 구체적으로 서술하고 있다. 한경직 목사는 「추천사」에서 "이 책은 사랑의 책이요, 눈물의 책이요, 피의 책"이라고 적었다.

이 책은 소설처럼 쉽고 재미있게 서술되어 있다. 오리건 주의 유진 시에서 처음 한국 고아에 대한 영화를 본 것에 대해 이렇게 적고 있다.

The Seed From The
East (1956) 초판본

Bring My Sons From
Afar (1986) 초판본

〈잃어버린 양 Other Sheep〉이란 기록영화를 상영했다. 이 영화는 주로 한국의 전쟁미망인과 고아들의 비참한 생활상을 부여주고 선명회가 외국에서 추진하고 있는 사업을 소개해 주었다. 영화를 보는 동안 남편과 나는 거의 정신을 잃고 있었다. 그러나 이날 밤 강연회가 후에 우리의 삶을 완전히 바꾸어 놓으리라고는 상상도 하지 못했다. (31~32쪽)

저자 부부가 이 영화를 보고 나서 피어스 목사는 이들에게 한국전쟁의 참상을 이야기했다. 이로 인해 오늘날의 홀트아동복지재단이 탄생하게 된 것이다.

한 달에 10불이면 한국에서 고아 한 명을 부양할 수 있다 한다. 이때 남편이 속삭였다. "여보, 연필 가지고 있소? 고아 두 명을 맡기로 합시다."(34쪽)

홀트 부부가 입양한 첫 한국아이들이 미국에 도착한 모습

이렇게 한국과 한국고아들을 알게 된 홀트 부부는 선명회를 통해 고아들의 사진을 받게 된다. 점점 숙고하여 여덟 명의 고아를 데려다 키우기로 했다. 1954년 4월 15일 남편 헤리는 직접 한국에 가서 물색하기로 했다. 남편이 해외여행을 위해 장티푸스 예방주사도 맞고 준비하는데 미국의 피난민구호법에 의해 한 가정에 입양이 두 명 이하로 제한되었음을 알게 된다. 5월 9일 노이버거 상원의원에게 청원서를 올렸는데 그는 적극적으로 도와주겠다고 나섰다. 한국영사관에서도 무척 협조적이었다. 5월 28일 국무장관 덜레스(John F. Dulles)에게도 알렸다. 남편은 5월 30일 한국으로 떠났다.

제3장은 남편이 한국에서 보낸 편지들로 구성되었다. 그때는 편지가 유일한 수단이기도 했지만 헤리는 농부치고는 엄청 자상하게 편지를 잘 썼다. 1955년 10월 1일, 헤리는 아내에게 이런 편지를 보낸다.

사랑하는 아내에게,

마침내 10월 11일 비행기 좌석을 예약했소. 데이비드와 라자의 입국사증은 대리 위임장을 제출하고 발급을 받았소. 앞으로 많은 아이들이 이러한 대리위임 방법을 통해 입양될 수 있도록 기도합시다. 물론 이와 같은 특별조처가 오용되어서는 안 되겠지요.

어제는 이 나라의 왕궁인 비원을 구경했소. 이곳은 콜럼버스가 미대륙을 발견하기 이전에 건축되었다는군요. 몹시 넓고 보수도 잘 되어 있었소. 사진을 몇 장 찍어가오. 뒤의 묘소에 조그마한 묘비를 세웠소. 내가 이 다음에 천국에 가면 그 아이가 나를 기억할지 모르겠소. 좀 어리석게 들릴지 모르지만 여하튼 가끔 이런 생각이 드오. 그럼 모두 안부 전해주시오. 한국 서울에서 사랑하는 남편으로부터. (206쪽)

이렇게 시작된 입양사업이 미국에서 큰 화제가 되어 점점 확대되었다. 많은 고아들이 홀트 부부 덕분에 새 삶을 살게 되었다. 이러한 과정이 이 책의 「후기」에 실려 있다.

수백 쌍의 부부들로부터 한국 고아의 입양방법을 문의하는 편지를 받고 남편은 1956년 2월 초 입양사업의 조직을 시작하였다. 이 무렵 나는 집안 살림과 아이들의 양육을 딸 완다와 바바라에게 맡기고 전기의 집필을 시작하였다. 남편은 하루 종일 고아입양을 위해 찾아오는 손님을 맞아 쉴사이 없이 상담했다. 먼 곳으로부터 비행기를 타고 온 분들도 많았다. 남편은 조그만 손을 내밀고 구호를 기다리는 불쌍한 한국 고아들을 생각하고 어떠한 내방객에게도 부정적 대답을 줄 수 없었다. 마침내 남편은 한국에 다시 가기로 결심하기에 이르렀다. (중략) 남편의 한국방문

계획이 전해지자 문의와 내방객이 하루 종일 몰려들었다. 자정에 찾아오는 이도 있고 새벽에 찾아오는 손님도 있었다. 때로는 자식을 한국에 버리고 온 젊은이들이 양심의 가책을 받고 찾아와 한국에 다시 돌아가 사생아를 갖게 한 한국여성과 정식으로 결혼하거나 아이를 미국으로 데려오겠다고 말했다. 남편이 집에서 이들을 맞아 상담하는 동안 나는 전기의 집필을 완성했다. 1956년 3월 초, 내가 전기의 집필을 마치자 남편은 한국으로 떠났다. 남편은 서울에 사무소를 설치하고 3월 9일, 지금까지도 우리와 함께 일하고 계시는 김형복 선생을 채용했다. 남편은 '그리스도 교회'에서 임대한 대지에 조그만 고아원을 건립, 전국 각지로부터 혼혈아를 모집했다. 어머니의 품에 안겨 오는 아이도 있고, 경찰관이 데려오는 경우도 있고, 고아원 문밖에 아이를 버리고 가는 사람도 있었다. 때로는 남편이 여전도사와 여순경을 따라서 고아들이 있을 만한 지역을 순방하기도 했다. 이렇게 모집한 고아들은 몹시 약한 아이들이 많았고 끝내 건강을 회복하지 못하고 죽어가는 아이들도 많았다. (264쪽)

혜리 홀트 씨는 1964년 4월 28일 한국에서 별세하였다. 소원대로 일산 고아원 언덕에 안장되었다. 홀트 여사는 이후의 현황을 서술하고 있는데, 1964년에는 280명, 1965년에는 220명이었다가 1966년에는 180명으로 줄었고, 1967년에는 다시 263명으로 늘었다. 1966년에 장한 어머니상을 받고 더욱 널리 알려졌기 때문이라고 적고 있다. 1969년에는 딸 린다가 한국인 백현군과 결혼을 하였다. 1970년 홀트입양사업 15주년 기념으로 존 애덤스(John Adams) 목사의 연차보고서를 듣고 구호사업의 취지문을 채택하였다. 그것은 이렇게 시작하였다.

모든 아동은 국적과 인종에 구별 없이 친부모와 함께 자랄 권리가 있으며, 가정이 없는 아이들의 소리 없는 부르짖음은 모든 선의의 인간에 대해 무관심이나 편견이나 관습이나 지역적 경계가 하나님이 주신 그의 권리를 결코 저해할 수 없다는 절규이다. (294쪽)

『원방에서 내 자녀들을 오게 하라』는 『동방의 자손들』과 내용은 비슷하지만 홀트 여사의 일기를 정리한 형식으로 되어 있다. 이 책에는 1956년 4월 7일부터 1964년 4월 15일까지의 일기가 수록되어 있다. 저자의 기록성과 문학성을 느낄 수 있는 책이다.

『판문점 일기』의 저자 인도 장군

코덴데라 수바야 티마야

Kodendera Subayya Thimayya, 1906~1965

『판문점 일기 *Experiment in Neutrality*』(1981)

코덴데라 수바야 티마야(Kodendera Subayya Thimayya)라는 이름을 기억하는 한국인은 이제 거의 없을 것이다. 그는 1953년 한국전쟁이 끝날 무렵 유엔 중립국위원회의 대표로 한국에 부임하여 활동하였던 인도 장군이다. 그는 훗날 인도 육군참모총장이 되었는데, 한국에 있는 동안 자세한 일기를 적었다가 그것을 기초로『판문점 일기 *Experiment in Neutrality*』라는 책을 출간했다.

나는 뒤늦게 이 사실을 알고 서울대 도서관에서 이 책을 빌려 읽고 무척 놀라면서 많은 사실을 새롭게 알게 되었다. 전쟁이 끝나도 남북은 격렬하게 대립했고,

그 가운데 포로송환을 둘러싸고 다시 치열히 싸워야 했다. 이 책은 이승만 대통령이 과감하게 반공포로를 석방한 사실과, 최종 88명의 한국인이 중립국을 선택하여 인도로 떠나는 과정을 소상히 기록하고 있다. '최인훈의 소설『광장』이 이런 배경 속에서 탄생되었구나'는 생각이 새삼 떠오른다.

작가의 생애

———

코덴데라 수바야 티마야(Kodendera Subayya Thimayya)는 1906년 3월 31일 인도 카르나타카(Karnataka)의 마디케리(Madikeri)에서 태어났다. 아버지 수바야(Subayya)와 어머니 시타마(Sitamma)는 커피 재배인이었고, 티마야는 여섯 아이 중 셋째였다. 세 형제가 인도군 장교가 되었다. 티마야는 인도군관학교를 졸업한 후 1926년에 중위로 임명되었다. 이어서 영국인도육군 제4포병대에 소속되었다. 1935년 1월에 니나 카리아파(Nina Cariappa)와 결혼하였다. 1936년에는 마드라스(Madras)에 있는 육군대학교에서 겸임교수로 학생들을 가르쳤다.

잠시 싱가포르에서 활동하여 시장이 되기도 했고, 1941년에는 인도로 돌아가 쿠에타(Quetta)에 지진이 일어나자 아내와 함께 헌신적으로 구제 활동을 하였다. 제2차 세계대전에는 버마에 출전하여 일본군을 대적하였다. 여기서 지휘관으로 큰 전과를 거두었고 훈장을 수여했다.

그는 싱가포르와 필리핀에서 일본군의 항복을 받을 때 인도 대표로 참석하였다. 그 후 일본에 있는 영국주둔사령부의 제268 인도군 사단장이 되었다. 영국은 작전권을 인도인에게는 주지 않았지만 티마야 장군만은 예외였다. 그는 외교력으로 극동군 사령관 맥아더(McArthur) 장군과도 협상하

였다. 이때 그는 인격과 매너로 명성을 얻었다.

인도의 해방이 다가오면서 1947년 그는 본국으로 귀환하였다. 파키스탄 문제도 해결하면서 네루 수상의 신임을 얻었다. 일본에서의 경력 덕분에 그는 한국에서 중립국 포로송환위원회(Neutral Nations Repatriation Commission)의 대표로 파견되었다. 남북한과 중국과 미국의 첨예한 대립 속에서 그는 과제를 잘 마치고 귀국하였다. 1953년 1월에 그는 인도육군 총사령관으로 승진하였다. 1959년에는 당시 국방장관 크리슈나 메논(V. K. Krishna Mennon)과의 불화로 잠시 사령관직을 사임하기도 하였다(이 메논은 한국에 온 유엔위원단장 K. P. S. 메논 박사와는 다른 인물이다). 네루 수상은 그것을 받아들이지 않고 설득하여 귀임시켰다. 1961년 5월 7일 35년간의 군생활을 마치고 은퇴하였다.

1964년 7월 유엔은 그를 주사이프러스 유엔군사령부(UNFICYP)의 사령관으로 임명하였다. 1965년 12월 18일에 사이프러스 현지에서 순직하여 시신이 방갈로어로 운송되었다. 인도육군에서 티마야 장군은 전설적 인물로 추앙되고 있다. "티마야 같은 장군은 어느 세대에나 태어나지 않는다. 장군은 인간 중의 인간이요, 그의 영혼은 인도군의 영혼이다"는 찬사를 받았다.

작품 속으로

———

200만 명의 사상자를 낸 한국전쟁은 1953년 7월 27일 3년 1개월 만에 끝났다고 생각하지만 2만 3천여 명의 송환거부 포로 문제로 이듬해 2월 말까지 6개월간 치열한 이데올로기 투쟁이 뒤따랐다. 송환을 거부하는 포로를 한 사람이라도 자기편에 끌어들이려는 유엔군 측과 공산군 측의 귀환 설득전은 무력전쟁 이상이었다. 이 싸움을 중재하기 위해 인도, 스위스, 스웨덴, 체코, 폴란드 등 5개국으로 구성된 중립국 포로송환위원회가 만들어졌다. 결국 이 싸움은 남도 북도 거부하고 끝까지 중립국을 택한 86명의 포로들이 인도 관리군 마지막 부대와 함께 인도 군함을 타고 인천항을 떠난 1954년 2월 23일에 모두 끝났다.

당시 중립국 포로송환위원회의 의장국을 맡은 인도 대표단의 단장이 티마야 장군이었다. 그는 판문점에서의 활동을 『판문점 일기 *Experiment in*

Neutrality』라는 책에 자세한 비망록으로 썼다. 이 책은 '1. 델리에서 온 편지. 2. 네루수상과의 만남, 3. 한국으로 가는 길, 4. 중립국 송환위원회 첫 회합, 5. 포로 인수인계, 6. 텐트 도시의 포로들, 7. 포로 자치조직, 8. 설득회 준비, 9. 설득회 시작, 10. 미완의 설득회, 11. 나머지 문제들, 12. 배워야 할 교훈들'의 순서로 되어 있다.

문제가 생길 때마다 유엔군 측과 공산군 측의 주장을 비교하고 중립적 입장에서 최선의 결정을 내리는 과정을 자세히 기록했다. 저자의 해박한 세계전쟁사 지식도 엿볼 수 있는데, 어떤 대목에서는 지나치게 원칙을 장황히 설명한 점도 눈에 띈다. 아무튼 한국전쟁사를 복원한 책, 제3자적 시각으로 한국전쟁을 바라본 책, 네루의 중립주의를 알 수 있게 하는 책이다.

중국인민의용군은 막바지에 재편성된 북한 인민군과 합세하여 유엔군을 38선 조금 아래 서울 남쪽까지 밀어냈다. 여기서 유엔군은 부대를 재정비하여 육해공군 화력의 우위를 형성할 수 있었고 북한 사령부의 공격

은 중지되었다. 그런 가운데서도
점차 더 많은 중국 의용군이 밀려들
어왔다. 기갑부대, 포병부대, 고속
전투기가 증강되었다. 이 군대를
'인해(人海)'라고 부르는 것이 비록
과장이긴 하더라도 중국 의용군과
북한 인민군은 아마도 수적으로 그
리고 어쩌면 특정 유형의 장비 면에
서 유엔군을 앞질렀을 것이다. 그
러나 유엔군의 군사능력은 여전히

우월했으며 전선은 38선 부근에서 일진일퇴 상태로 고착되었다.

이러한 일진일퇴의 전투과정에서 유엔군은 대략 17만 명의 포로를 포
획했다. 인민군과 중국 의용군은 아마 10만 내외의 포로를 획득한 듯했
다. 이 숫자는 물론 논쟁의 여지가 있었다. 개전 후 9개월간 북부군 사령
부는 약 6만 5천여 명을 생포했다고 주장했다. 그러나 후에 명단을 통보
해온 것은 몇 백 명에 불과했다. 이는 물론 우스꽝스런 일로, 그 통보가
거짓임은 쉽게 밝혀졌다. 마침내 북부군 사령부는 1만 2천 명 내외의 포
로를 인정했으나 그 이상은 한 발짝도 더 나아가지 않으려 했다. 이것은
유엔군 사령부를 격노케 했다. 사령부는 중공군과 인민군에게 실종된 것
으로 알려진 나머지 엄청난 숫자의 사람들에게 무슨 일이 일어났는지 당
연히 관심을 쏟았다. 유엔군 사령부는 이 사람들이 살해되거나 강제노역
에 처해지거나 혹은 북한 인민군에 편입되었을지 모른다고 우려하고 있
었다. (43~44쪽)

중립국 송환위원회가 중재한 덕분에 우선 남측에 있던 북한군 포로가 송환되었다. 그렇다면 북측에 있는 한국인 포로는 어떻게 되었을까?

　북쪽 캠프의 한국인 포로 중에는 5명의 여자가 있었는데, 이 가운데 한 여자의 처지는 너무나 애처로웠다. 그 여자는 어느 날 밤 캠프를 빠져나와 우리에게 탈출했다. 그 여자는 자기가 공산주의자들과 함께 머물고 싶지 않다고 솔직히 말하기를 두려워해 왔다고 말했다. 만약 자기가 공산주의에 충성스럽지 않다는 것을 조직이 알면, 자신에게 가혹한 행동을 취할 것이라고 믿었기 때문이었다. 그 여자는 우리에게 다른 사람들도 빠져나오고 싶어 하나 두려워한다고 말했다. 또 말하길, 자기 남편은 포로 중 한 사람으로 기회만 찾으면 곧바로 탈출할 것이라고 했다. 그 이야기는 나중에 북측 캠프에서 탈출해 나온 다른 한국인으로부터도 확인할 수 있었다. 그가 말하길, 그 여자의 남편은 도망쳐 나오고 싶지만 캠프 지도자들이 워낙 밀착 감시를 하고 있다고 했다. 그는 결국 도망 나오지 못했다. 그 남편과 아내는 다시 만날 수 없었다. 두 사람의 눈물은, 모든 송환 거부 포로들의 사건 전반을 특징짓는 모든 잔혹함과 혼돈 가운데서도 가장 슬픈 기억으로 남았다. (145쪽)

우여곡절 끝에 포로협상은 다음과 같은 결론에 이르게 되었다.

　1954년 1월 20일 인도 관리군은 포로들을 유엔군 관할로 돌려보내기 시작했다. 21,805명을 유엔군 사령부에 인계하는 데는 다음날 아침까지 꼬박 걸렸다. 인계작업을 하는 동안 104명이 추가로 인도 관리군측에 보호를 요청하거나 송환, 혹은 망명을 요구했다. 따라서 의심할 여지없이

만일 포로들에게 기회가 주어졌다면 송환을 선택한 사람은 더 있었을 것이다. (259쪽)

결국 모든 임무를 마친 중립국 송환위원회는 한국을 떠났다. 그리고 남과 북도 아닌 중립국인 인도를 택한 88명의 포로에 대해서도 이야기하고 있다.

우리는 예정대로 떠났다. 이번에는 인도인들은 헬리콥터로 날아가는 것이 아니라 기차로 인천항까지 갔다. 기차는 남한의 영토를 지나가게 되어 있었기 때문에 유엔군 사령부 무장 경호대의 철도 사보타지를 막기 위해서 사전예방에 만전을 기했다. 우리의 기차에는 88명의 중립국 선택포로들이 함께 타고 있었다. 둘은 북측 수용소에서 왔고, 나머지 86명은 남측 수용소에서 왔다. 남한 정부는 우리가 강압적으로 86명의 반공포로를 데려가는 것으로 간주했으며, 그 때문에 남한 사람들의 마음속에는 우리에 대한 적개심이 높아져 있었다. 그러므로 우리들 모두는 항구에 정박해 있는 유엔군 사령부 선박에 올라탈 때까지 숨도 편하게 쉴 수 없었다. 우리 일행이 배로 옮겨지고 있을 때, 남한 사람들은 항구 주변의 나지막한 산들에 설치해놓은 스피커를 통해 우리들과 함께 떠나려는 88명의 포로들에게 방송 설득을 가했다. 방송은 외국인들과 함께 조국을 떠나지 말고 조국에서 함께 살자는 감동적인 호소였다. 포로들은 처음에는 다소 방송에 영향을 받는 듯했다. 그러나 우리가 그들에게 기회는 아직도 있다고 말했을 때 아무도 응답이 없었다. 그리고 항해는 시작되었다. 비무장 지대를 마지막으로 떠나온 송환위 요원은 나와 부관 K. S. 바리 대위, 둘이었다. 우리는 서울로 날아가서 그곳에서 호화로운 유엔군 사령관의 비행기를 갈아타고 도쿄로 갔다. 거기서 우리는 일주일간 쉴 수 있었다. 나는 유엔군 사령부의 고위 장성들을 다시 만났다. 그동안의 많은 오해들이 풀렸다. (261쪽)

그렇다면 인도를 택한 88명의 포로들은 이후 어떻게 되었을까? 이 책은 이에 대해서도 이야기하고 있다. 최인훈의 『광장』은 주인공이 중립국을 택한 것으로 마무리되는데, 이후의 일이 궁금하다면 이 대목을 주목해야 할 것이다.

중립국을 선택했던 88명은 여전히 인도에 살고 있다. 처음부터 인도를 선택한 사람은 15명이고 대부분은 미국으로 가기를 원했다. 우리는 미국은 중립국이 아니기 때문에 그곳으로는 갈 수 없음을 지적했다. 그럼에도 불구하고 몇몇 사람은 미국으로부터 비자를 내주겠다는 약속을 받았다고 주장했다. 마침내 우리는 미국 당국과 협의해 보았으나 그들은 공식적으로 그들을 받아들일 수 없다고 밝혔다. 그들은 다음으로 스웨덴과 스위스, 남미 국가 같은 다른 중립국을 선택했다. 이들 가운데 오직 멕시코만이 그 나라를 선택한 15명을 받아들이는 데 동의했다. 멕시코도 처음 신청한 15명 외에는 더 이상 받아들이지 않았다. 그나마도 우리는 그들 중에 공산주의자는 포함돼 있지 않다는 보증을 해야 했다. 현재 이들 15명은 비자를 기다리고 있으며 나머지는 그냥 델리에 머무르고 있다. (262쪽)

재미 중국작가 하진(Ha Jin. 1956-)이 거제도 수용소를 배경으로 쓴 『전쟁 쓰레기 *War Trash*』(2004)도 비교해 읽어볼 만하다.

86

서울대학교 유기천 총장의 유대인 학자 부인

헬렌 실빙

Helen Silving, 1906~1993

『*Helen Silving Memoir*(헬렌 실빙 회고록)』(1988)

나는 『한국을 사랑한 세계작가들』의 작업에
몰두하면서 구한말부터 지금까지 한국에
관한 책을 쓴 외국작가들을 조사하다 보니
무려 112인에 이르는 작가들을 발견했다.
이들 가운데도 유독 마음이 끌리는 인물들
이 있는데 헬렌 실빙(Helen Silving)이 그런
인물이다.

그녀는 유대계 폴란드인이었지만 나의 대학은사 월송(月松) 유기천
(1915~1998) 교수의 부인이 되셨고, 나는 1968년에 그녀의 법학 강의를 직
접 들었다. 그 후 유기천기념재단에서 여러 추모활동을 하는 가운데 두 분
에 관한 연구발표를 한 일도 있었다. 그녀는 세계적인 형법학자인데, 가까

이서 뵈었던 분을 한국을 사랑한 외국작가라는 관점에서 바라보니 감회가 새롭다. 『*Helen Silving Memoir*(헬렌 실빙 회고록)』(1988)을 읽어보고 놀랍게도 문학에 관해서도 조예가 깊다는 사실을 발견하였다. 한국을 사랑하여 죽어서도 한국땅에 묻힌 그녀를 이 책에서 조명해 보겠다.

작가의 생애

헬렌 실빙(Helen Silving)은 1906년 3월,8일 폴란드의 전 수도 크라카우(Krakau)에서 태어났다. 아버지의 이름은 사예 하임(Szaje Chaim)이었고, 어머니는 사라(Sara)였다. 헬렌도 원래 성은 헨다(Henda)이고, 복잡한 독일식 이름이었는데, 미국에 와서 스승 한스 켈젠(Hans Kelsen)의 권유로 헬렌 실빙으로 바꾼 것이다. 월송은 그녀를 혜란(惠蘭)이라 부르기도 했다. 실빙의 집안은 비교적 유복한 가정이었다. 실빙은 1917년에 타르노우(Tarnow)에서 고등학교에 입학하여 공부하였다. 성적이 좋아 비엔나대학 정치학과에 입학하였는데, 여학생은 6명이었다.

법학과로 옮겨 켈젠 교수의 강의를 들었는데, 켈젠은 실빙을 총애하여 자택에서 제한된 학자와 대학원생만 참여하는 세미나에 특별히 참석시켰다. 이로 인해 평생 특별한 사제관계를 갖게 된다.

1938년 3월 11일 히틀러는 비엔나를 침공하였고, 그해 8월에 실빙은 비엔나를 떠나 폴란드로 돌아왔다. 실빙은 유대인 군종 랍비 브로네크

한스 켈젠(Hans Kelsen)

(Bronek)와 약혼까지 하였는데 1939년 9월 1일 히틀러가 폴란드를 침공한 후 약혼자는 탈출하지 못하였다. 이로 인해 두 사람은 영영 이별했다.

1936년에 비엔나대학에서 법학박사 학위를 받았다. 1937년 11월 미국대사관에 비자신청을 하여 뉴욕에 도착한 것은 1939년 3월이었다. 강의를 할 만한 마땅한 자리를 구하지 못하고 8개월이 지났을 무렵 우연히 하버드 스퀘어에서 켈젠을 다시 만났다. 그리고 그의 조수가 되었다.

켈젠은 미국에서는 배경이 없었기 때문에 로스쿨 교수가 되지 못했다. 그는 버클리대학에 국제정치학교수로 갔는데, 라틴 아메리카나 오스트리아에 가면 대우받을 수 있었지만 미국에 남았다. 어느 날 합스부르크가의 오토황제가 직접 전화를 걸어 오스트리아의 신헌법을 기초할 직책을 맡기고 싶다고 했으나 켈젠은 여생을 미국에서 보내기로 결심했다면서 정중히 거절하였다. 켈젠은 푸에르토리코대학으로부터 초빙을 제의받았으나 거절하고 대신 애제자 실빙을 추천하였다. 덕분에 실빙은 그 대학의 교수로 가게 되었다.

실빙과 유기천이 처음 만난 것은 하버드 로스쿨의 케이버스(Cavers) 부학장이 외국방문학자들을 자택으로 점심초대를 한 자리에서였다. 유기천은 이미 40세를 바라보고 있었지만 하버드에서 1학년생처럼 어려 보였다. 그는 기독교인이었고 아버지는 장로, 어머니는 권사였다. 실빙은 1942년에 하버드대학을 떠났다가 12년 만인 1954년에 다시 돌아왔다. 하버드 로스쿨에서 여학생을 입학시키지 않아서 떠났는데, 세월이 흘러 여성학자로서 연구하기 위해 돌아온 것이다. 때문에 실빙은 '미국 형법의 여왕(queen of American criminal law)', 최초의 여성 법학교수의 영예를 누리게 되었다. 실빙은 하버드–이스라엘 연구팀(Harvard-Israel Project)에 소속되었고, 월송은 한국에서 학장을 지냈지만 박사 학위를 받기 위해 하버드대학에 온

하버드-이스라엘협동연구팀의 연구원으로서의 실빙과 동료 일동(1955년 2월 24일)

것이다. 두 사람의 연구실은 모두 랭델 홀(Langdell Hall)의 지하실 '카타콤(Catacombs)' 안에 있어 매일 함께 지냈다. 홈즈(Oliver W. Holmes)의 영혼이 카타콤의 서가를 헤엄쳐 다닌다고 하면서 두 사람은 서로 의지하며 열심히 연구했다.

이후 실빙은 푸에르토리코대학의 교수로 떠나야 했기 때문에 월송과 작별했다. 이들은 일주일에 두 번씩 많은 편지를 교환했다. 1959년 1월 3일 뉴욕대학교 총장 스토다드(George D. Stoddard)의 사택에서 결혼식을 올렸다.

결혼한 이후에도 월송은 한국으로, 실빙은 푸에르토리코로 떠났기에 두 사람은 또다시 작별해야 했다. 월송은 「한국문화와 형사책임*Korean Culture and Criminal Responsibility*」이라는 논문으로 박사 학위를 받고 한국으로 돌아갔고, 실빙은 푸에르토리코대학으로 간 것이다. 두 사람은 함께 살게 되기까지 15년의 세월이 걸렸다.

헬렌 실빙과 유기천 교수

실빙은 월송이 한국에서 서울법대 학장과 총장을 역임하던 1962년, 1967~68년 두 번에 걸쳐 한국에 왔고, 서울법대와 사법대학원에서 강의하였다. 오랫동안 생이별해야 했던 그들은 아마도 가장 행복한 시간을 보냈을 것이다. 실빙이 다시 푸에르토리코로 돌아간 후 월송은 서울대 총장을 사임하고, 1971년에 독일 프라이부르크의 막스 플랑크 형법연구소에 3개월 가 있는 동안 이들은 다시 함께 있었다.

1971년 10월 월송은 서울법대에서 비장한 '마지막 강의'에서 박정희 대통령의 총통제구상을 폭로하고 교수회의에서 강경발언을 했다. 이로 인해 중앙정보부가 그를 체포하려 하자 2개월 10일간 피신하다 1972년 1월 해외추방 조치로 미국으로 갔다. 월송은 미국 샌디에이고에서 만년의 생활을 독서와 저술로 보냈다.

실빙은 1993년 2월 26일 87세로 샌디에이고에서 별세하였다. 실빙의 여동생은 이스라엘 대법원장의 부인이었는데, 언니가 원하면 예루살렘 성

밖의 묘지에 묘터를 마련하겠다고 했다. 하지만 실빙은 "나는 한국인 크리스천과 결혼했으니 한국에 묻히겠다"고 했다. 월송은 부인의 유해를 한국에 갖고 와 산정현교회 묘지의 시부모 묘지 아래 안장하였다. 그 후 월송은 혼자서 『세계혁명 *The World Revolution*』을 저술하고, 1998년 6월 27일에 부인의 뒤를 따랐다. 역시 한국으로 유해를 가져와 부인 곁에 묻혔다. 유기천·실빙 부부의 서울법대 제자들은 유기천출판기념재단을 만들어 여러 기념활동을 계속하고 있다.

작품 속으로

――

Helen Silving Memoir
(1988) 초판본

『헬렌 실빙 회고록』은 1988년 뉴욕의 벤티지 (Vantage Press)에서 펴낸 662쪽에 이르는 두꺼운 책이다. 그 무렵 나는 샌디에이고에 계시는 저자 부부를 찾아뵌 일이 있다. 유기천은 "한국에서는 내 책을 제자들이 교정을 보아주었는데 미국에서는 마누라 책도 내가 교정을 보고 있다"며 농담을 하시고는, "유럽과 미국의 학계를 통달하는 이런 책은 없다"고 은근히 자랑하셨다. 사실이 그렇다. 이 책을 읽으면 20세기의 유럽과 미국 그리고 아시아의 정치사와 학술사를 생생하게 느낄 수 있다. 실빙은 미국에서 미국법을 공부하여 변호사가 되었는데, 역설적으로 독일에 '정복자'로 몇 달 '군림'한 일이 있다. 이때 독일인들과 만나는 가운데 유대계 작가 에리히 케스트너(Erich Kästner)와 나눈 이야기를 꽤 상세히 적고 있다.

유기천과 실빙은 결혼한 후에도 오랫동안 서로 떨어져 지내야 했는데,

그와 관련된 부분은 다음과 같다.

유기천과 내가 결혼한 1957년에 우리는 결혼이 쉬운 일이 아닐 것이라
는 사실을 잘 알고 있었다. 그러나 그토록 오랫동안 헤어져 있으리라고
는 예상하지 못했다. 유기천은 곧잘 자기의 편지 수를 세어보곤 하였다.
나는 그렇지 않았다. 나는 그의 편지의 수를 기억하지 못한다. 그러나 그
수가 정말, 정말 얼마나 천문학적으로 많은지는 안다. 우리의 결혼생활
이 주로 서신교환으로 이뤄지기 때문에 우리는 함께 할 수 있는 모든 기
회를 활용하였다. 항상은 아니지만 대부분 나는 남편이 가다려주는 공
항에 도착하는 행복한 사람이었다. 한번은 관제사들의 파업으로 지연되
어 유기천이 프랑크푸르트공항에서 네 시간 동안을 계속 서서 나를 기다
린 적이 있다. 확실히 유도 유단자인 남편의 다리는 무쇠와도 같았다. 그
토록 오래 서서 기다리는 일에 얼마나 많은 인내가 요구되는지 생각해보
라. 그리고 우리는 아주 많이 함께 여행하였다. (356쪽)

일제강점기의 상흔이 채 가시지 않아서 당시 한국에서는 일본과 국교
를 정상화할 것인지를 놓고 사회적 갈등이 커지고 있었다. 실빙은 한일국
교정상화에 대한 유기천의 입장을 밝히고 있다.

유기천은 1965년 당시 대통령 박정희로부터 서울대 총장직을 맡으라
는 개인적 요청을 받았을 때 이미 지난 10년간 서울대 법대학장으로서, 교
무처장 및 독창적인 사법대학원장으로서 성공적이었다. 당시 한국에서는
일본과의 정상화를 받아들일 것인가에 대해 갈등이 증폭되고 있었다. 일
본의 억압 아래서 많은 고통을 겪은 한국은 제2차 세계대전에서 일본의 패

망으로 해방되었다. 두 국민 간에 어떠한 사랑이나 애정이란 있을 수 없었다. 특히 한국 대학생들은 일본과의 관계를 끊고자 하여 이전 압제자와 화해하려는 정부의 시도에 대하여 격렬한 반대시위를 벌였다. 유기천은 한국의 자립을 믿으며 일본으로부터의 독립을 위해 싸우는 투사요, 애국자인 아버지에게서 성장하였다. 그는 교회의 장로로서 교인들을 떠나 가족과 함께 평양에 진주하는 공산주의자들을 피할 수 있는 기회를 거절한 채 순교자의 죽음을 맞이하였다. 아버지의 이러한 형상은 유기천에게 행동지침으로서 항상 살아 있었다. 보다 고차적인 가치를 위하여 자신의 이익을 희생할 각오가 되어 있는 까닭에 그는 분별력 있는 결정을 무시하지 아니한다. 한일국교정상화를 위한 대일협상이 2년 넘게 걸리면서 심각한 사회불안이 생겼다. 한편으로는 공산주의자들의 비밀스런 선동 때문에, 다른 한편으로는 지도력의 부재 때문에 혼란스런 상황이 전개되었다. 남한은 북의 위협 하에 있었으며 한국전쟁 이후의 어설픈 평화나마 유지하기 위해 많은 대가를 계속 치러야 했다. 이러한 사실을 고려해볼 때 유기천은 일본과의 정상화가 한국의 국익에 도움이 되리라고 생각하였다. 이러한 생각은 유기천의 생각 속에서 이뤄진 점진적인 진보의 산물이었다. 그것은 자연스럽게 생겨난 생각이 아니라 양심의 결단이었다. (362쪽)

실빙은 1960년대 초부터 한국의 사법대학원에서 경험한 일들을 서술하고 있다.

나의 임무는 이미 사법시험에 합격하고 영예로운 사법대학원에 입학한 사법대학원생들을 가르치는 일이었다. 이 직책을 수행하는 데 필요한 나의 자격은 거의 의심할 바 없었다. 이것은 일본의 검찰총장이 자신의 일본

변호사 지망생들에게 강의하도록 나를 초청한 사실로도 입증된다. 그럼에도 한국의 남성우월자들은 그렇게 생각하지 않았다. 법률가직업을 열망하는 많은 자들 중에서 선택된 엘리트인 그들은 여자에게 배우기를 거부하였다. (중략) 저녁에 돌아온 유기천은 학생들이 나의 행동에 대해 부정적인 태도를 갖고 있음을 얘기해 주었다. 그는 나의 반응에 대해 매우 염려하였다. 그러나 나는 아주 평온을 유지하였고 거기에 영향을 받지 아니하였다. 나는 푸에르토리코 학생들이 다른 두 명의 그링고(gringo, 남미인들이 영미인을 경멸하는 호칭)들과 나를 반대하는 시위를 할 때 그랬던 것처럼 말했다. "좋아요. 나를 원치 않는다면 그들은 나를 얻지 못할 거예요. 나도 그들을 가르치지 않을 거예요. 됐어요." 유기천은 나의 평온에 감동하였다. 그는 나를 껴안고 내게 입을 맞추었다. (352쪽)

이 책의 6장에는 'My Unusual Marriage(나의 특이한 결혼)'이라는 절이 있는데, 유기천과 결혼에 이르게 된 과정을 서술한 것 외에도 일부를 아예 남편에게 쓰게 하여 박정희 대통령과의 애증관계를 사실대로 증언하게 하였다. 이 부분은 당시 《신동아》 1988년 8월호에 '나와 박정희와 학문의 자유'라는 제목으로 게재되기도 하였다. 그리고 추모문집 『영원한 스승 유기천』(2003)에 음선필 교수의 번역으로 '나의 특이한 결혼생활'이라는 글이 수록되기도 하였다. 10여 페이지에 이르는 이 글에서 실빙은 "이 이야기는 교훈적인 것으로서 전 세계의 모든 법과대학에서 읽혀질 만하다"고 썼다. 이어서 이렇게 적었다.

한국에서 마지막으로 머문 1967~68년의 나의 교수생활은 만족스러웠지만 별다른 일은 없었다. 한편 당시는 유기천의 교수생활에서 가장 힘든 상황이었다. 그는 총장직에서 사임하였다. 그는 총장직을 수락하면서 교수직을 암묵적으로 그만둔 것이라는 점에는 동의하지 않았다. 박정희가 유기천을 서울대 총장으로 임명하면서도 그가 교수직을 유지하는 것에 동의하였을 뿐만 아니라 유기천이 총장업무를 수행하면서도 강의를 정규적으로 하였다는 것은 주지의 사실이었다. 그러나 독재자들은 자신의 과오를 나타내는 증거를 좀처럼 받아들이려 하지 않는 속성이 있다. 나아가 자신의 목적을 이루기 위하여 사실을 왜곡하기도 한다. 그래서 박정희는 총장과 교수의 신분을 동시에 겸할 수 없다고 나름대로 억지 해석하여 이를 근거로 유기천에게 봉급을 주지 않을 수 있다고 결론지었다. 유기천은 동요하지 않은 체하였으나 깊이 상심하고 우울한 상태였다. 그렇지만 그는 계속 끝까지 강의하였다. (383쪽)

정부의 전제적 지배가 더욱 억압적으로 될수록 유기천의 저항정신은 더욱 강해졌다. 1971년 당시 그것은 절정에 이르렀다. 법대교수회의에서 극적인 장면이 연출되었는데, 거기서 유기천은 대학으로 하여금 지명된 학생들을 제적하도록 강요한 박정희의 행위는 투옥되어 처벌받아야 할 범죄라고 말하였다. 유기천 자신이 요약했듯이, 당시 그는 서울의 이곳저곳을 헤매고 다니며 떠도는 생활을 하고 있었다. (중략) 유기천은 때때로 변장하고서 은신처를 전전하였다. 일찍이 하지 않았던 턱수염을 가짜로 달거나 모자를 쓰기도 하였다. 걸음걸이를 보면 쉽게 발견할 수도 있는 그였지만 아무도 그를 알아보지 못하였던 것이다. 유기천이 은신하는 동안 나는 그의 소재를 파악하지 못한 채 그 기간 내내 말할 수 없는 두려움에 사로잡혔다. 내가 푸에르토리코에 있을 때였다. (385쪽)

이러한 상황에서 실빙은 워싱턴의 한국대사관으로 가서 김동조 주미대사를 만나 도움을 청했다. 별효과가 없자 하버드대학의 친구 로스(Louis Loss) 교수에게 요청하여 그의 친구인 라이샤워(Edwin Reischauer) 교수로 하여금 김종필 총리에게 편지를 쓰게 했다. 이 편지에는 "만일 이 사건이 유명한 재판사건으로 전개되면 한미 간에 여론이 소원하게 되고 바람직하지 않은 일일 것"이라고 하였다. 이 편지를 받고 박정희 대통령은 바로 1972년 1월 17일 유기천을 한국에서 떠나도록 허가(지시)했다. 그래서 급히 서울을 떠나 실빙이 있는 푸에르토리코로 갔다. 실빙이 이러한 묘책을 낼 수 있었던 것은, 위기상황을 지혜롭게 해결하는 유대인의 위기관리능력 덕분이 아닌가 싶다.

드디어 1972년 2월 유기천이 푸에르토리코에 도착하였다. 그는 건강하고 기분이 좋아보였다. 그러나 유기천은 기쁨을 함께 나누고 슬픔을 숨기는 사람이었다. 지난 몇 달 동안 한국에서 겪은 경험으로 그의 마음에 하나의 흔적이 남게 된 것은 어쩔 수 없는 일이었다. 또한 그로서는 푸에르토리코의 삶, 급격한 기후의 변화 그리고 연속되는 열기와 습기에 적응하기 어려웠지만 무엇보다 힘든 것은 매사를 미루려는 푸에르토리코인들의 성향, 외국인 혐오증, 반미주의, 이것도 싫고 저것도 싫어하는 태도에 적응하는 일이었다. 나는 그가 온전히 살아 있는 것으로 또 그가 미소 짓는 것으로도 매우 행복하였다. (390쪽)

『헬렌 실빙 회고록』은 아직 한글로 번역되지 않았다.

일본에 숨은 한국문화를 추적한 미국인 미술사학자

존 카터 코벨
Jon Carter Covell, 1910~1996

『한국문화의 뿌리를 찾아 *Korea's Cultural Roots*』(1981)

『일본에 남은 한국미술 *Korean Impact on Japanese Culture*』(1984)

『부여기마족과 왜(倭)』(2006)

존 카터 코벨(Jon Carter Covell) 박사는 미국에서 태어난 동양미술사학자다. 나는 그녀를 서울과 하와이의 모임에서 보았지만 개인적으로 깊은 대화를 나눈 일은 없다. 그렇지만 저서들을 통하여 가깝게 여겨지고, 특히 저서들을 번역한 작가 김유경 여사를 통하여 그녀에 대해 여러 번 들었기 때문에 매우 친숙하게 느껴진다. 무엇보다 그녀는 아들과 함께 한국문화의 뿌리를 찾아 미술사와 종교사를 깊이 연구하였고, 일본문화에는 한국문화의 뿌리가 박혀 있다는 연구서를 내었으니 무척 인상적이고 고맙다. 그녀에 대해 잘 아는 김유경 여사는 '강단 있는 여성학자'라고 평한다. 코벨은 필명으로 용기 있는 글들을 발표했는데, 월간 《자유》의 발행인 박창암 장군, 《한국일보》의 김용구 논설위원, 《코리아 타임즈》의 권승춘 편집국장 등과 교류하기기도 했다. 아무튼 용기 있는 이런 외국 학자들 덕분에 한국문화

의 위상이 바로 서게 된 것은 다행이고, 우리는 그녀에게 고마워해야 한다.

작가의 생애

———

존 카터 코벨(Jon Carter Covell)은 1910년 3월 3일 미국에서 태어났다. 미국 오벌린대학을 졸업하고 1941년 뉴욕의 컬럼비아대학에서 「15세기 일본의 선화가 셋슈 연구」로 미술사학박사 학위를 받았다. 일본 교토 다이토쿠지(大德寺)에서 오랫동안 불교미술을 연구하고 『대덕사의 선(禪)』, 『일본의 선정원』, 『이큐(一休) 선사 연구』 등 일본예술의 미학적인 면을 다룬 여러 권의 책을 냈다. 조자용의 민화전을 보고 한국미술사를 연구하기 시작했다. 그리고 1981년에 '내가 컬럼비아대학에서 배운 일본사는 가짜였다'는 글을 썼다. 또한 대학에서 같이 일본사를 배운 동창이던 에드윈 라이샤

존 코벨(우측)과
아들 앨런 코벨

워(주일본 미국대사)가 한국문화를 두고 '중국문화의 변방이며 아류'라고
하자 이를 논박하는 장문의 편지를 보냈다. 1959~1978년까지 미국 리버
사이드 캘리포니아주립대와 하와이대학 등에서 한국미술사를 포함한 동
양미술사를 강의했다.

　　일본문화의 근원이 한국문화에 있다고 깨닫고, 보다 깊이 연구하기 위
해 1978~1986년 아들 앨런 코벨(Alan Covell)과 함께 서울에 체류했다. 이
기간에 1천 4백여 편의 글들을 발표하고『한국이 일본문화에 미친 영향』,
『한국 도자기의 세계』,『조선호텔 70년사』,『한국문화의 뿌리를 찾아』,『한
국의 문화유산』등 7권의 영문 저서를 냈으며, 한중일 미술을 섭렵하고, 미
술사에서 고고학과 역사 연구로 이어지는 작업으로 한국인의 조상인 부여
기마족이 일본에 한국문화를 전파했음을 밝혀냈다.

　　또한 일본에서 지내면서 한국 국적이 감추어진 미술품들을 하나씩 추
적했다. 일본에 있는 고려불화를 연구해 처음으로 한국에 알리고, 백제건
축인 법륭사, 억불을 피해 일본으로 간 조선화가들, 교토 대덕사의 코리안
커넥션 등의 연구결과를 내놓았다. 고대 한일관계를 파헤치면서 부여족의
일본행과 가야의 중요성을 거듭 역설했다. 50년이 넘는 연구기간 동안 한·

중·일의 문화를 모두 꿰뚫어보는 혜안으로 일본의 역사왜곡 등을 학문적으로 밝힌 것이다. 그녀는 이 작업을 "학자라면 누구라도 해야 할 일"이라고 말했다. 일본의 대표적 역사왜곡이기도 한 가야사가 한국 학계에서도 억압돼 있는 사실을 지목하며 "나는 한국의 가야사가 분명하게 확립되는 것을 볼 때까지 오래 살고 싶다"라고도 했다.

『한국문화의 뿌리를 찾아』, 『부여기마족과 왜』, 『일본에 남은 한국미술』 등 한국과 관련된 저서들을 남겼으며, 1985년 7월 후지노키고분에서 한국식 유물이 쏟아져 나오자 발굴을 포기한 이야기, 지난 1,300년 동안 일본문화의 뿌리가 바로 한국임을 주장한 글들 발표하였다. 최종 야심작으로 준비했던 영문 한국미술사 『*Panorama of Korean Arts* (한국미술 파노라마)』는 아직 출판되지 못했다.

1996년 4월 19일 캘리포니아 아이딜와일드(Idyllwild)의 자택에서 86세로 작고하였다. 작고 전날 김유경 여사에게 보낸 마지막 편지에서 "한국 원산 왕벚꽃이 일본 벚나무로 알려져 있는데, 워싱턴에 심어져 있는 것부터 다뤄보면 어떻겠냐?"고 했다. 마지막까지 한국문화의 뿌리를 찾으려 했던 것이다. 유해는 그녀를 아꼈던 교토 대덕사 진주암 묘역에 외국인 최초로 묻혔다. 한국에서도 해인사 등에서 묘역을 조성하려 했으나 추진하지 못하는 바람에 유해는 그녀가 사랑했던 한국 땅에는 남지 못했다.

작품 속으로

———

코벨 여사는 『한국문화의 뿌리를 찾아』, 『부여기마족과 왜(倭)』, 『일본에 남은 한국미술』 등의 한국 관련 저서들을 남겼다.

Korea's Cultural Roots
(1981) 초판본

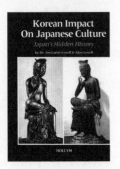

*Korean Impact on
Japanese Culture* (1984)
초판본

『부여기마족과 왜(倭)』
(2006) 초판본

『한국문화의 뿌리를 찾아』에서 저자는 한국예술의 뿌리를 다음과 같이 밝히고, 이 책이 한국어로 번역된 것이 기쁘다고 말한다.

내가 보기에 한국예술은 여러 종류의 근원—무속·도교·불교·유교로부터 꽃피운 것이다. 한국예술사는 기원전 2333년의 단군에서 시작하는 것이 아니라 내 눈에는 기원전 10만 년 한반도의 초기 거주자들이 사슴 뼈에 그려놓은 최초의 그림으로부터 비롯되는 것으로 보인다. 한국문화는 일본을 석기시대에서 빠져나오게 만든 결정적 요인이기도 했다.

내가 그동안에 쓴 칼럼들은 한국인 일반보다는 외국인들이나 영어에 능통한 한국인들이 주 독자들이었다. 이제 나는 또 하나의 역작, 한국·중국·일본 3국에서 모두 살아보며 예술사를 체험한 제3국의 학자로서 한국어로 번역, 출판된 칼럼을 갖게 된 것이다. 기쁜 일이 아닐 수 없다. (12쪽)

저자는 국민소득보다 중요한 것은 문화를 보전하는 것이라고 말한다. 또한 우리에게 문화재 복원의 중요성을 일깨운다.

내 생각에 한국 유물의 상당수는 지금 나와 있는 것보다 연대가 더 올라간다. 산업화 시대에 와서 한 국가의 가치척도는 1인당 국민소득이 얼마냐에 기준한 것이 아니라 오래된 문화를 얼마나 잘 보전하고 있느냐에 있다. 중국의 1인당 국민소득은 한국과는 비교가 안 될 정도로 바닥 수준이다. 나는 조만간 한국이 변하리라고 생각한다. 한 국문명은 생각보다 더 오래된 것이다. 그러나 백제가 기원전에 있었다고 하는 식의 것이어서는 아무 소용이 없다. 한국은 이들 수도의 고대 왕릉을 발굴해 그 출토품들을 세밀히 검증해야 한다. 서력기원 이전의 물건들은 세계적인 검증절차를 밟게 될 것이다. (39쪽)

이 책은 한국문화가 일본에 얼마나 영향을 끼쳤는지를 이야기하고 있다. 일본이 들으면 불쾌한 이야기요, 우리가 들으면 통쾌한 이야기들이 실려 있다.

현재 일본 후지와라(藤原) 천황가의 먼 조상은 628년부터 '총리'를 지내며 일본을 통치했던 한국계 소가 에미시와 그 아들 소가 이루카를 살해한 뒤 정권을 잡았던 사람들이다. 한국인의 후예 소가 가문의 정권이 645년 한반도 3국에서 온 사신들을 영접하는 궁의 연회석상에서 살해자의 손에 탈취 당했다는 사실은 지극히 흥미롭다. 1985년 6월, 소가의 무덤으로 추측되는 일본 나라 호류지 남쪽의 후지노키 고분이 발굴되었다. 여기서 금동신발을 위시해 수많은 한국식 유물들이 부장돼 있다가 드러나자 당황한 일본 당국은 궁내청에 일본 왕가 계보의 시조는 지금의 후지와라 가문이 아니라 한국인이었음을 지적하는 이 많은 증거물들에 대해 대응할 시간을 주기 위해 서둘러 무덤을 1년간 폐쇄하였다. (43쪽)

백제는 모든 힘을 불교예술에 쏟아붓고 군사를 소홀히 한 나머지 멸망

했다. 그러나 백제예술은 일본으로 건너가 호류지 건물을 위시해 구다라 관음(백제관음), 유메도노의 구세관음, 금당의 닫집과 번, 사천왕상, 하늘을 향해 우아하게 쳐들린 5층탑과 금당 지붕 등에 오늘날까지 살아남아 백제문화의 정수를 보여주고 있는 것이다. 오늘날 호류지를 찾는 세계의 관광객들은 하나같이 "세상에서 가장 아름다운 종교건축물"이라고 칭송해 마지 않지만 그 무상의 아름다움이 백제 사람들 손에서 이루어진 것임을 아는 이들은 그리 많지 않다. (103쪽)

독일 실존주의 철학자 칼 야스퍼스는 실존주의의 글에 덧붙여 종교예술에 관심을 보이면서 인간 모습을 한 종교적 신성의 예로 한국의 걸작 목조조각을 들었다. 야스퍼스는 한국인이 만들어 현재 일본 교류지(廣隆寺)에 소장된 목조 미륵보살반가사유상을 두고 "진실로 완벽한 인간 실존의 최고 경지를 조금의 미혹도 없이 완벽하게 표현해냈다"고 썼다. 이 독일 철학자가 처음에 거론한 것은 그리스의 로마의 신상이었는데 이들에 대해서는 "아직 초월하지 못한, 지상의 인간 체취를 지닌 것"이라고 했다. 나아가 그는 기독교미술에서는 미륵사유상에서 보는 것 같은 '인간 실존의 순수한 환희'를 찾아볼 수 없다고 갈파하고 있다. 야스퍼스는 세계미술사를 들춰보다가 '완벽한 표현'으로서 그가 생각하던 것에 미치는 이 반가상을 찾아낸 것이다. 이것은 또한 본인이 오랫동안 즐겁게 해오는 작업이기도 하다. 나는 이 미륵반가상이 7세기 초 한반도에서 무수히 만들어졌으나 7세기 전란에 모두 없어진 불상조각을 대표하는 '한국 불교예술품'이라고 가르친다. (346쪽)

『부여기마족과 왜』에서 저자는 부여기마족이 일찍이 일본을 통치했다고 말한다. 일본이 이러한 역사의 흔적을 지우는 것을 다음과 같이 지적하고 있다.

　　1973년 나는 일본 나라(奈良)의 가장 오래된 마을을 찾아갔다. '후루'라는 이름을 지닌 곳이었다. 컬럼비아대학 개리 레저드(Gari Ledyard) 한국어교수에 따르면 '후루'란 말은 '부루' 또는 '부여'를 이르는 것이다. 레저드 교수는 부여족이 상당수 바다를 건너와 일본을 정벌한 연대를 정확하게 369년으로 제시하고 있다. 필자 역시 오사카, 나라 일대에 산적한 떼 입힌 대형 고분들이야말로 일본을 정복한 부여족의 무덤이라고 믿는다. 이 가운데 가장 큰 고분은 닌도쿠(仁德) 왕릉으로 알려져 있다. (31쪽)

　　미술사가 어네스트 페놀로사가 일본에 있던 1880년대, 일본 정부는 그를 예술고문으로 임명하고 일본의 모든 예술품을 살펴볼 권한을 주었다. 그는 법륭사(호류지)에 근 500년간 한 번도 풀어본 적 없던, 비단헝겊에 쌓인 불상이 하나 있음을 알았다. 그가 불상을 싼 헝겊을 풀어내고 화려한 청동 투조의 관을 보았을 때 그가 환희에 차서 지른 탄성은 "그렇구나, 이것은 한국에서 온 보물이로구나!"라는 것이었다. 일본이 온통 서양문물의 유입과 그 산물에 미쳐 있었던 그때 법륭사의 보물인 이 불상은 "당연히 한국 것"으로 인정되었다. 한일합방이 되면서 사정은 눈에 띄게 변화됐다. 오늘날(1983년) 일본의 학자치고 이 불상을 연구하면서 1882년 페놀로사가 했던 것처럼 솔직하게 한국 것이라고 진실을 밝히는 사람은 아무도 없다. (157쪽)

저자는 『일본에 남은 한국미술』에서도 일본에 남아 있는 한국문화의 흔적을 자세히 밝히고 있다.

조선은 불교를 배척하면서 탁월한 인재들을 많이 잃었다. 그중 대표적인 경우가 묵화가 이수문이다. 1424년 일본으로 떠난 이수문은 한국에선 전혀 알려져 있지 않다. 그가 일본에 도착한 직후, 조만간 전면에 나서게 되는 다이묘 하나가 그의 재능을 알아보고 불러들였다. 교토의 북방, 조선으로 열린 바다에 면해 있는 후쿠이에 영지를 둔 아사쿠라 다이묘는 교토의 아시카가 쇼군과 라이벌 관계여서 자신의 전속화가를 옆에 두고 싶어 했다.

1424년의 년대가 그림에 적힌 '이수문의 묵죽화첩'이 한 권 전한다. 내가 이 '묵죽화첩'을 본 것은 1981년이었다. 소장자 고토 마쯔타이라 전 유엔주재 일본대사의 호의로, 도쿄 한 골동상의 호화로운 집무실 탁자에 그 화첩이 내 눈앞에 펼쳐졌다. 조선시대 5백 년을 통해 그려진 수백 점의 대나무 그림 가운데 내가 보기에 가장 뛰어난 작품은 바로 이수문의 '묵죽화첩'으로, 이에 필적할 그림은 어디에도 없다. 이처럼 뛰어난 화가가 제 나라에서 후견해줄 사람이 없어 외지로 떠돌아야 했다는 것은 부끄러운 일이다. (282쪽)

88

이미륵에 반해 한국으로 부임한 독일 외교관

발터 라이퍼

Walter Leifer, 1918~1995

『묄렌도르프 *Moellendorff: Ein Staatsmann und Gelehrte*』(1983)

발터 라이퍼(Walter Leifer)라는 이름은
오늘날 한국인에게는 잊혀진 이름이다.
그렇지만 나는 1980년대에 그와 만나고
활동하던 기억이 지금도 생생하다. 이 책
에서 그의 이름을 빼면 안 될 것 같아 여
기에 넣는다. 그런데 그가 생존했을 때
만난 사진과 기록들을 찾으려 하니 보이
지 않아 부끄러움과 자책감이 들었다.
그는 한국인을 정말 사랑하였으니, 이대로 포기하고 싶지는 않았다. 이리
저리 찾아보고 독일대사관에 문의해서 겨우 이 글을 쓸 수 있는 것을 다행
으로 생각한다. 언젠가 《조선일보》에 왜 한국 외교관들 중에는 미국의 그

레고리 핸더슨(Gregory Henderson)과 독일의 발터 라이퍼 같은 사람이 나오지 않는가 하는 기사가 난 것을 유심히 읽은 적이 있다. 외교관으로 그 나라의 문화를 사랑하여 책으로 남기는 것은 그만큼 모국의 지위를 올리는 것이라 하겠다. 우리는 라이퍼 문정관의 한국사랑을 통하여 독일문화를 사랑하게 되고, 동시에 한국문학의 세계화를 더욱 진지하게 생각하게 된다.

작가의 생애

발터 라이퍼(Walter Leifer)는 1918년 독일 파더보른(Paderborn)에서 태어났다. 독일에서 언론인으로 활동하다 제2차 세계대전 중 징집되어 전방에서 전투에도 참전하였으며, 소련군과의 격전 중 총상으로 부상당해 치료를 받고 포로수용소에서 패전 소식을 접했다. 제대 후 잠시 집에서 쉬고 있던 그는 1946년 독일의 어느 잡지에서 한국인 작가 이미륵(Mirok Lee)이 뮌헨의 피퍼출판사에서 자신의 유년시절에 대한 자전소설을 발간했다는 기사와 서평을 읽었다. 호기심에 끌려 뮌헨으로 내려가 이미륵을 만나 대화를 나누었다.

그런 추억을 안고 인도 등 외국에서 외교관 생활을 하였다. 인도에 있을 때는 『*Indien und Deurschalnd*(인도와 독일)』, 『*Hymallaya*(히말라야)』 등의 책을 내었다.

1979년 꿈에 그리던 한국으로 오게 되었다. 그해 9월 16일에 주한 독일대사관 문정관으로 부임해 그는 한국문화를 연구하였다. 1980년대에 이미륵협회(Mirok Li-Gesellschaft)를 조직해서 여러 행사를 주관하고 글로 발

나무를 심는 행사에 참석한 발터 라이퍼(왼쪽).
식물 뒤에 달라이 라마(Dalai Lama)도 보인다.

표했다. 또한 한국에 살았던 독일인 묄렌도르프에 관해 연구해 단행본으로 냈다. 당시 소장학자인 나는 그의 요청으로 함께 묄렌도르프 세미나도 하고, 그 결과를 『묄렌도르프』라는 단행본으로 출간하기도 하였다.

라이퍼는 한독법률학회와 한국정치외교사학회에서 발표도 하고 학회지에 논문을 실었다. 가끔 한국 신문과 잡지에 그의 글과 인터뷰가 실리기도 하였다. 그는 전두환 정권과 올림픽대회를 체험하고 많은 한국문화계 인사들과도 사귀었다. 그렇지만 그는 기본적으로 조용히 책을 읽고 저술하는 사색인이었다.

라이퍼는 한국을 떠나며 나에게 "언젠가 독일에 오거든 꼭 파더보른(Paderborn)의 우리 집으로 놀러오라"고 하여 1989년 8월 5일 독일여행 중 찾아갔다. 나는 기차 안에서 그를 그리며 「파더본 가는 길」이라는 시 한 편을 썼다.

『압록강은 흐른다』의 이미륵 씨를/ 한국인보다 더 사랑한 라이퍼 씨//

전직 주한 독일대사관 문정관이/ 은퇴한 후 어떻게 사나?// 라고 하면 내
공치사이고/ 그의 초청에 감사하는 마음으로/ 예정에도 없는 파더본행
기차에// 강대국 외교관은/ 은퇴 후에도 화려할까?// 이미륵의 신화가/
파더본까지 흐를 줄이야// 한가한 일요일 열차/ 창밖으로 추수하는 말
밭냄새// 그건 분명 외국냄새가 아니라/ 내 고향 상주 보리밭 냄새. (졸시
집, 『법 속에서 시 속에서』, 1991, 229쪽)

라이퍼 씨는 나를 반가이 맞아주었다. 놀라운 것은 한국에 관한 책을
포함해 장서를 서재에 거의 정리도 못한 채 그대로 쌓아두고 있었다. 이어
서 우리는 근처의 공동묘지에 가서 이런저런 대화를 나누며 묘비들을 구경
하였다. 1995년 6월 1일 향년 77세를 일기로 별세하였다. 그는 분명 그 묘
지에 묻혔을 것이다.

작품 속으로

___

라이퍼는 작가로서 다양한 저서들을 내었다. 단행본만 열 권이나 되는
데, 이런 책들이 눈에 띈다. *Hellas im deutschen Geistesleben*(1963), *Rhein
und Themse fliessen zueinander: Geschichte und Gegenwart der deutsch-
englischen Beziehungen*(1964). 그리고 한국에 부임한 이후 낸 책으로 『묄렌
도르프 *Moellendorff: Ein Staatsmann und Gelehrte*』(1983)가 있다.
성신여대의 독문학자 정규화 교수는 라이퍼가 이미륵에게 얼마나 관심
이 있었는지를 이렇게 밝히고 있다.

1979년 연말 어느 날 필자(정규화)는 주한독일문화원에서 개최되었던 모 강연회에 참석, 새로 부임한 주한 독일대사관 발터 라이퍼 문정관과 인사를 나누고 그가 이미륵과 친분이 있었다는 말을 듣게 되어, 서로 명함을 주고받았고 몇 주 후 다시 만나기로 약속하였다. 그는 필자를 한남동에 있는 문정관 공관으로 초대하였다. 그래서 필자가 1974년 독일에서 발간한 유고『이야기 *Iyagi*』와 몇 가지 자료를 들고 발터 라이퍼 씨를 찾아갔다. 그는 처음 보는 이 책과 자료들을 뒤적이며 매우 기뻐하는 기색이었으며, 우리는 이미륵과 관계되는 많은 대화를 나누었다. 그때부터 라이퍼 씨와 필자는 기회가 있을 때마다 만나서 나머지 유고들을 출간하는 문제, 기념사업회 설립 준비, 그리고 유품전시회 등에 대해 의논하였다.

(중략)

그는 1946년 독일의 어느 잡지에서 한국인 작가 이미륵이 뮌헨의 피퍼출판사에서 자신의 유년시절에 대한 자전소설을 발간했다는 기사와 서평을 읽은 바 있다. 그토록 멀리 떨어져 있고 낯설게만 보이던 한국이라는 나라가 갑자기 가까워진 기분이었다고 한다. 그래서 마음속으로 동양에서 온 이 작가를 꼭 한번 만나야 되겠다는 결심으로 피퍼출판사를 통해 이미륵의 연락처를 받고 뮌헨으로 가는 기차에 오른다.

1947년 3월 초 파더보른(Paderborn)을 떠나 비 오는 날 아침 뮌헨 교외의 그래펠핑에 사는 이미륵을 찾아 길을 떠났던 것이다. 물론 사전에 편지로 만날 날짜 약속은 되어 있었다. 그리고 그해 가을 또 한 번 그를 찾아간다. 물론 작품을 읽고 받은 영향도 있었겠지만 그는 이미륵을 단 두 번 만나보고 그에게 매료당했던 것으로 보인다.

"제가 이미륵의 옆에 섰을 때 표정이 풍부했던 그의 얼굴이 눈에 띄었습니다. 저는 그때 동양에서 온 작가를 처음 만났습니다. (중략) 저의 첫 질문은 그가 독일에 살면서 혹시 압록강에 대한, 즉 고향에 대한 향수를 느끼고 있는가 하는 것이었습니다. 그는 그저 미소만 지었습니다. 그 웃음 뒤에 숨겨져 있는 지식, 그리고 고통과 근심을 짐작할 수 있었습니다. 그 순간부터 저는 그를 절대로 잊을 수 없었습니다. 나중에 그는 항상 향수에 젖어 있다고 고백하였습니다"라고 처음 만났을 때의 인상을 회상하였다. (이미륵 저, 『그래도 압록강은 흐른다』 후문, 정규화 역, 범우사, 1991, 286~287쪽)

당시 발터 라이퍼는 『Das Wagnis Europa(유럽의 모험)』(1950)이라는 책을 저술하였고, 이 책은 1950년 이미륵이 별세한 직후 발간되었다. 이 책의 186쪽과 187쪽에는 해방 후 한국의 정치적인 정세와 강대국들의 영향, 1948년 8월 15일 이승만 대통령의 취임까지 언급되어 있다.

나는 한국에 대해 적극적으로 관심을 갖기 시작했다. 그 이유는 1919년 일본의 침략에 항거하다 망명하여 1947년 나에게 큰 인상을 준 이미륵이라는 사람을 알게 되었기 때문이다. 그는 다방면에 정통한 사람이었다. 반쪽 의사(醫師), 뮌헨에서 자연과학으로 박사 학위를 취득한 분, 대학에서 한국학과 일본어를 가르친 학자, 철학자이며 작가였다. 1946년에 발간된 소박하고 아름다운 독일어로 쓰인 『압록강은 흐른다』라는 작품을 읽고, 그 언어의 우아함에 탄복하며 한 아시아인이 독일어를 이렇게 정복할 수 있다는 사실에 놀랐다. 무엇보다도 그는 인간미 넘치는 사람이었다. 그때부터 나는 언제고 한국에 가려는 꿈을 갖고 있었다. (Das Wagnis Europa, 188쪽)

그리고 라이퍼는 1948년 부인 클라리싸(Clarissa)에게 바치는 글을 모 신문에 기고하면서 다시 이미륵을 칭송한다(*Mirok Li, Der andere Dialekt*, 263쪽). 그리고 이미륵이 세상을 떠난 1950년 이후에는, 「*Nach Mirok Lis Tode*(이미륵 별세 후)」(1950년), 「*Mirok Li – eine Meditation*(이미륵―하나 의 명상)」(1970년경, *Der andere Dialekt*, 264~265쪽)이라는 두 편의 추모시를 남겼다.

오래전부터 한국과 인도에 가보고 싶었던 그는 외무성 직원시험에 합 격해, 외교관의 길로 나선다. 임지를 여기저기 돌다가 1979년 스스로 지원 하여 오게 된 나라가 바로 한국이었다. 1979년 9월 16일 그는 그토록 고 대하던 주한독일대사관 문정관으로 발령받았다. 그 얼마나 오랫동안 꿈 꾸었던 한국이었는가? 서울에 도착한 후 각국 외교관들의 모임, 국내의 중 요행사마다 참석하여 많은 정보를 접하고, 이미륵에 대해 얘기할 기회를 놓 치지 않았다. 때로는 김재원(국립 박물관장) 박사도 자리를 함께하여 의논 할 기회가 있었다. 그리하여 처음 시도한 것이 1982년 3월 15일부터 주한 독일문화원에서 거행된 유품전시회와 강연회였다. 이때의 초청연사는 이미 륵과 뮌헨에서 함께 지냈던 김재원 박사와 발터 라이퍼였다.

또한 1989년에는 이미륵 탄생 90주년을 기념해 다시 한 번 〈이미륵 유 품전시회〉를 갖고 『압록강은 흐른다』, 『이야기』, 『그래도 압록강은 흐른 다』, 『이상한 사투리』 등 4권의 책을 전시했다. 『그래도 압록강은 흐른다』 로 번역된 *Vom Yalu bis zur Isar*를 1982년에 국내에서 독일어판으로 출간 할 때는 라이퍼가 독일 외무성에 출판비 보조신청을 하여 도와주었다.

1984년 한독수교 100주년을 기념하여 출간된 『*Der andere Dialekt*(이 상한 사투리)』에도 라이퍼의 「후기」가 돋보인다. 1993년 그는 독일에서 담 낭수술을 받고 병석에 있으면서도 1994년 서울에서 이미륵을 기리는 학술

강연회를 구상했다. 〈묄렌도르프와 이미륵〉이라는 제목으로 강연을 해달라는 청탁을 받자 딸을 시켜 대필로 보내왔다(1993년 6월 28일자 편지). 그리고 1996년 정규화 교수의 '회갑기념논문집' 『독문학과 현대성』에도 「이미륵—동서의 중재인」이라는 글을 실어 한국과의 우정을 더욱 공고히 다졌다. 그는 한국에서 근무하였던 4년간(1979~1983) 한독문화교류를 뒷받침하는 '묄렌도르프협회'를 만들어 몇 차례 학술행사도 주관하였고, 정년퇴임 후 독일에 돌아가서도 '이미륵협회'를 결성하여(1985) 회장직을 맡아 활동하였으며, 파더보른 자택에서 집필활동을 하다가 1995년 6월 1일 향년 77세를 일기로 별세하였다.

한국유네스코에서 발간하는 《코리아 저널 *Korea Journal*》 23-4호 (1983)에 영어논문 *Paul Georg von Moellendorff: Scholar and Statesman in a Time of Transition*이라는 긴 논문이 실렸다.

《한국정치외교사논총》 창간호(1985)에 실린 라이퍼의 논문 「묄렌도르프가 본 갑신정변」은 '1. 머리말, 2. 묄렌도르프의 일기, 3. 정변의 전개, 4. 숙청의 전개, 5. 막후 외교, 6. 맺는말'의 순서로 되어 있다.

89

네덜란드 한국학의 선구자

프리츠 포스

Frits Vos, 1918~2000

『*Kim Yusin*(김유신)』(1954)

『*Die Religionen Koreas*(한국의 종교)』(1977)

『*Korea: Scenic Beauty and Religious Landmarks*(한국의 자연미와 종교)』(1995)

나는 독일로 유학 간 지 한 달 만인 1976년 1월 초 보훔대학에서 아이케마이어(Dieter Eikemeier) 박사의 교수자격논문 통과 축하회에 초대를 받았다. 그 자리에 갔더니 동양의 현자처럼 흰 콧수염을 길게 기른 노학자가 한 분 계셨다. 나는 당시에 독일어가 서툴렀는데, 그런 나에게 한국농담을 해주시며 긴장을 풀어주셨다. 심지어 한문에도 없는 퀴즈 한자를 써서 웃음을 안겨주셔서 나는 그것을 후일 중국에 가서 여러 번 써먹기도 했다. 정말 멋진 동양학자인 이분은 바로 라이덴대학에서 오신 프리츠 포스(Frits Vos) 교수였다. 이것이 인연이 되어 얼마 후 당신의 신간저서 『*Die Religionen Koreas*(한국의 종교)』를 보내주시며 서평을 써달라고 하셨다. 나는 이 책을 꼭 한국에 알리고 싶어서 서평이랄까 독후감을 써서 《기독교사상》지에 게재하였다. 포스 교수께 보내드렸더니 감사편지를 보내셨고, 독일어를 읽을

줄 아는 보람을 느꼈다.

그 후 오랜 세월이 지나 한국학중앙연구원에 방문학자로 와 있는 지명숙 박사를 만났는데, 이분이 포스 교수의 며느님인 줄 알고 깜짝 놀랐다. 이런 인연으로 지 박사와 왈라벤(B. Walraven) 교수의 초청으로 라이덴대학에 가서 〈Reception of Western Law in Korea(한국에서의 서양법 수용)〉이라는 강연을 하였는데, 포스 교수는 이미 거동이 불편하여 만날 수 없었다. 이렇게 잠시 인연을

맺었다 작별했지만 이 책을 쓰면서 다시 깊은 추모의 마음이 솟는다. 그는 유럽에서 한국학의 기초를 쌓은 선구적 학자의 한 분이다.

작가의 생애
———

프리츠 포스(Frits Vos)는 1918년 11월 6일 네덜란드의 델프트(Delft)

프리츠 포스와 부인 고바야시 미야꼬

에서 태어났다. 델프트는 조선에 온 하멜(Hamel)의 고향으로 시청 앞에 하멜동상이 서 있다. 라이덴대학에서 공부하고 1947년에 이 대학의 강사가 되었다. 1950년 한국전쟁에 참전하여 1951년 3월 대구전투를 체험했다. 그해부터 1952년까지 일본에 머

한국학 연구자들의 국제학술회의(앞줄 우측 네 번째가 프리츠 포스)

물며 일본학을 연구하여 1957년에 라이덴대학에서 문학박사 학위를 받았다. 또한 일본 여성 고바야시 미야꼬와 결혼하였다. 그 후 그는 이 대학에서 처음으로 한국학 강의를 시작하였다. 또한 유럽한국학회(AKSE)의 회원 및 회장을 역임하였다. 1983년에 정년퇴임하였다. 그의 장서는 라이덴대학 도서관에 기증하였다. 2000년 1월 19일 라이덴에서 작고하였다. 그의 아들은 인류학자로 라이덴박물관의 학예관이고, 며느리는 지명숙 박사로 라이덴대학에서 한국학을 강의하고 있다.

작품 속으로

————

포스 교수의 한국관계 저술로는 두 권의 단행본과 몇 편의 논문이 있다. 두 권의 단행본은 독일어로 쓴 『*Die Religionen Koreas*(한국의 종교)』(1977)와 영어로 쓴 『*Korea: Scenic Beauty and Religious Landmarks*(한국의

Die Religionen Koreas
(1977) 초판본

자연미와 종교)』(1995)이다.

『한국의 종교』는 아직 한국어로 번역되지 아니하였는데, 불교, 유교, 기독교를 각장으로 나누어 상당히 자세하게 서술하고 있다. 한 가지 특징은 일제 강점기의 종교인 신도(神道, Shintoismus)를 자세히 다루고 있다는 점이다. 이것은 오늘날의 관점에서는 과장된 것이나 역사적으로 보면 외면할 수 없는 사실이라 아니할 수 없다.

『한국의 자연미와 종교』도 번역되지 아니하였는데, 이 책은 학술서라기보다는 한국종교문화의 안내서처럼 멋진 사진도 많이 넣은 호화장정판이다. 마크 드 프레예(Mark de Fraeye)라는 사진가(1939년생)와의 합작품으로 원래 1995년 독일 프라이부르크의 쉴링거(Schillinger)출판사에서 낸 『한국: 산과 부처의 나라 *Korea, Land der Berge und Buddhas*』의 영어판이다. 이 사진가는 1988년에 한국을 방문하고 *Korea Inside, Outside*(1990)란 책을 내기도 하였다.

『한국의 자연미와 종교』는 8장으로, '1. 자연과 풍경, 제주도, 2. 한국인, 3. 역사. 4. 신화, 5. 종교와 철학, 6. 언어와 표기체계, 7. 사진, 8. 문헌'의 순서로 되어 있다. 내용 중에 지도들도 들어 있다. 가로 세로 한뼘 크기씩의 특수판형이기 때문에 들고 다니기는 불편하나 우아한 장서용으로 갖출 만하다. 내용 중 인상적인 것은 군데군데 한국의 시조를 번역하여 싣고 있어 문학적 향취가 느껴지는 것이다. 성헌, 월명, 최치원, 정도전, 정약용, 김소월, 최남선, 양주동의 시조와 시가 영어로 번역되어 실려 있다. 그중 가장 잘 알려진 김소월의 시「진달래꽃 *Azaleas*」을 보면 다음과 같다.

If you are through with me/ And will leave me,/ I will let you go without a word.// On the Yaksan in Yongbyon/ I will pick an armful of azaleas/ and strew them where you go.// Please tread gently, step by step,/ On those flowers/ As you go your way.// If you are through with me/ And will leave me,/ I may die, but will show no tears.

그러면서 밑에다 Yaksan(약산)은 평안북도의 서북부에 있는 산으로 진달래가 유명하며 시인은 이 지방에서 태어났다고 기록하고 있다. 한마디로, 이 책은 외국인들에게 한국의 자연과 종교의 정갈한 모습을 시각적으로 보여주는 아름다운 책이다.

한국문명의 전통을 집대성한 미국인 동양학자

윌리엄 테오도르 드 베리

William Theodore de Bary, 1919~2017

『*The Rise of Neo-Confucianism in Korea*(한국 신유교의 부상)』(1985)

『동아시아 문명 *East Asian Civilization*』(1988)

『*Sources of Korean Tradition*(한국 전통의 근원)』(1996)

윌리엄 테오도르 드 베리(William Theodore de Bary)를 작가라고 할지 저술가라고 할지 망설여지기는 하지만 나는 그와 작가로서의 아름다운 추억을 갖고 있다. 그는 한국뿐만 아니라 아시아철학과 역사에 권위 있는 '황제 같은 학자'였다. 그를 처음 만난 것은 1990년대 겨울이었고, 내가 하와이에 가서 휴식 겸 연구작업을 하던 때였다. 호놀룰루의 동서로(East-West Road)에서 아침마다 조깅을 함께하면서 "우리는 뉴욕과 서울에서 온 철새"라면서 즐거운 대화를 나누던 것을 지금도 잊을 수 없다. 후일 컬럼비아대학생들에게 들으니 그는 하와이체류가 건강비

C.V. 스타 동아시아 도서관에서의 테오도르 드 베리. 그는 국제적인 동양학 학자로서 학문적인 상과 명예를 얻었다.

결이라고 말하곤 했다 한다. 그는 나에게 컬럼비아대학의 '신유교세미나(Neo-Confucianism Seminar)'에서 발표해 달라고 부탁해서 한 번 가서 〈한국에서의 유교와 법(Confucianism and Law in Korea)〉이라는 주제로 발표를 하고, 교수식당에서 둘이서 식사하면서 깊은 대화를 나누기도 하였다.

그는 한국유교에 깊은 관심을 가지면서 사단칠정론(四端七情論) 등이 너무 사변적으로 전개되어 본래의 교육적 사명을 등한시하게 된 점을 애석해했다. 언젠가 한국의 안동에서 유교세미나를 하고 도산서원을 함께 견학하기도 하였다. 몇 년 후 2008년에 교양교육에서의 동양고전 번역에 관한 국제심포지엄에 초청되어 다시 만났다. 이때 그는 이미 구순을 넘겨 사실상 마지막 작별을 하였는데, 그 후로도 9년을 더 사셨다. 그 후 컬럼비아대학 동아시아학부에 가면 그가 없는 공간이 허전하게 느껴졌다.

아시아 철학과 문학의 가상 도서관인 Kent Hall 집무실에서

작가의 생애

윌리엄 테오도르 드 베리(William Theodore de Bary, 중국명 狄培理)는 1919년 8월 9일 뉴욕의 브롱크스에서 태어나 뉴저지의 레오니아(Leonia)에서 자랐다. 그의 아버지는 1914년에 독일에서 미국으로 이주하였다. 부모가 이혼하는 바람에 어머니가 혼자서 그를 소년시절부터 키웠다. 1937년 컬럼비아대학교에 입학하여 중국어를 배웠다. 1941년에 졸업하고 하버드대학으로 옮겨 동양학을 전공하였다. 그러나 이듬해에 제2차 세계대전에 참전하고자 미해군에 입대하여 일본에 정보장교로 파견되었다.

1947년에 제대하고 다시 컬럼비아대학교에서 중국학으로 1948년에 석사 학위를 받고 1953년에 「*A Plan for the Prince: the Ming-i tai-fang lu of Huang Tsung-hsi*(황종희의 명이대망록)」으로 박사 학위를 받았다. 곧이어 컬럼비아대학교 교수로 임용되어 1968년에 학생운동사태 때 교수들의 행동에 큰 지도력을 발휘하였다. 1971년부터 부총장이 되어 7년간 재직하였다.

도산서원에서(뒷줄 우측 다섯 번째가 드 베리, 앞줄 우측 두 번째가 저자)

그는 대학 학부에 비서구권 고전을 핵심과목(Core-curriculum)에 포함시키는 개혁을 하여 미국 대학생들에게 동양을 이해시키는 데 공헌하였다. 또한 축구경기에도 큰 관심을 가졌다. 여러 상을 수상하였는데, 2010년에는 필로렉시언문학상(Philolexian Award for Distinguished Literary Achievement)을 받았다. 그는 일본, 중국, 인도, 한국의 고전을 요약하여 자료집(Sourcebook)으로 해설을 붙여 발간하여 서양인들도 쉽게 접근하도록 하였다. 또한 저서 『*Nobility and Civility*(귀족과 시민)』를 통해 '아시아적 가치'(Asian Value)의 보편성(universality)을 증명하였다. 그의 '신유교세미나(Neo-Confucian Seminar)'는 전 세계적으로 명성을 떨쳤다. 그는 타계하기까지 헤이만 인문학센터(Heyman Center for Humanities)의 소장으로 봉직하였다. 2017년 7월 14일 97세로 뉴욕에서 별세하였다.

작품 속으로

———

드 베리의 저서는 매우 많은데, 주요 저서는 다음과 같다. *Guide to Oriental Classics*(1964), *Unfolding of Neo-Confucianism*(1975), *Neo-Confucian Orthodoxy and the Learning of the Mind-And-Heart*(1981), *The Rise of Neo-Confucianism in Korea*(1985), *Nobility and Civility : Asian Ideals of Leadership and the Common Good*(2004), *The Great Civilized Conversation: Education for a World Community*(2013).

드 베리의 가장 큰 업적은 동양의 고전 자료를 영어로 번역하여 자료집으로 묶어 학생들에게 서양고전뿐만 아니라 동양고전도 읽도록 한 것이다. 그가 만든 자료집은 아래와 같다.

Sources of Japanese Tradition(1958), *Sources of Chinese Tradition: Volume 1*(1960), *Sources of Indian Tradition, 2 vols*(1957), *Sources of Korean Tradition: Volume 1*(1996), *Sources of Korean Tradition: Volume 2*(2000).

이 중에서 우리가 특히 주목해야 할 것은 『*The Rise of Neo-Confucianism in Korea*(한국 신유교의 부상)』(1985)이다. 이 책은 드 베리가 컬럼비아대학의 한국계 여교수 김자현(Jahyun Kim-Haboush) 교수와 공저한 한국 성리학의 형성에 관한 연구서이다.

Sources of Korean Tradition (1996) 초판본

우리가 주목해야 할 또 다른 책은 『*Sources of Korean Tradition*(한국 전통의 근원)』(1996)인데, 이 책이야말로 한국문명사를 집대성한 것이다. 유네스코의 지원으로 중국, 인도, 일본문명사에 비해 늦게 출간되었지만 이 책이 출간되어 당당하게 세계에 한국문명을

가르칠 종합참고서가 생기게 되었으니, 무척 의미가 크다. 이 책은 재미 한국계 학자들, 이학수(Peter H. Lee), 최영호, 휴 강(Hugh Kang) 등의 협조를 받아 출간되었다.

또한 만년인 2008년 1월 19~20일에 컬럼비아대학교에서 개최한 세계고전심포지엄의 결과를 담은『 *Classics for an Emerging World*(다가오는 세계의 고전)』(2008)이라는 단행본을 한국인 학자 레이첼 정(Rachel E. Chung) 교수와 공동편집으로 내었다. 이 책에는 드 베리 교수의 〈The Great Civilized Conversation(위대한 문명 대화)〉이라는 주제 강연에 이어 각국에서의 교양교육의 현황과 문제점에 대해 발표한 것을 수록하였다. 한국에 대하여는 레이첼 정과 김진홍 박사의 〈Setting the Cotext for a Core Curriculum in South Korea(남한에서의 핵심교과과정)〉라는 발표와 최종고와 김영식 교수의 〈Classics in the Core Curriculum at Seoul National University(서울대학교에서의 핵심교양을 위한 고전)〉가 실려 있다. 부록에는 '서울대학교가 선정한 교양도서 100권'의 목록이 영어로 번역되어 실려 있어(193~195쪽), 컬럼비아대, 하버드대, 보스턴대, 예일대, 칭화대, 홍콩중문대의 교양교육과 비교해 볼 수 있다. 이 책은 아직 한국어로 번역되지 않았다.

국내에서 드 베리의 책은 두 권 번역되었다.『중국의 '자유' 전통』(표정훈 역, 1998)과『다섯 단계의 대화로 본 동아시아문명』(한평수 역, 2001)이다.

후자의 책은 1986년 하버드대학 라이샤워 강좌에서 행한 강연들을 묶어 하버드대 출판부에서 낸 것이다. 6장으로 구성되었는데, '1. 고전적 유산, 2. 불교의 시대, 3. 신유교의 단계, 4. 동아시아의 근대적 변형, 5. 후기유교의 새 시대, 6. 동아시아와 서구―서로 만나기'의 순서이다. 이 중 한국에 관하여는 15군데 언급되고 있다. 그중 한 대목을 보면, 한국에서의 신유교(Neo-Confucianism, 성리학)의 전개에 대하여 이렇게 설명하고 있다.

한국이 마땅히 받아야 할 주목을 받기만 한다면, 한국은 신유교(Neo-Confucianism)의 역사와 동아시아 문명에서 가장 중요한 구성분자로 인식될 것이다. 라이샤워가 이것을 오래전에 올바르게 판단했지만, 우리는 교육적으로 그의 공헌을 충분히 끝까지 따르는 데 실패해 왔다. 그렇지만 나는 한국인이 주희가 권장한 사회제도와 실천을 철저히 ―중국인 자신들에 의해 기도된 어떤 것도 훨씬 능가해서― 채용했다는 사실뿐 아니라, 그들이 삶의 완전한 길로 신유교를 채택할 때 취했던 진지함과 성실한 방식을 강조하고 싶다.

동아시아 문명에 대한 이 개관을 위해 한국과 관련해서 몇가지 요점을 언급해야겠다. 첫째, 한국에서 신유교는 중국에서 그랬던 것보다 더 강하게 불교에 대해 반대했지만, 그 앞시대 동안 보급된 불교가 한국이 신유교를 수용할 수 있었던 중요한 조건적 요소로 간주되어야 한다. 신유교는 중국에서 그랬던 것처럼 많은 같은 방법으로, 개념적으로 그리고 정신적으로, 불교 위에 건립되었다. 둘째, 신유교는 그럼에도 불구하고 새로운 질서체계로 대두되었고, 많은 한국인은 종교적으로 전향함으로써 이것에 응답하였다. 셋째, 신유교는 국가의 정통성이나 이데올로기로 정착되기 전에 교육받은 한국인 사이에서 학문의 본체와 윤리의 법칙 및 정신성의 틀로써 수용되었다. 심지어 공식적으로 채택된 뒤에도 신유교는 창조적인 문화적 힘으로 계속 작용하였고, 단순히 판에 박힌 공적 전례로만 기능하지는 않았다. 이러한 점을 예시한 것으로, 지금까지 고안되었던 가장 정교한 철자체계(그리고 전형적으로 적합한 것이다. 때문에 라이샤워는 이것을 발음기호로 바꾸어 기록하는 공인된 체계를 고안하는 일에 참가하였다) 중의 하나인 한글을 예로 들 수 있다. (94쪽)

그러면서 드 베리는 한글의 원리를 신유학(성리학)과 관련하여 이렇게 설명한다.

토착언어를 표기하는 이 문자는 그것이 가진 합리적 구조와 수단의 정체성 및 기능적 유용성이란 점에서 중국학문과 상관없이 신유교의 원리(理) 철학이 어떻게 세속학문의 새로운 형태에 자신을 적합하게 만드는지를 증명한다. 그리고 이 사실은 한글(훈민정음)의 공포와 함께 출간된 『훈민정음 해례(解例)』속에 표명되었다. (95쪽)

조선시대 유학의 연구가로 알려진 도이힐러(Martina Deuchler)의 다음과 같은 논평이 이 책의 뒷 표지에 실려 있다. "이 책은 깊이 있는 학식의 본질인 폭넓은 개관과 대담한 일반화의 대가이자, 정확한 세부묘사가 장황한 논증보다 주제를 더 명징하게 드러낼 수 있다는 것을 아는 학자의 개인적 선언이다."

한국전쟁 종군여기자로 퓰리처상을 탄

마거리트 히긴스

Margueritte Higgins, 1920~1966

『자유를 위한 희생 *War in Korea*』(1951)

2020년은 한국전쟁이 발발한 지 어언 70년이 되는 해이다. 한국전쟁을 생각하면 가장 먼저 떠오르는 세계작가는 마거리트 히긴스(Margueritte Higgins)이다. 그녀는 종군여기자로 소설보다 생생한 한국전쟁 르포를 세계에 알린 작가이다. 한국전쟁이 발발한 지 이틀 만에 한국전선으로 날아와 5개월간 취재하며 특종기사들을 썼고, 『자유를 위한 희생 *War in Korea*』(1951)을 저술했다. 이 책으로 1951년 여성 최초로 퓰리처상을 수상했으며, 후일에도 이 책을 들고 미국 전역을 돌면서 "한국을 도와야 한다"고 호소했다. 그녀는 종군기자로서의 탁월한 업적을

인정받아 워싱턴의 알링턴 국립묘지에 안장되었다. 마흔다섯 해를 불꽃같이 살다간 그녀를 한국인은 영원히 잊어서는 안 될 것이다.

작가의 생애

마거리트 히긴스(Marguerite Higgins)는 1920년 9월 3일 홍콩에서 출생했다. 아버지 로렌스 히긴스(Lawrence Higgins)는 아일랜드계 미국인이었는데, 제1차 세계대전 때 프랑스군에 자원입대하여 운전사, 조종사로 참전하였다. 어머니는 프랑스인으로 파리에서 은행원으로 일했으며 예술적 재능이 풍부했다. 둘은 전쟁 중에 만나 결혼했다. 1918년 아버지는 버클리대학에서 법학을 공부했는데 법학도의 꿈을 포기하고 선박회사의 매니저로 부인과 함께 홍콩으로 갔다.

마거리트는 유아시절 중국인 유모에게 중국어(광둥어)를 배우고 부모로부터 프랑스어를 배웠다. 1920년대에 히긴스 가족은 다시 미국 캘리포니아 주 오클랜드로 돌아갔다. 어머니는 마거리트에게 큰 기대를 걸고 교육시켰다. 마거리트는 아버지처럼 버클리대학에 입학하여 대학신문 기자로 활동하였다. 졸업 후 직장을 못 구해 뉴욕의 컬럼비아대학 언론대학원에 진학하였다. 마침내 1942년 6월 《뉴욕 헤럴드 트리뷴》의 기자가 되었다. 그해 하버드대 철학과 강사 스텐리 무어(Stanley Moore)와 결혼하였으나 이내 이혼하였다. 무어는 마르크스주의자라는 이유로 하버드대에서 해직되었고, 후일 샌디에이고대학에서 강의했다.

1944년 미군이 독일의 부헨발트(Buchenwald)를 점령할 때 히긴스는 종군기자로 활동했다. 기자로서 용기와 재능을 인정받은 것은 독일 다카우(Dachau)의 나치스 강제수용소를 취재했을 때였다. 1947년부터 3년간 독일 베를린 지국장으로 근무하면서 냉전 하의 동서독 문제에 관심을 기울였다. 뉘른베르크재판도 취재하였고, 소련에 의한 베를린 장벽 설치도 취재하였다. 이때 미공군 정보국장 윌리엄 홀(William Evans Hall, 1907~1984)을 만나 13세의 차이에도 열렬하게 사랑을 하였다.

1950년에 《뉴욕 헤럴드 트리뷴》의 도쿄 지국장으로 부임하자마자 한국전쟁이 발발하여 바로 취재차 한국으로 건너갔다. 한국전쟁 중인 1952년에 홀과 재혼하였다. 이듬해 첫 딸을 낳았으나 생후 5일 만에 미숙아로 죽었다. 1958년에 아들, 1959년에 딸을 낳았다. 1953~54년 베트남전쟁 종군기자로 프랑스의 패배를 취재했다. 여기서 유명 사진작가 로버트 카파(Robert Capa, 1913~1954)가 지뢰를 밟아 죽는 광경을 옆에서 목격했다.

1955년 소련입국 비자를 받아 냉전이 한창이던 철의 장막을 취재하여 『*Red Plush and Black Bread*(붉은 벨벳과 흑빵)』이라는 책을 출간했다. 같은 해 자서전적 성격의 『*News is a Singular Thing*(뉴스는 남다른 것)』이라는 책을 내었다.

히긴스는 이후 10년간 세계를 돌아다니며 취재하였다. 1961년 콩고내전을 취재하고 1963년에는 다시 베트남을 여행했다. 1963년엔 《뉴욕 헤럴드 트리뷴》을 사직하고 《뉴스데이*Newsday*》라는 신문으로 이직하여 〈On the Spot(현장에서)〉라는 고정칼럼을 꾸준히 썼다. 1965년에는 『*Our Vietnamese Nightmare*(우리의 베트남 악몽)』라는 책을 내었는데, 한국전쟁 때와는 달리 미국의 군사적 개입을 우려하는 입장을 표명했다. 1965년 다시 베트남을 여행하다 풍토병에 감염되어 워싱턴의 미육군병원으로 이송되어 치료받다 1966년 1월 3일 45세로 사망했다. 미국 정부는 그녀의 공적을 인정하여 워싱턴의 국립묘지에 안장하였다. 그녀는 '겁 없는 여자', '혈관 속에 얼음물이 흐르는 여자', '드레스보다 군복이 더 어울리는 여자', '화장품 대신 진흙을 바른 여자', '혈육으로 삼고 싶은 유일한 여자'라는 찬사를 받았다. 남편 윌리엄 홀 중장은 18년 후인 1984년 그녀의 곁에 묻혔다.

2010년 9월 2일 대한민국 정부는 히긴스에게 수교훈장을 추서하였다. 딸과 손자가 대신 수령하였다. 2016년 국가보훈처는 그녀를 '5월의 영웅'으로 선정하였다.

War in Korea (1951)
초판본

작품 속으로

『자유를 위한 희생 *War in Korea*』은 다음과 같은 헌사로 시작된다. "이 책을 먼 이국땅 한국에 있는 묘비명도 없는 무덤에서 마지막 전우애를 나누며 나란히 잠들어 있는 유엔군 장병들을 위해 바친다." 그리고 머리말은 이렇다. "이 책은 내 눈으로 직접 목격한 한국전쟁의 주요 국면들을 보고하려는 것이다. 나는 한국전쟁 발발 직후인 1950년 6월부터 12월까지의 기간 중 11월의 4주간을 제외하고는 거의 계속 전선에 있었다. 이 경험을 토대로 한국전쟁을 가장 사실적으로 묘사했다고 생각되는 사건들과 일화들을 골라봤다. 이를 통해 적의 공격과 우리 반격의 실상, 우리의 약점과 강점, 그리고 우리의 미래를 위하여 배운 것이 무엇인지를 생생히 보여주려고 노력했다. 서울, 1951년 1월 1일."

이틀 후 나를 실은 비행기는 번쩍이는 제트전투기의 엄호를 받으며 한국전쟁 지역의 심장부로 굉음을 내며 날아가고 있었다. 이때까지만 해도 미국의 참전 결정은 내려지지 않았다. 비행기는 전쟁에 휘말린 미국시민 중 마지막 남은 사람들을 구출하기 위해서 적의 포위공격을 받고 있는 한국의 수도 서울로 향하고 있었다. 탑승객이라고는 《시카고 데일리 뉴스》의 키스 비치(Keys Beach), 《타임》의 프랭크 기부니(Frank Gibney), 《뉴욕타임스》의 버튼 크레인(Burton Crane)과 나, 이렇게 4명의 특파원이 전부였다. 우리는 미국이 한국을 위한 전투에 개입하는 것을 목격한 유일한 증인들이 되었다. 미국은 이 전투를 사전준비 없이 시작했다. 그리고 오늘 허겁지겁 땅을 파서 만든 무덤들은 적을 과소평가한 끔찍한 대가가 어떤 것인지를 증언해주고 있다. 그러나 전쟁 중 한반도에서 많은 비극들이 발생했지만, 그 시간 그 장소에서 공산주의자들의 침략을 격퇴했다는 것이 자유세계를 위해 얼마나 다행스러운 일인지 우리는 지금 알고 있다. 대한민국은 세계인들을 잠에서 깨우는 일종의 국제적 자명종, 세계의 역할을 한 것이다. (13~14쪽)

한국전쟁 이후 세계는 냉전 체제에 돌입하였다. 종군기자로 한국에 도착한 저자는 이 전쟁이 자유민주주의를 지키기 위한 것임을 밝히고 있다. 이 책은 한국전쟁 초기에 서울을 빠져나가는 피난민들의 모습을 이렇게 묘사하고 있다.

서울에 이르는 길은 피난민들로 붐볐다. 수백 명의 한국여인들은 갓난아이를 등에 업고, 머리에는 커다란 보따리를 이고 있었다. 수십 대의 트럭은 나뭇가지로 교묘히 위장되었다. 한국군인들은 지프차와 말을 타고 양쪽 방향으로 줄을 지어 지나갔다. 비에 젖은 거리 위에서 피난민들이 우리 미국인들의 작은 차량행렬을 향해 환성을 지르며 손을 흔들었다. 그 모습은 가슴 뭉클하지만 어딘지 겁나는 경험이었다. 이들은 미국에게 그 무엇인가를 기대했고, 그들의 기대가 충족될 것이라는 애처로울 정도의 뚜렷한 확신을 갖고 있었다. 그때 문득 내 머릿속에는 하나의 간절한 희망이 자리 잡았다. "우리가 저 사람들을 낙담시키면 안 될 텐데." 이후에도 나는 자주 같은 생각을 했다. (20쪽)

히긴스는 한강교 폭파의 현장을 이렇게 서술한다.

"어이쿠, 큰일이야! 다리가 끊겼네."

중위가 외쳤다. 우리는 갇힌 신세가 되었다. 남쪽에 안전하게 인도해 줄 한강 인도교가 폭파된 것이다. (중략) 상황은 분명 심각했고 매우 혼란스러웠다. 왜 한국군 지휘관들이 느닷없이 도망가 버렸는지 알 길이 없었다. 주변의 간헐적인 총성으로는 적이 현재 어디에 있고, 공격규모가 어느 정도인지 도저히 판단할 수 없다. 다수의 장교들은 서둘러 빠져나가지 않으면 포로가 될 것이라는 생각을 퍼뜨리기 시작했다. 이러한 중얼거림은 극도의 심리적 불안감으로 비화되었다. 그러나 라이트 대령은 침착하게 위엄을 보이며 사태를 진정시켰다. "자, 제군들! 주목하기 바란다. 이 자리에 있는 누구도 혼자 도망칠 수 없다. 우리는 모두 공동운명체다. 모두가 집합할 때까지 침착해야 한다. 그 다음에 차량들을 가지고 서울을 빠져나갈 대안, 어쩌면 조립교(組立橋)를 발견할 수도 있을 것이다." 우리는 최선을 다했다. 지프차, 트럭, 무기수송차량 등 60여 대의 차량대열을 정비하고 전조등을 밝힌 채 출발했다. 언제 적과 만나게 될지도 모르는 위험한 길이었지만 차량을 도강시킬 수 있는 조립교를 찾아 몇 시간이나 헤매었다. 그러나 허사였다. (30~31쪽)

히긴스는 한국전쟁의 영웅, 맥아더 장군과도 만났다. 그녀가 본 맥아더 장군의 모습은 이렇다.

직접 만나보면, 맥아더 장군은 인자하고 대단히 명석한 인물이다. 맥아더를 비난하는 사람들은 그가 폼 잡기 좋아하는 인물이라고 하지만, 내가 아는 한 그는 그러한 성격의 소유자가 아니다. 맥아더는 도쿄에서 대부분의 언론인들과 거리를 두고 생활해 왔는데 이는 그에게 불행한 일

한국전선에서 만난 맥아더 원수와 히긴스

이었다. (중략) 미국정부가 맥아더를 한국에 보낸 것은 한국을 구원하는
데 공군과 해군 지원만으로 가능한지를 파악하기 위해서였다. 트루먼 대
통령은 한반도를 포기한다는 기존의 결정을 번복하여 가능하다면 이제
는 이 반공의 보루를 구원하겠다고 결정한 것이 분명했다. 한국군이 후
퇴하는 전선을 시찰한 맥아더는 한국을 구하려면 지상군의 파병이 필요
하다는 생각을 하게 되었다. 그는 내게 말했다. "한국인들은 미군 정예부
대의 투입을 간절히 필요로 합니다. 한국군 장병들은 신체조건이 좋습니
다. 솔선수범하는 지휘관이 있으면 전의가 살아날 수 있습니다. 내게 2
개 사단만 주어지면 한국을 지켜낼 수 있습니다."(39~40쪽)

전쟁 초기에 북한군은 파죽지세로 낙동강까지 진격했다. 만약 북한군

이 부산까지 손에 넣었다면 오늘날에 대한민국은 존재하지 않았을 것이다. 다행히 북한군은 부산까지 진격하지는 않았다. 왜 그랬을까? 저자는 이에 대해 다음과 같이 말하고 있다.

나중에 안 일이지만, 당시 북한군은 잘 무장된 6개 사단 병력으로 우리의 기세를 꺾고 있는 중이었다. 왜 그들은 그때 부산까지 계속 밀어붙이지 않았을까? 이는 한국전쟁의 미스터리 중 하나이다. 만약 그들이 강하게 밀어붙였다면 우리의 방어선은 무너졌을 것이다. 이는 지금 맥아더와 그의 참모들 모두가 인정하는 사실이다. 당시 적군을 맞아 싸운 것은 기껏해야 1,000명의 미군과 지리멸렬한 한국군 잔여병력뿐이었다. 맥아더 장군은 공산주의자들이 개전 초기 몇 주 동안 머뭇거린 것이 그들의 가장 큰 실수라고 믿고 있다. 우리가 그들을 과소평가한 것만큼, 그들은 우리를 너무 과대평가하고 있었다. 우리 대대가 최후의 결전에 임박했다는 사실을 알고 나는 남아서 전투를 지켜보기로 마음먹었다. (98쪽)

기자라면 세상에 진실을 알려야 한다. 종군기자였던 저자는 "미군이 전쟁에서 아무 문제없이 승리하고 있다"는 기사를 써달라는 부탁에 시달려야 했다. 하지만 진실을 외면할 수는 없었다.

25세의 에드워드 제임스(Edward James) 중위는 명령에 따라 '기필코' 작전을 완수하고, 강바닥을 기어 간신히 목숨을 건졌다. 그는 격한 분노를 참지 못하며 내게 다가와, 극히 심한 피로와 노여움으로 입술을 떨며 말했다. "당신네들이 본국에 있는 국민들에게 진실을 얘기해주는 종군기자들입니까? 당신들은 20명의 소대원 중에서 고작 3명만 살아남았다는 사실을 제대로 전달하고 있나요? 당신들은 우리가 병력과 무기도 없이 싸우고 있으며, 이것이 전혀 쓸모없는 전쟁이란 사실을 알려주고 있는 겁니까?"(117쪽)

이 책은 한국전쟁의 교훈을 다음과 같이 전하고 있다.

1950년 9월 화창한 가을날, 이승만 대통령이 들려준 마지막 말들을 나는 생생히 기억하고 있다. "이번에 우리가 학습했듯이 당신의 정부도 공산주의자들과의 타협이란 없다는 사실을 배워야 합니다. 공산주의자들에게 타협이란 언제나 시간을 벌기 위한 수단이자, 상대가 의심하지 않도록 달래는 속임수입니다. 공산주의자들의 속셈을 알아채지 못한다면, 당신들은 준비가 너무 늦어져 그들의 다음번 공격을 막아내지 못할지도 모릅니다."(226쪽)

이 책은 외국인이 한국전쟁에 관해 최초로 쓴 책인데, 소설보다도 생동감이 넘친다. 그래서 출간되자마자 많은 주목을 받았고 퓰리처상까지 받았던 것이다. 최근 앙투아네트 메이(Antoinette May)가 쓴 히긴스의 전기 *Witness to War*(1983)가 손희경에 의해 『전쟁의 목격자』(2019)로 번역 출간되었다. 이처럼 중요한 책이 늦었지만 번역된 것은 반가운 일이다. 히긴스는 2019년 개봉한 한국영화 〈장사리〉에도 등장하는데, 여기에도 적극 취재하는 모습이 보인다.

한국전쟁의 포로체험기를 쓴 그리스 작가

필립 딘

Philip Deane, 1923~2004

『*I was a Captive in Korea*(나는 한국에서 포로였다)』(1953)

필립 딘(Philip Deane)은 우리에게는 거의 생소한 이름이다. 나도 그의 이름조차 들어보지 못했다가 2020년은 한국전쟁 70주년이라서 한국전쟁을 소재로 한 외국작가의 작품들을 찾아보다가 그가 쓴 『*I was a Captive in Korea*(나는 한국에서 포로였다)』를 알게 되었다. 서울대 도서관에서 찾아보니 고문헌자료실의 〈일석 이희승문고〉 속에 한 권 있어 천만다행이다. 역시 일석은 대학자이시구나 쾌재를 불렀다. 이 한 권이 없었다면 딘은 이 책에서 소개하지 못했을 것이다. 그는 그리스에서 태어났지만 캐나다에서 국회의원까지 지낸 유명정치인이기도 하다. 이런 인물을 새로 발견하는 기쁨이 이 책을 쓰는 보람 중의 하나이다.

작가의 생애

———

필립 딘(Philip Deane)은 1923년 8월
16일 그리스의 테살로니키에서 태어났다.
어릴 적 이름은 필립 딘 기간테스(Philip
Deane Gigantes)였다. 일찍 캐나다로 이주
해 토론토대학에서 학사, 석사, 박사 학위
를 받았다. 잠시 레스브리지(Lethbridge)
대학교 인문대학 교수로 지내다 제2차 세계대전 때 영국 해군에서 복무했
고, 1946년부터 1961년까지 런던의《옵저버 Observer》지의 북아프리카 및
동남아시아 취재 특파원으로 활약했다.

1950년 한국전에 참전하였다가 33개월간 북한에서 포로생활을 했다.
이 기간 동안 후일 이중간첩으로 유명해진 조지 블레이크(George Blake)와
함께 있었다. 이후『 I was a Captive in Korea(나는 한국전쟁의 포로였다)』를
발간하고 다시 언론인으로 돌아왔다.《런던 옵저버 London Observer》지
의 워싱턴 특파원을 지냈다.

그는 저널리스트였고, 특파원이었고 텔레비전 논평가였다. 1965년에
캐나다에 정착하여 1970년대에는 피에르 트뤼도(Pierre Trudeau) 수상의
연설문 작가로 활약하였다. 이 일을 마치고 유엔에서 일하다 고국 그리스
의 왕 콘스탄틴 2세의 비서실장이 되었다. 1964년에는 문화부 차관이 되어
활약하다가 1967년 쿠데타로 실각하였다. 그래서 다시 언론인으로 돌아
왔다.

1980년에 캐나다 국회의원 선거에 출마했으나 낙선하고 1984년에 몬
트리올 신문 편집인으로 활약하다 트뤼도 수상에 의해 상원의원으로 지명

젊은 시절의 필립 딘과 그의 아내 실비아

되었다. 이때부터 1998년까지 14년간 상원의원으로 활동했다. 특히 노동 문제에 관심이 많아 특별위원회도 운영하고 그에 관한 저술도 내어 프랑스 어로 번역되기도 했다.

2004년 12월 9일 81세로 캐나다 몬트리올에서 사망하였다. 1965년까 지는 그리스 국적을 갖고 1970년부터 사망할 때까지 캐나다 국적을 가졌 다. 유해는 화장되어 그리스 케팔로니아(Kefalonia) 근처의 지중해 바다에 뿌려졌다. 부인 실비아(Sylvia)와 세 딸을 두었다.

작품 속으로

필립 딘은 저널리스트이자 문필가로 15권의 책을 저술하였다. 『*I Should Have Died*(나는 죽어야 했다)』(1976), 『*Is the Free Trade Deal Really for You?*(자유무역은 진정 당신을 위한 것인가?)』(1988), 『*Power and Greed: A*

Short History of the World(권력과 야망: 세계요약사)』
(2002) 등 제목만 보아도 다양한 책을 집필했다.

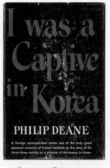

I was a Captive in Korea(나는 한국에서 포로였
다)』는 저자의 체험담을 실감나게 서술한 책이다. '1장
희망 없는 싸움, 2장 포로, 3장 구금, 4장 압록강으
로, 5장 죽음의 행진, 6장 세뇌, 7장 팻소(Fatso)의 캠
프, 8장 머리 식히기, 9장 평양, 10장 오페라 뷔페, 11
장 시베리아, 모스크바, 집으로'의 순서로 되어 있다.

I was a Captive in Korea(1953) 초판본

논픽션인 이 책은 날짜와 장소 등을 비교적 자세히 언급하고 있어 포로생
활을 한 저자의 동선(動線)을 자세히 파악할 수 있다. 아직 한국어로 번역
되지 않았기 때문에 각 장의 첫 부분들을 조금씩 번역해 본다. 1장의 첫 부
분은 이렇게 시작된다.

드디어 한국에 왔다. 헐벗고 무너진 언덕들 사이로 비행기의 문이 빠르
게 열렸다. 그 언덕들 사이로 먼지기둥이 미국 청년들의 행진을 엄호한다.
아, 저기 저 아래 훈련장이 보인다. 채석장같이 보인다. 두 DC-4기가 제
멋대로 벌리고 앉아 있다. 앉을 수 있었다는 것이 놀랍다.

"미안합니다. 우리는 더 이상 못 갑니다." 조종사가 말했다.

"대전으로 가지 않아요?"

"달리다 고장 났어요. L-5기만 그곳에 착륙할 수 있어요."

"우린 어떻게 그곳에 갈 수 있죠?"

"기차는 늘 있습니다. 아니면 손신호로 올라타든지요. 당신들 소관
이죠."

우리는 보도정보장교를 찾았다. (중략) 나는 어제 도쿄에 도착했을 때

보다 인내성이 떨어졌다. 그곳에서 어지러운 얘기들을 들었지만 아테네에서 11,000마일을 날아 이 작은 전쟁에 온 것을 생각하면 제시간에 도착하고 싶다.

"장교님, 저는 런던 《옵저버》지 특파원입니다. 저는 대전으로 가야 합니다. 탈것이 있습니까?"

"밖에 L-5기가 두 대 있는데 하나가 대전으로 갑니다. 그게 당신을 그곳에 떨어뜨릴 겁니다. 그러나 3시간 공중에 있어야 합니다."(1장, 9~10쪽)

전장 곳곳을 누비며 취재했던 저자는 중공군에게 붙잡혀 포로가 된다. 제3장은 이렇게 시작된다.

나는 8월 4일 밤늦게 평양의 어떤 집에 실려 왔다. 창문 앞에 놓인 이불 가장자리에 빛이 들어와 날이 밝는 것을 알았다. 그러고는 더 이상 기억이 나지 않고 침대에 누워 영어를 하는 한국경찰이 내 곁에 앉아 있는 것을 알았다. "당신은 앓고 있어요. 나는 당신이 죽어서는 안 된다고 명령을 받았어요. 《노동신문》기자가 런던에 당신의 체포를 알렸는데, 당신의 신문이 대단히 소란을 피우고 있어요. 그들은 유엔에다 당신의 석방을 요구하고 있어요. 당신은 유명한 모양이에요. 잘될 거예요."

사흘 동안 구금되어 앓고 있으면서 나는 북한 병원에서 밀크, 에그, 코카콜라 등을 먹으며 지냈다. 나는 사실상 감시받지 않았다. (3장, 65쪽)

딘은 포로로 체포되었기 때문에 다부동전투와 낙동강전투를 체험하지 못했다. 그래서 영국 《타임스》지의 특파원 이안 모리슨(Ian Morrison)이 8월 12일 대구 근처에서 지뢰폭발로 사망한 사실도 모르고 있었다.

1950년 8월 30일 나는 평양 교외의 민간인 수용소로 옮겨졌다. 갑자기 나는 라디오 뉴스를 듣게 되었다. 넘어진 후 이질로 고생하는 패트릭 번 주교가 겨우 일어나, "워싱턴 의회는 뭘 하고 있는 거요?"라고 물었다. 나는 그에게 얘기했다. 그는 그 후 좀 낫다고 했다. ECA 간부인 친절한 거구의 엔지니어 월터 엘팅험(Walter Eltringham)은 출발 때부터 맞은 상처로 아직 고생을 하고 있다. 그는 반격의 뉴스를 듣고 이렇게 말했다. "이봐, 우리가 치면 그놈들은 담뱃갑 아래로 엎어질 거야."(4장, 78쪽)

패트릭 번(Patrick James Byrne) 주교는 결국 여기서 운명하였다. 그는 워싱턴에서 태어나 메리놀수도회의 신부가 되어 일본 교토교구장을 거쳐 1949년부터 평양교구장으로 사역하다 이렇게 감금되어서 11월 25일 운명한 것이다. 그는 한국천주교회사에 순교자로 이름이 올라 있다. 번 주교가 감금될 당시를 소개한 이 책은 그래서 사료적으로도 중요한 의미를 지닌다.

10월 30일 밤, 우리는 만포에 도착하였다. 우리는 불탄 물방아집에 멈췄다. 엄청 추웠다. 짚을 모아 불을 지폈다. 아이들은 춥고 배가 고파 울어댔다. 키시(Kish) 박사가 말하기를 갈멜(Carmeliter) 수녀가 죽어가고 있다 한다. 반 마일 밖에서 장교들은 야영을 하고 있었다. 북한군 장교가 와서 불을 발로 차서 껐다. 그러고는 문 씨가 사라졌다. 한 시간 후에 돌아왔는데 매우 흥분되어 있다. 아침에 그는 이제 손을 떼고 감옥수들이 우리를 맡을 것이라 했다. 그는 부처처럼 쪼그리고 앉았다. "끝장이야"라고 했다. (5장, 108쪽)

영국 부영사 조지 블레이크(George Blake, 1922~?)가 그날 밤 탈출을

패트릭 번 주교(1888~1950)

영국에 귀환하는 블레이크

시도했지만 다시 잡혀왔다. 그가 심문받는 광경을 자세히 적고 있다. 블레이크는 흥미로운 인물이다. 유대계 영국인으로 주한 영국대사관의 부영사로 활동하다 전쟁을 맞아 북한군에 감금되었는데, 미군의 폭격으로 인한 참상을 보고 소련 쪽에 서기로 결심했다고 후일 회고록 『Другого выбора нет(다른 선택은 없다)』(1991)에 기록하고 있다. 영국으로 귀국하여 독일 첩보국에서 근무하다가 소련으로 탈출하여 모스크바에서 살았다.

1951년 설날 우리는 놀랍게도 일반식의 양배추 대신 우리 17인(유럽인 10인과 한국인 7인)을 위해 작은 돼지 한 마리와 밥, 감자, 양파, 마늘 등이 나왔다. 문 씨는 이것들을 먹을 생각을 안 했다. 그럼에도 그에게 감사를 표하고 용감히 영어로 통역 없이 연설을 하도록 권했다. 이것이 한국말만 할 줄 아는 장 씨를 화나게 했다. (6장, 137쪽)

"평화의 행진"의 날, 쿠즈마 쿠즈미히(Kuzma Kuzmich)는 빅 뉴스를 전한다. 1951년 11월 27일 휴전협상이 진척되어 1951년 12월 27일까지는 모든 것이 끝날 것이라고. 어떤 뉴스에도 굶주린 우리는 무엇이든 일어나야 한다고 믿고 있었다. 전직 외교관들은 전례에서 찾으려고 애를 썼다. 토론은 논쟁으로 되었고 말싸움이 되기도 했다. (9장, 197쪽)

휴전협상은 결렬되고 이들의 포로생활도 길어지게 되었다. 제10장은 이렇게 시작된다.

그날 밤 나는 꿈을 꾸었다. 해군복을 입고 북한을 탈출하여 대동강변을 따라가고 있었다. 평양 밖에 이르자 내가 제2차 대전에서 본 배들로 찬 항구를 보았다. 선원들이 할리우드 스타일의 카바레를 쓰고 소리 지르는데 자세히 보니 내가 전쟁에서 죽인 사람들이었다. 누가 소리를 지르는데 그리스의 바울 왕(King Paul)이 내게로 와서 "어디로 가느냐?"고 물었다.

"도망가고 있습니다."

"그래선 안 된다. 너무 위험하다."

"저는 평생 감옥에 있을 수는 없습니다."

"그렇겠지. 그러나 도망칠 필요가 없다. 4월 10일까지는 나올 것이다."

"몇 년이요?" 나는 물었다.

"물론 1953년"이라고 바울왕은 말하고, 나는 깼다. (10장, 215쪽)

우리는 4월 9일 한국과 만주의 국경선을 넘었다. 블레이크는 말했다. "그리스의 바울 왕이 맞았어. 당신은 10일 이전에 해방된 거야." 북한인들은 왜 우리를 그토록 잡아두었는지에 대해 말이 달랐다. "야만적 미국이 폭격을 마칠 때까지 국경에까지 안전하게 여행할 수 있도록 북한정부가 보호해 주었다"(평양의 노동신문 1952년 1월 26일자)고 했다. 여기 우리는 국경선에 있고, 아직도 휴전은 이루어지지 않았다. (11장, 237쪽)

이 책의 마지막은 이렇게 끝난다.

내가 여자 기사에게 스탈린의 변증법적 유물주의는 진정한 철학서가
될 수 없다고 말하자 그녀는 눈물을 흘리며 "그런 말하지 마세요. 그것
은 사악한 말이에요"라고 하였다.

드디어 우리는 모스크바에 도착하였다. 정거장에서 우리는 웃음 띤 친
근한 한 집단의 영접을 받았다. 우리는 이것이 자유에 매우 가까운 것이
라 생각했다. 대사의 축하를 받고 우리는 공항으로 이송되었다. 소비에
트 비행기들 가운데 적, 백, 청의 날개를 가진 은색 새가 그려진 비행기가
우리를 기다리고 있었다. 승무원, 의사, 간호원들이 살뜰히 보살피는 가
운데 우리는 드디어 비행기에 탔다. 우리가 그렇게 자주 깨뜨린 꿈이 드
디어 진실로 다가왔다는 것을 알기 시작했다. (253쪽)

유엔은 한국전쟁 당시에 16개국의 군대를 파병하였는데, 딘은 그리스
군 종군기자로 참전했다. 딘이 남긴 생생한 기록 덕분에 우리는 한국전쟁
당시의 포로체험기를 읽을 수 있게 되었다.

하버드대학의 한국사 교수

에드워드 윌렛 와그너

Edward Willett Wagner, 1924~2001

『*Elementary Written Korean* (기초 한국어쓰기)』(1975)

『조선왕조 사회의 성취와 귀속』(2007)

에드워드 윌렛 와그너(Edward Willett Wagner)
는 1960년대부터 30년간 하버드대학에서 한
국학의 기초를 세운 저명한 학자이다. 그는 한
국사 중에서도 조선시대사에 파고들었다. 조
선시대의 과거합격자 1,500명의 명단을 분석
하여 사회사적으로 조선사회를 설명하였다.
이런 연구방법은 당시 국내 학자들로서는 꿈
도 못 꾸는 스케일의 참신한 방법이라서 한국 학자들은 그를 우러러보았지
만 일부에서는 그를 비판적으로 바라보기도 했다.

1970년대 초에 대학원생이었던 나는 외국 유학의 길을 모색하고 있던
중 우연히 그를 서울대 도서관에서 만났다. 공손히 인사만 드렸을 뿐 영어

1963년 연구실에서 에드워드 와그너 교수

실력이 부족해 감히 대화할 엄두도 못 냈다. 나는 독일 유학 후 교수가 되고 1980년대 후반에 처음 미국으로 가서 하버드대학에 있었지만 한국연구소 소장으로 있는 그와 한두 번밖에 만나보지 못했다. 오히려 그의 부인 김남희 여사와 몇 번 대화를 나누었는데, 남편의 건강이 좋지 못하다는 얘기를 들었다. 그 후 한 번도 두 분을 만나지 못했고 2001년에 작고하셨다는 사실도 모른 채 지냈다. 그렇지만 한국 선비처럼 조용히 미소 짓던 그의 모습을 지금도 잊을 수 없다.

작가의 생애

———

에드워드 윌렛 와그너(Edward Willett Wagner)는 1924년 8월 7일 미국 클리블랜드에서 태어났다. 제2차 세계대전 중에는 아시아에서 복무했고, 1946년부터 2년간 한국의 미군정 고문으로 활동했다. 1949년 하버드대에

한국인 부인 김남희 여사와 함께

서 문학사, 1951년 문학석사 학위를 받았고, 1950년대는 일본 천리대학과 서울대학교에서 연구생활을 하였다. 1959년에 하버드대에서 박사 학위를 받고 하버드대 교수가 되어 1993년에 은퇴하였다. 1981년에 하버드대에 한국연구소(Korea Institute)를 설립하였고 1993년까지 소장을 맡았다.

그는 『한국사화 *The Literati Purges: Political Conflict in Early Yi Korea*』 (1975)에서 1392년부터 1910년까지의 조선시대의 족보를 연구하여 1,500 명의 과거합격자를 분석하였다. 이 방대한 작업은 국내학자 송준호 교수 와 함께 수년간에 걸쳐 진행되었다.

레오노레 울만(Leonore Uhlmann)과 결혼했지만 오래되지 않아 이혼 했다. 한국여성 김남희와 재혼하여 두 아들 로버트 와그너(Robert Camner Wagner)와 크리스토퍼 와그너(J. Christopher Wagner)를 두었다. 그리고 세 한국인 양녀를 두었다.

매사추세츠 주 렉싱턴에서 살다 만년에 알츠하이머병을 앓다가 2001 년 12월 7일 콩코드에서 77세로 작고하였다.

작품 속으로

와그너는 한국에 관심이 많아서 1950년대에 재일 한국인에 대한 책을 내었다. 그는 한국의 학자들에게 새로운 의견을 제시했고 때로는 비판을 받기도 했다.

또한 그의 공적으로 간과할 수 없는 것은 한국의 국사학자 이기백 교수가 쓴『한국사신론』을 하와이대학의 에드워드 슐츠(Edward Shultz) 교수와 함께 영역하여『*A New History of Korea*(새 한국사)』(1984)로 하버드대학 출판부에서 출간한 것이다.

와그너는 미국에서 한국사 연구를 개척한 선구자적인 학자로, 조선시대부터 현대에 이르는 광범위한 역사를 연구대상으로 삼았다. 그중에서도 그가 중점을 두었고 연구사적으로도 가장 값진 것으로 평가받은 분야는 단연 조선시대사이다. 그 연구결과를 책으로 낸 것이『조선왕조 사회의 성취와 귀속』이다.

와그너는 조선전기 지배계층과 사화(士禍), 초기 족보, 중인층의 존재 양태, 근대이행기의 변화상 등 다양한 분야를 연구했다. 무엇보다도 그는 500년에 걸친 조선왕조가 '장기 지속'할 수 있었던 원인을 밝히려 했는데, 이를 위해 지배계층의 존재 양태를 보여주는 과거합격자 명단과 족보 등의 자료를 적극적으로 활용하였다.

『조선왕조 사회의 성취와 귀속』(2007)
초판본

『조선왕조 사회의 성취와 귀속』(2007)은 와그너의 영문저서 *Achievement and Ascription in Joseon Dynasty*와 다른 몇 개의 논문들을 이훈상 교수가 번역하여 합친 책이다. 이 책은 '제1부 신분구조, 사회 이동 그리고 지배체제, 제2부 사화의 성격과 사림의 문제, 제3부 종족제도와 여성의 지위, 제4부 중인 신분의 기원, 발전 그리고 근대 이후의 운명, 제5부 지배엘리트에 대한 연구와 한국학의 전산화 문제, 제6부 5·16 군사쿠데타, 근대화 그리고 한·미관계'의 순으로 되어 있다. '작가의 개명문제와 제작 시기에 대한 재고찰'이 보론으로 붙어 있다. 이 보론은 와그너가 미술사에도 관심을 가진 학자임을 보여준다.

저자는 양반뿐만 아니라 중인계급 중 화원(畵員)에 대해 관심을 가졌다. 그는 조선왕조의 통치이념이 발전했기 때문에 왕조가 오랫동안 유지될 수 있었다고 강조했다. 또한 동아시아 전체의 구도 속에서 한국사에 접근하는 방식을 통해 한국을 중국과 일본에 종속된 사회와 문화로 간주하던 종래의 선입견을 바꾸고, 한국사 고유의 특성과 역동성을 부각시키려 하였다.

우리의 흥미를 끄는 것은 와그너가 1960년대부터 1980년대 사이에 5·16군사쿠데타(1961), 근대화(1963), 한미수교100주년(1982)에 대해 쓴 글들이다. 군사쿠데타가 일어나고 한 달이 지난 후 그는 미국정부가 단호하게 대처해야 한다고 주장했다. 방대한 경제원조와 전쟁 참여 등에도 불구하고 쿠데타가 나도록 방치한 미국의 실패를 조목조목 제시한다. 이어서 미국이 사건의 방향을 통제해야 한다고 주장하며, 구체적 실천방법으로 미국이 한국의 군사체제를 조기에 해체하도록 노력해야 한다고 역설한다. 그는 한국인의 삶의 방식을 물질적으로 개선할 수 있도록 남한사회를 도와주지 않는다면, 미국은 더 이상 공산주의와 경쟁할 의지나 지혜가 없다는 점을 인정하는 셈이라고 결론짓는다.

군사정권이 통치한 첫 한 달간의 기록으로 볼 때 남한이 필요로 했던 지도력이 마침내 한국에서 실현될 것이라는 기대를 가질 수 없다. 대한민국에서 민주적인 헌정이 정지된 것은 아니지만, 사실상 그것은 폐기된 것이나 다름없다. 입법, 사법, 행정의 모든 권력은 박정희의 국가재건최고회의에 위임되었다. 국회뿐만 아니라 그 아래 촌락에 이르기까지의 모든 회의체들이 해산되었으며 모든 선출직 임원들은 퇴출당했다. 모든 형태의 협의나 토론은 금지되거나 자의적이며 억압적인 경찰의 위협 아래 놓였다. 군사쿠데타 초기에 있었던 대대적인 검거선풍은 가라앉았다. 그러나 5·16군사쿠데타 직후 국가재건최고회의가 반국가적이거나 반민족적인 부당한 행동 또는 반혁명 활동을 범한 이들을 처벌하기 위해 제정한 특별법 때문에 대중들은 그 위협을 생생하게 느끼고 있다. (392쪽)

한국의 최근 위기에서 비롯된 충격들은 이미 사라져가고 있다. 박정희 장군이 권력 기반을 굳히면서 성가신 일들은 끝났다고 가정하고 있는 것처럼 보인다. 과거의 경험에 비춘다면 그럴 것 같지 않으며 앞에 놓인 위험을 분별하도록 눈을 크게 떠야 한다. 한국문제에 새롭게 접근하는 방법을 모색하고 있다는 근거가 어디에 있단 말인가? 그보다도 미국은 어떠한 세력이 서울에서 소란을 일으켜 밀어붙이고 나오든 그들과 계속해서 함께 지낼 준비가 되어 있으며 그 같은 진로가 초래할 수 있는 결과를 검토하는 일에도 실패했다는 뚜렷한 징후를 보여주고 있다. 예를 들어, 만일 한국 군부 내의 반대세력에 박정희 장군이 밀려난다면 우리는 멍하니 바라만 보고 그 결과와는 상관없이 사건이 진행되는 대로 내버려둘 것인가?(394쪽)

박정희가 정권을 잡은 이후 한국은 산업화되었고 경제성장을 이루기 시작했다. 하지만 정치적인 민주화는 이루지 못했다. 이 책의 '한국의 근대화 과정에 대한 역사적 고찰'에는 다음과 같은 내용이 실려 있다.

필자(와그녀)는 한때 어리석게도 문인이 우위를 점하는 한국의 전통, 다시 말해서 문인이 무인을 통제하는 전통이 근대 이후 군사쿠데타의 발발을 견제할 만큼 충분히 강력하다고 믿을 정도였다. 필자의 이러한 분석에는 무언가 잘못이 있다고 생각한다. 그럼에도 불구하고 필자는 여전히 이러한 견해가 타당하며 현재 정치상황의 맥락에서는 특히 의미가 있다고 본다. 필자는 비록 한국 대중이 1961년이라는 특별한 정치상황에서는 군인통치의 출현을 관대하게 보아 넘기고 심지어 환영까지 했지만, 군인들의 통치를 전적으로 반대하는 것이 한국인의 사고에서 지배적이라고 생각한다. 모든 사람들이 필자의 견해에 동조하지는 않겠지만 한국군인 스스로가 기본적으로 일반 시민대중들과 같은 열정을 갖고 있어 군인들이 통치해야 한다는 생각에 반대하고 있다고 믿는다. 어쨌든 한국인들 사이에는 군인들의 정치를 꺼려하는 것이 겉으로 드러날 정도로 퍼져 있는데, 이 점은 통상적으로 군사정권에서 행하고 있는 가혹한 통치를 완화시키는 데 도움이 될 것이며 상대적으로 민간정부로 빨리 복귀할 방책을 모색하는 데 일조할 것이다. 다시 말해서 이 점은 군사쿠데타 같은 정치 해결방식에 불리하게 작용할 것임에 틀림없다. 무력으로 통치한 다른 나라들의 경우에도 이러한 측면에서 언제나 그리 운이 좋지는 않았다. (404쪽)

그는 조선시대를 연구하는 사학자이지만 하버드대학의 한국학 담당교수로서 한국의 정치 현실도 외면하지 않았다. 지식인으로서의 냉철한 관찰과 비평을 하였던 것이다. 한편 그는 한국어 교재를 쓰기도 했다. 『*Elementary Written Korean* (기초 한국어쓰기)』은 와그너와 김종순의 공저로 나왔다.

한국 농어촌에 살던 미국인 인류학자

빈센트 셀던 브란트
Vincent Selden Brandt, 1924~

『*A Korean Village*(한국의 한 촌락)』(1971)
『한국의 지역사회개발』(이만갑 공저, 1979)
『한국에서 보낸 나날들*An Affair with Korea*』(2011)

1988년 봄학기 하버드대학에 방문학자로
있던 나는 옌칭연구소(Harvard-Yenching
Institute)에서 빈센트 셀던 브란트(Vincent
Selden Brandt) 박사를 몇 번 만나 잠깐씩
대화를 나누었다. 그렇지만 그가 한국을
그렇게 사랑한 학자인지는 모르고 그저 인
류학자로만 생각했다.

세월이 흘러 최근에 그의 한국체류기
『한국에서 보낸 나날들*An Affair with Korea*』(2011)을 읽고 크게 감동을 받
았다. 인류학자라서 인류를 각별히 사랑해서 그런지 모르겠지만 그는 한
국인을 친구로 여기고 깊은 정을 나누며 살았다. 또한 그림을 그려 한국풍

경을 아름답게 담아냈다.

나는 『한국을 사랑한 세계작가들』 제2권에 강화도에서 현장조사를 한 인류학자 오스굿(Cornellius Osgood)을 수록하면서 인류학이 세계의 인류를 한 가족으로 여기는 매력적인 학문분야라고 생각하였다. 지구상의 모든 인류를 사랑하고 자신과 다른 인종과 동고동락하면서 함께 살아가려는 사고방식을 우리도 어릴 적부터 심어야 하지 않을까 싶다. 외국인이 우리를 사랑하는 것을 자랑스럽게 여기고 기뻐할 뿐만 아니라 그만큼 우리도 외국인을 사랑할 줄 알아야 성숙한 민족이라 할 수 있지 않을까?

작가의 생애

빈센트 셸던 브란트(Vincent Selden Brandt)는 1924년 6월 11일 미국 로드아일랜드 주의 뉴포트(New Port)에서 태어났다. 그곳에서 고등학교를 졸업하고 1942년 하버드대학에 입학했다. 1943년부터 3년간 군복무를 마치고 1948년에 하버드대학 국제관계학과를 졸업했다. 외교관 시험에 합격하여 1949년부터 10년간 국무부 직원으로 프랑스, 한국, 대만, 일본, 워싱턴에서 근무했다. 최초의 부임지는 주프랑스 미국대사관 슈트라스부르 지소였다.

이곳에서 약 2년간 근무하다 1952년 한국으로 파견되었다. 임시수도 부산으로 첫 부임해 미국무성 경제담당부 직원으로 근무하며 '시골의 굶주림에 대한 보고서를 작성하고 구호식량 배급을 점검하는 일'을 하였다. 그는 이때를 '지프차로 외진 산골길을 돌아다니는 매력적인 일'을 하는 '평온한(halcyon) 시기'로 회고한다. 시골을 시찰하면서 게릴라들이 쏜 총탄이

석포리 마을청년들과 함께　　　　가게 앞에서 마을주민과 브란트 박사

지프차를 맞히는 위험도 겪었다. 비위생적인 한국음식을 먹지 말라는 훈령에도 불구하고 된장과 김치를 젓가락으로 먹었다. 1953년에 미 대사관이 서울로 이전하여 1954년까지 근무하였다. 미국에 귀국했다가 대만과 일본으로 전근되어 경제업무를 담당하였다. 1958년 한국여성 정희경과 결혼하였다.

　브란트는 관료생활에 염증을 느껴 1960년에 외교관 생활을 정리했다. 그해 10월부터 이듬해 5월까지 대서양 요트여행을 하고, 다시 하버드대학 대학원에 입학하였다. 석사과정에서는 동아시아지역학(East Asian Region Studies)을, 박사과정에서는 사회인류학을 전공했다. 그는 앞에서 소개한 하버드대학의 와그너(Edward Willett Wagner) 교수의 부인 김남희 여사에게 한국어를 배웠다. 대학원을 수료한 그는 1965년 한국으로 와서 연세대학교 어학당에서 한국어를 배우며 현지조사 대상지를 물색했다. 몇 주 동안 여인숙과 농장에서 숙식하며 버스를 타고 돌아다녔다.

　서해안의 농어촌 석포리에 정착한 것은 1965년 12월이었다. 100여 가구에 9백 명쯤 사는 그 마을 주민들의 허락을 구하고 그는 1966년부터 본격적으로 조사작업을 시작했다. 처음 6주일 동안 마을 주민인 이병기 씨네

막걸리를 마시는 브란트 박사와 석포리 주민들

석포리 마을청년과 배를 타고 있는 브란트 박사

사랑방에서 머물다 3백 달러를 들여 자신의 집을 짓고 아내와 아이들, 처제를 불러 생활하였다. 1967년 1월 조사를 마치고 '정신적 고향'인 석포리를 떠났다. 1969년 하버드대학에서 인류학박사 학위를 받고, 1971년에『*A Village in Korea* (한국의 한 촌락)』라는 단행본으로 출간하였다.

그는 1968년에 다시 방한하여 서울대학교에서 초빙강사로 활동하면서 사회학과의 이만갑 교수와 함께 서울대학생 4명을 데리고 서울의 판자촌을 조사하였다. 당시《선데이 서울》지 1969년 7월호는 '영천 텍사스촌의 미국인 스타―두부김치, 막걸리를 좋아하는 진짜 박사님'이라는 제목으로 보도하였다. 이 기사에 따르면, 그는 1968년 11월에 가족을 데리고 동교동에 월세집을 얻어 판자촌을 연구하기 시작했다. 판자촌 주민들과 친해지기 위해 현저동에 2만 원짜리 판잣집을 손수 짓고 1주일에 나흘간 머물렀다. 금화산 아래 '텍사스촌'의 술집에서 주민들과 어울리며 도시빈민을 연구했다. 이를 토대로 1969년 고려대 아세아문제연구소와 미국 한국학 연구합동위원회가 공동주최한 〈한국의 전통과 변천〉 세미나에서 '한국의 빈민가와 이농민'이라는 발표를 하였다.

미국으로 돌아간 그는 1969~1972년 펜실베이니아 주의 스워스모어대학(Swarthmore College)의 조교수가 되었다. 그러나 그는 학생들을 가르치는 것이 적성에 맞지 않다고 교수직을 사임하고, 하버드대학 초빙강사 및 연구원 자격으로 머물며 연구생활을 계속하였다. 한국과 계속 인연을 이어가 이만갑 교수와 새마을운동과 농촌개발사업에 대한 연구를 수행하였다. 1975년 유네스코본부의 연구사업인 〈한국 새마을운동 이론정립을 위한 비교연구〉 프로젝트의 연구위원으로 위촉되어 1980년까지 수행하였다. 이 연구를 토대로 『한국의 지역사회개발』(이만갑·브란트 공저, 1979)이라는 단행본이 출간되었다.

『한국에서 보낸 나날들』(2011) 초판본

『한국에서 보낸 나날들』 영문판 *An Affair with Korea* (2014)

1980년대에는 한국의 민주화운동에 관심을 가졌다. 1981년에 광주를 방문해 참가자들과 면담했고, 1983년과 1986~87년에는 노동운동 및 학생운동 활동가들을 면담했다. 이 무렵 탈북자들도 면담했는데, 당시 미국 CIA 한국지부가 섭외한 탈북자 몇 명과 인터뷰했다.

1992년 충남 서산 석포리의 변화를 연구하기 위해 두 달 반 동안 머물렀다. 그 경험을 적은 메모를 정리해 출간한 것이 『한국에서 보낸 나날들』(2011)이다. 2014년에 워싱턴대학출판부에서 *An Affair with Korea*라는 책으로 출간되었다.

그 후에도 한국의 정치상황이나 민주화운동에 지속적인 관심을 갖고 하버드대학 한국학연구소 등에서 주관하는 학술모임에 자주 참가하여 의견을 발표하였다. 그러나 만년에 건강이 좋지 않아 그림을 그리며 지냈다. 하버드대학 인근에 작은 주택을 구입하여 한국학연구소를 방문하는 한국의 연구자들에게 임대하며 한국과의 인연을 이어가고 있다. 현재는 버몬트 주의 퍼트니(Putney) 시에서 부인 정희경 여사와 살고 있다.

작품 속으로

『*A Korean Village*(한국의 한 촌락)』에서 브란트는 한국 촌락의 문화적 동질성을 강조하는 연구경향을 비판하고 한국촌락의 다양성을 강조한다. 또한 촌락에서 나타나는 양반문화와 평민문화의 분열과 갈등에 주목하는 기존연구들과는 달리 농촌공동체의 상호의존, 협동과 결속을 강조한다. 또한 근대화의 물결

A Korean Village(1971)
초판본

속에서 농촌사회가 다양하게 변화하는 모습을 풍부하게 묘사하고 있다.

국사편찬위원회의 해외사료총서 제24권으로 출간된 『한국에서 보낸 나날들』은 저자가 1960년대 현지조사 시절을 회고하고, 1990년대의 변화상을 묘사하고 있다. 양반마을 출신의 이병기와 평민마을 출신인 김태모 등의 주요 제보자를 비롯해 석포리 주민들이 실명으로 등장하고 그들의 가족관계와 성격 등을 가감 없이 노출하고 있다. 이 책은 『*A Korean Village*(한국의 한 촌락)』의 해설서에 해당한다. 이 책에서 저자는 "새로운 혁명적 변화가 너무 커서 문화적 충격을 받았고 '일종의 정신적 고향'에서 소외감마저 느꼈다"고 고백한다.

이 책은 14장으로 '1. 석포(1965), 2. 정착하기, 3. 애국적 여행, 4. 정착하기, 5. 섞여들기, 6. 그곳에 가기, 7. 아버지와 아들, 8. 영혼들, 9. 고기

잡이, 10. 일하면서 노는 인류학자, 11. 밀수품, 12. 고기잡이, 13. 안녕히 가세요, 안녕히 계세요, 14. 재회'의 순서로 되어 있다.

한 세대가 지난 지금 착륙을 앞두고 비행기 밖을 바라보면서 나는 마주하게 될 변화에 들떠 있다. 내가 기억하는 고요하고 평온한 장소를 다시 찾을 수 있을까? 석포사람들은 여전히 전통 예절을 진지하게 지키고 있을까? 그들이 예전과 같은 선의와 따뜻함으로 나를 환영해줄까? 비행기가 낮게 내려앉으면서 느리게 움직이는 통근시간의 차량운행으로 꽉 막힌 6차선 경인고속도로가 보인다. 지금은 익은 벼가 황금색으로 변해가는 9월이다. 그러나 이 대도시 지역에는 논이 많이 남아 있지 않다. 교외의 빌라와 아파트 단지의 대열이 마을들을 잠식하고 있고 여전히 농사를 짓고 있는 대지의 대부분은 익은 곡식이 낮은 비닐하우스로 뒤덮여 있다. 조종사들을 경고하는 반짝거리는 불빛으로 가득 찬 높이 솟은 공장 굴뚝들이 풍경을 장식한다. (5쪽)

25년 전에 살던 석포리를 다시 찾아온 심정을 브란트 박사는 14장 '재회'에서 상당히 문학적으로 서술하고 있다. 참고로 앞의 13장까지는 25년 전의 체류기의 메모들을 회상하며 적은 것이다.

25년이 흐른 1992년 9월 나는 석포로 돌아가는 길이다. 바다 위쪽으로 높이 솟은 덜컹거리는 길은 버스와 트럭이 안전하게 다닐 수 있을 만큼 보수되었다. 하루에 7대의 정기버스가 태안과 석포를 오간다. 이 가운데 한 대에 오른 나는 바다를 향해 난 창문을 통해 거의 수직으로 뻗은 90피트 아래의 바다와 바위에 부딪히는 파도를 볼 수 있다. 서쪽 수평선

위로 멀리 보이는 섬들이 여전히 신비스럽게 손짓한다. 2마일 떨어진 바다 위에 거대한 유조선이 북쪽으로 가고 있다. 내가 여러 해 전에 걸어서 이곳에 처음 왔을 때 느리지만 기운차게 바람이 부는 쪽으로 가던 낡아 빠진 갈색 돛을 단 쌍돛배를 나는 기억한다. 우리가 시끄럽게 덜컹거리며 마지막 산허리에 가까워지자 내 가슴은 부풀어 오르고 눈에는 눈물이 고인다. 나는 뜻밖에 솟구치는 강한 감정을 만끽하도록 나를 내버려둔다. (216쪽)

좋은 작가는 관찰력이 뛰어나다. 브란트는 석포리의 변화상을 눈과 귀 등으로 관찰한 대로 묘사했다. 저자의 관찰력이 돋보이는 부분을 인용해 본다.

마을 생활의 어떤 면을 보아도 연속성보다는 변화가 훨씬 눈에 띄었다. "나의" 콩밭 구석에서 소나무 사이의 바람소리와 멀리서 파도가 바위에 부딪치는 소리는 한결같았고 소를 모는 소리도 변하지 않았다. 수업을 마친 아이들의 시끄러운 소리가 들판을 가로질러 들리고 염전도 예전과 변함없다. 그러나 많은 새로운 소리가 들린다. 세 바퀴 트랙터, 배, 모터사이클, 트럭과 버스 같은 네 개의 서로 다른 엔진 소리를 구분할 수 있다. (콤바인이 작동할 때는 다섯 개) 텔레비전과 라디오에서 나는 소리가 댓집 아래 버스종점의 가게에서 언덕을 올라온다. 내 집에는 적어도 한 대 내지는 두 대의 텔레비전이 저녁 6시부터 잠들 때까지 계속 켜져 있다. 그러나 가장 끈질기고 불쾌한 소음은 개 짖는 소리다. 석포에는 집집마다 두 마리 이상의 개가 있다. 모든 개들은 개집에 묶여 있고, 낯선 사람이 오거나 마을에서 개 짖는 소리가 나거나 아니면 미천한 처지를 슬퍼하는

1966년 11월 석포리 주민들이 세운 빈센트 브란트 공적비

건지 낮이나 밤이나 돌아가면서 짖어댄다. 25년 전에는 어느 집에도 개
가 없었다. 남은 음식 찌꺼기는 집에서 기르는 돼지 몫이었다. 돼지는 중
요한 가축으로 결혼식, 장례식, 부모 제사, 환갑잔치 같은 특별한 경우에
고기를 먹기 위해 길렀다. (237쪽)

석포리에서 브란트는 과거와 달리 교회가 새로 들어선 것도 목격했다.
이 교회에서 그는 한 여인을 만나게 된다. 이와 관련해 소설처럼 흥미롭게
이야기하고 있다.

한 여성은 매끈하게 뒤로 묶은 전통 머리모양을 하고 목덜미의 머리채
에 커다란 은비녀를 꽂고 있었다. 60대쯤 되어 보이는 나이에 전통의상을
입은 이 여성은 다른 여성들보다 훨씬 멋있어 보였다. 나는 그녀를 생생
하게 기억하고 있었고 교회마당에서 그녀를 보자 깜짝 놀랐다. 그녀는

내 집 아래의 항구 근처에서 술집을 하던 아주머니인 경희 어머니였다. 어떤 때는 내 집 베란다에서 그녀가 술에 취한 손님들에게 내지른 비명소리와 고함소리를 들을 수 있었다. 또한 그녀는 악명 높은 간통녀로 남편을 함부로 모욕했고, 염전 책임자를 그의 집에서 공공연히 유혹하기도 했다. 이제 그녀는 과부가 되었고 염전 책임자도 죽었다. 그녀는 여전히 거침없고 사교적이다. 나를 교회 마당으로 들어오라고 잡아끌어 당기고는, "교회를 좀 보세요. 아름답지 않아요?"라고 말했다. 나는 신발을 벗지도 안으로 들어가지도 않고 다만 문틈으로 안을 들여다보기만 했다. 내부는 어두침침했고 싸늘했고 희미한 불빛에 잘 닦여진 마룻바닥이 반짝이고 있었다. (241쪽)

한국전쟁을 쓴 미국 역사작가
시오도어 리드 페렌바크
Theodore Reed Fehrenbach, 1925~2013

『이런 전쟁 *This Kind of War*』(1963)
『*Crossroads in Korea*(한국의 십자로들)』(1966)

한국전쟁에 관한 책 가운데 널리 알려진 것
은 앞에서 소개한 마거리트 히긴스의『자유
를 위한 희생 *War in Korea*』인데, 그 후 이에
못지않게 널리 알려진 책은 시어도어 리드
페렌바크(Theodore Reed Fehrenbach)의
『이런 전쟁 *This Kind of War*』(1963)이다. 그
런데 페렌바크는 한국전쟁에 참전했음에도
자신의 개인적 경험을 언급하지 않고 객관
적 자료들을 기초로 서술하여 이 점이 히긴스와 다르다. 어느 쪽이 더 좋은
지는 관점에 따라 달리 평가할 수 있지만, 한국전쟁에 관해 이렇게 서로 다
른 성격의 책들이 나왔으니 다행이다. 이 책에 대해 미국상원의원 존 매케인

1950년 여름, 한 미군 병사를
동료 병사가 위로해주고 있다.
(*This Kind of War*, 267쪽)

(John McCain)은 "오늘날에도 여전히 미국의 외교, 안보에 영향을 미치는 한국전쟁을 다룬 최고의 책"이라고 호평했다. 또한 미 합동참모의장이자 국무부장관을 지낸 콜린 파월(Colin L. Powell)은 "정치적 실수와 군사적 실수를 파고들며 그 실수들 때문에 피 흘리고 죽어야 하는 용감한 영혼을 가진 군인들을 그대로 보여준다"고 평했다. 이 책은 미국육군사관학교와 육군지휘참모대학에서 교과서로 읽히고 있다. 이 책은 1963년에 나왔는데, 한국어로는 2019년에야 번역되었다. 아무튼 이 책과 저자를 소개할 수 있어 기쁘다.

1950년 폭격과 포격으로 폐허가 된 대한민국의 작은 마을. (*This Kind of War*, 279쪽)

작가의 생애

————

시오도어 리드 페렌바크(Theodore Reed Fehrenbach)는 1925년 1월 12일 미국 텍사스 주 샌 베니토(San Benito)에서 태어났다. 텍사스와 로스앤젤레스에서 어린 시절을 보내고 프린스턴대학에 다니다 제2차 세계대전이 일어나자 학업을 중단하고 육군 공병부대 부사관으로 입대하였다. 육군 중위로 전역하고 복학하여 1947년에 프린스턴대학을 졸업하였다.

1950년에 한국전쟁이 일어나자 육군 72전차대대 소속으로 참전하였다. 72전차대대에서는 소대장과 중대장을 거쳐 중령까지 진급하였다. 전역 후 1954년에 텍사스 주 샌 안토니오에 살면서 15년 동안 보험업에 종사하면서 소설을 쓰고 신문과 잡지에 기고하였다. 모두 20권의 저서를 출간하였다.

1983년부터 2001년까지 텍사스 역사위원회 위원으로 활동했으며, 1987년부터는 위원장을 맡았다. 텍사스 역사위원회는 그의 공을 인정하여 페렌바크 출판상을 제정하였다. 2013년 12월 1일 샌 안토니오에서 88세로 사망하였다.

작품 속으로

페렌바크는 1963년에 두 번째 책으로 『이런 전쟁 *This Kind of War*』을 출간해 작가로서 널리 인정받았다. 1966년에는 『*Crossroads in Korea*(한국의 십자로들)』를 내어 미군과 프랑스 대대가 지평리 일대에서 1951년 2월 중공군의 공세를 성공적으로 격퇴한 지평리 전투를 집중 조명하였다.

『이런 전쟁 *This Kind of War*』은 한글판으로 823쪽에 이르는 방대한 저서이다. 이 책은 3부로 되어 있는데, 제1부 개전(beginning)에는 '서울의 토요일 밤, 이토 히로부미의 범죄, 전쟁을 일으키기 위해서, 채병덕 장군의 계획, 대참사, 유엔이란 망토'가 수록되었고, 제2부 전투(Battle)에는 '스미스 특수임무부대, 사라진 A중대, 대전(大田), 퇴각, 방어선, 소방대, 낙동강에서의 죽음, 전세 역전, 서울 수복, 설욕, 달콤한 승리, 꿈의 나라에서, 군우리, 죽음의 계곡으로, 공포의 밤, 장진호, 지평리, 비통하다 카이사르, 자랑스런 군

This Kind of War
(1963) 초판본

Crossroads in Korea
(1966) 초판본

단, 글로스터 고지, 죽음의 계곡, 5월 학살'이 수록되었으며, 제3부 실책(Blundering)에는 '정전회담, 피의 능선, 단장의 능선, 교착상태, 철조망 너머, 좌절, 거제도, 화장지 20개 그리고 머큐로크롬 1리터, 여름·겨울·봄 그리고 가을, 마지막 봄, 휴전, 교훈'이 수록되었다. 이어서 연표와 한국전쟁에 사용된 주요 무기 설명이 이어진다.

방대하면서도 세밀한 서술이 돋보이는 이 책은 한국전쟁을 미국의 관점에서 바라보고 분석한 종합적인 역사서이며 '전쟁을 준비하지 않은 미국'을 되돌아보게 하는 미국판 징비록(懲毖錄)이라 할 수 있다. 치열한 전쟁에서 생사를 가르는 군인들의 용기, 시련, 희생, 실수 등과 관련된 많은 사례들을 자세히 서술하고 있다. 서문에서 저자는 이렇게 말한다.

무엇보다 한국전쟁은 힘을 시험한 전쟁이 아니라 의지를 시험한 전쟁이었다. 쌍방 중 누구도 전력을 다해 싸우지 않았기 때문이다. 이 전쟁은 서방이 공산권 지도부의 야망과 의도를 오판했다는 것을 보여주었고, 공산권 지도부가 서방에 대해 가진 적대감이 얼마나 강렬한지를 분명히 드러냈다. 자신들의 침략이 불러올 반응을 평가하는 데서 공산권이 크게 실수했음 또한 이 전쟁으로 증명되었다. (중략) 전투가 시작되고 명확한 결론 없이 휴전하게 되었을 때 양측은 각자 귀중한 교훈을 안고 고향으로 돌아갈 수 있었다. 공산권은 미국을 위시한 자유진영이 새로운 상황에서 혼란에 빠지지 않은 채 빠르고 실제적으로 대응할 의지가 있다는 것을 배웠다. 미국과 유럽의 대중들은 제2차 세계대전이 끝난 뒤의 세상은 바라던 바대로 즐거운 곳이 아니라는 점, 폭격기, 항공모함, 핵탄두만으로는 말끔하게 질서를 유지할 수 없다는 점, 그리고 공산주의의 위협을 무시하면 극단적인 위험을 감수할 수밖에 없다는 사실을 배웠다. 양 진영은 모

두 이 전쟁의 결과에 만족하지 못했다. 그러나 희망적이게도 신중해야 한다는 평범한 교훈을 배웠다. (8쪽)

한국전쟁이 발발하자 북한군이 순식간에 서울까지 밀려왔는데, 이승만 정부는 이들의 진격을 막기 위해 육군 공병대에 서울 한강 인도교를 폭파하라고 명했다. 이 책은 이 사건에 대해 이렇게 적고 있다.

미 군사고문단 장교인 헤즐렛(Hazlett) 대령과 하우스만 대위는 자정쯤 수원까지 이동해서 도쿄와 통신을 구축했다. 두 사람이 지프차를 타고 다리를 막 건너고서 하우스만 대위가 자신의 손목시계를 봤을 때가 02시 15분이었다. 그 순간 한강인도교가 폭파되었다. 칠흑 같은 밤을 가르며 오렌지색 불길이 치솟았고 땅이 흔들렸다. 귀를 찢는 소리와 함께 한강 남쪽의 경간(徑間) 2개가 소용돌이치는 검은 물속으로 떨어졌다. 폭발로 민간인과 군인 몇 명이 죽었는지 또는 몇 명이 비명을 지르며 한강에 빠져 익사했는지 알 수 없을 것이다. 가능한 대로 추산해보자면 1천 명에 가까울 것이다. 한강인도교 위로 모여든 사람들에게 아무 사전 경고가 없었다. 이후 육군 공병감(역자주: 최창식 대령)은 군법회의에 회부되어 재판을 받은 후 책임을 물어 총살형을 당했다. 하지만 이승만 정부의 누구도 육군에 한강 인도교를 파괴하라고 명령한 국방차관은 문제 삼지 않았다. (중략) 6월 28일, 오직 오합지졸만이 한강 남부를 방어하고 있었다. 육군 본부는 25일에는 9만 8천 명이던 장병 중에서 겨우 2만 2천 명만 생존을 확인할 수 있었다. "미국 밖에 존재하는 최강의 육군"이라 불리던 대한민국 육군은 그저 패배한 정도가 아니었다. 말 그대로 격멸되었다. (106쪽)

이처럼 객관적인 서술이 8백여 페이지를 채우고 있는데, 끝으로 전쟁이 교착상태에 빠지고 3년을 끈 휴정과정을 거친 마지막 대목을 인용하겠다.

갯벌이 가득한 서해에서부터 차가운 회색빛 동해까지 접촉선을 따라 서로 마주보는 군대는 2킬로씩 물러나 합의한 대로 비무장지대를 만들었다.

(중략)

새로운 봄이 오고 이 봄이 아마 두 번쯤 지나면 소나무, 개나리, 그리고 야생 자두가 녹슨 철조망과 포탄의 파편 사이로, 그리고 썩어가는 사람의 뼈 사이로 싱싱한 푸른 잎을 뻗어 올리며 다시 자랄 것이다. 이 고지들에서 싸웠던 군인들을 빼면 이 고지들은 곧 잊혀질 것이다.

휴전협정이 체결되고 잉크가 마르기도 전에 이 고지들 북쪽에서는 휴전협정을 위반하는 일들이 벌어졌다. 새로운 병력, 새로운 무기, 새롭고 현대적인 항공기들이 압록강을 넘어 쏟아져 들어와서 산 속에 깊이 자리 잡은 새로운 요새화된 기지로 들어갔다. 이 무기들이 언제 쓰일지는 아무도 몰랐다.

휴전선 남쪽에서는 한국군과 소수의 미군만이 불편하게 야간에 보초를 섰다. 사람들이 모두 잊은 이 야간 보초가 언제 끝날지 보이지 않았다. 한국전쟁은 선전포고도 없었고 결코 끝나지도 않았다. 200만 명이 죽었다. 계획에 없던 교전에서 미 육군과 공군 4만 명이 사망했다. 가장 멀리 있는 전선을 지켰다는 것을 빼고는 승리도 이익도 없었다. 엄청난 비용을 치르고 짧은 시간을 벌었다. 세계의 자유국민들이 어떻게 생각하는가에 따라 이 시간이 잘 쓰일 수도 아닐 수도 있을 것이다. (798~799쪽)

한국학을 프랑스에 탄탄히 심어놓은

다니엘 부셰

Daniel Bouchez, 1928~2014

『*Maurice Courant*(모리스 쿠랑)』(1983)

『*le Namjŏng ki , Mémoires du Centre d'études coréennes*(사씨남정기)』(1984)

『*Histoire de la litterature Coreenne*(한국문학사)』(2002)

『『콜랭 드 플랑시 문서철』에 새겨진 젊은 한국학자의 영혼』(2013)

프랑스의 모리스 쿠랑(Maurice Courant, 1865~1935)은 『직지심체요절』을 유럽에 처음 알린 『한국서지』의 저자인데, 한국의 옛 서적들을 세계에 널리 알린 인물이자 한국학을 개척한 선구자이다. 이런 모리스 쿠랑의 평전을 쓴 작가가 있다. 바로 다니엘 부셰(Daniel Bouchez) 박사이다.

부셰는 『*Maurice Courant*(모리스 쿠랑)』이라는 책을 썼는데, 그도 쿠랑처럼 『사씨남정기』 등 한국의 옛 서적들을 프랑스어로 번역 소개하였다. 프랑스

Legion of Honor 시상식. 연구업적으로 훈장을 받는 부셰 박사(2007년 9월 20일)

학술원의 연구부장으로 유럽한국학회(AKSE)의 회장으로 활동한 그는 평생 동안 한국의 문인 김만중을 집중적으로 연구하였는데, 한국을 사랑하여 한국 여성과 결혼까지 했다.

　나는 그를 1978년 파리에서 열린 유럽한국학회에서 처음 만났는데, 어쩐지 성직자 같은 분위기를 느낄 수 있었다. 아직 박사과정 중의 유학생으로 길게 얘기를 나눌 처지는 못되었고, 참 좋은 학자이시구나 하는 인상만 가졌다. 그 후 역시 그가 많은 연구업적을 낸 학자라는 사실만 알고 만날 기회를 갖지 못했는데, 이 책을 쓰면서 생애와 업적을 보니 매우 매력적인 인물이다.

작가의 생애
———

　다니엘 부셰(Daniel Bouchez)는 1928년 11월 21일 프랑스에서 태어났다. 1950년 릴(Lille)대학 철학과를 졸업하고, 1955년 파리의 가톨릭 연구

프랑스-한국 문화상 시상식(2002).
왼쪽부터 조동일, 부셰, 장재룡 대사, 에스라 주, 페트리시아 솔리니

소에서 연구했다. 1957년 로마의 그레고리안대학교에서 신학과를 졸업했다. 한국에서 많은 순교자를 낸 파리외방전교회 소속 수도자로 1958년 한국으로 파견되어 서울의 가톨릭신학대학에서 학생들을 가르치며 살았다.

한국에서 수녀인 한국여성(김준엽 전 고려대 총장의 처제)과 만나 결혼까지 하게 되었다. 이때부터 성직자를 그만두고 학자의 길을 걸어 한국의 문인 김만중(1637~1692)을 집중적으로 연구하였다. 이 연구로 1975년에 파리대학에서 동양학으로 문학박사 학위를 받았다. 1972년에 프랑스학술원(CNRS) 회원이 되어 평생 동안 연구활동을 하였고, 1986년부터 1994년까지 연구부장으로 있었다. 또한 1971년부터 1993년까지 파리 7대학 동양학부 교수로도 재직했다. 1986~88년에는 유럽한국학회(AKSE)의 회장이었다.

2014년 4월 17일 프랑스 에손느(Essone)에서 별세하였다. 부인 민-부셰 여사와 수의과의사인 아들이 프랑스에서 살고 있다.

작품 속으로

모리스 쿠랑(Maurice Courant)의 뒤를 이은 프랑스의 한국학자 부셰의 업적은 크게 세 가지로 볼 수 있다.

첫째는 김만중의 『사씨남정기』의 번역서 및 해설서를 낸 것이다. 『*le Namjŏng ki , Mémoires du Centre d'études coréennes*(사씨남정기)』는 237페이지로 1984년 파리에서 출간되었다.

le Namjŏng ki ,
Mémoires du Centre
d'études coréennes
(1984) 초판본

둘째는 유럽한국학회(AKSE) 회장으로 활동하면서 『*Twenty Papers on Korean Studies*(한국학 논문 20편)』를 발간했다. 이 책은 414페이지로 1989년 출간되었다.

셋째는 모리스 쿠랑에 대해 연구해 『*Maurice Courant*(모리스 쿠랑)』을 출간했다. 이 책은 293페이지로 1983년 출간되었다.

넷째는 서울대 국문학자 조동일 교수와 『*Histoire de la litterature Coreenne*(한국문학사)』를 방대한 분량의 단행본으로 냈다. 이 책은 1919년 이후의 현대 한국문학사를 서양인들에게 소개하고 있다.

안타깝게도 부셰의 책들은 한국어로 많이 번역되지는 않았다. 하지만 2017년에 소명출판사에서 부셰가 쓴 『*Maurice Courant*(모리스 쿠랑)』과 모리스 쿠랑의 서한 등을 수록하여 『『콜랭 드 플랑시 문서철』에 새겨진 젊은 한국학자의 영혼』이라는 책을 출간하였다. 이 책은 2013년 프랑스

다니엘 부셰

외무부 문서고에 보관되어 있던 모리스 쿠랑의 서한
문을 입수한 부산대 인문학연구소·점필재연구소와
콜레주 드 프랑스 한국학연구소가 공동작업해 출간
한 책이다. 여기서는 이 책을 소개할까 한다.

우선 이 책을 펴내게 된 이유를 밝힌 발간사부터
살펴보자.

『『콜랭 드 플랑시
문서철』에 새겨진 젊은
한국학자의 영혼』
(2013) 초판본

> 우리가 부셰 교수가 쓴 쿠랑의 전기, 또한 그가 발굴
> 한 쿠랑의 서한문을 엮어 이렇게 출판한 이유는 쿠랑의
> 초상을 복원하며 이를 기념할 필요가 여전히 남겨져 있
> 기 때문이다. 쿠랑을 '한국학의 선구자'로 인식하고 그
> 의 한국학 저술을 살피게 된 가장 큰 계기가 쿠랑을 잇
> 는 또 다른 재외의 한국학자, 부셰 교수의 논문이었음
> 을 기억할 필요가 있다. 부셰 교수는 한국과 프랑스 양
> 측에 묻혀져 있던 쿠랑이란 존재를 발굴했으며 쿠랑의
> 초상을 '한국학의 선구자'로 재조명하고 그의 한국학
> 논저를 집성하여 학계에 널리 알린 가장 큰 공헌자이
> 다. 하지만 우리는 부셰 교수의 성과를 얼마나 잘 계승
> 하고 있으며, 그가 복원해낸 쿠랑에 대한 기억을 얼마
> 나 잘 발전적으로 계승하고 있는 것일까?(4쪽)

Histoire de la litterature
Coreenne (2002)
초판본

이 책은 318쪽이고 2부로 되어 있다. 제1부에는 다니엘 부셰 교수의
'모리스 쿠랑 평전'이 수록되어 있다. 부셰 교수는 쿠랑이 남긴『한국서지』
를 비롯한 그의 한국학자로서의 성과를 소개하였고, 그의 삶에 대해 매우 생생하게 묘사하였다. 이 책은 모리스 쿠랑의 한국학 저술을 읽을 때 반드시 참고해야 할 책이다.

제2부에는 모리스 쿠랑이 주한프랑스공사 플랑시에게 보낸 서한문이 수록되어 있다. 이 서한문은 원래 프랑스 파리의 외무부 문서고에 잠들어 있었다. 2013년에 이 자료를 입수한 부산대학교 인문학연구소·점필재연구소는 모리스 쿠랑이 플랑시에게 보낸 육필 서한 33종을 콜레주 드 프랑스 한국학연구소와 공동으로 번역하여 이 책에 담았다.

이 책의 제2부에는 쿠랑이 플랑시에게 1891년 7월 31일부터 1921년 4월 24일까지 한국과 중국, 일본, 프랑스에서 보낸 서한문이 실려 있다. 이 서한문을 통해 쿠랑이 얼마나 한국학 연구에 매진하고 『한국서지』를 집필하고 싶어 했는지를 잘 알 수 있다. 더 나아가 또 다른 한국학 저술을 기획하고 한국의 고전들을 세계에 알리려는 그의 간절한 바람이 담겨 있다.

〈코리아 타임즈〉의 칼럼니스트이자 정치학자

데이비드 I. 스타인버그

David I. Steinberg, 1928~

『*The Republic of Korea: Economic Transformation and Social Change*

(한국, 경제변화와 사회변화)』(1989)

『*Stone Mirror: Reflections on Contemporary Korea*

(돌거울, 현대 한국에 대한 반성)』(2002)

『*Korean Attitudes Toward the United States: Changing Dynamics*

(미국에 대한 한국의 태도)』(2004)

나는 1960년대에 대학을 다닐 때 데이비드 I. 스타인버그(David I. Steinberg) 라는 이름을 비교적 자주 들었다. 그때 그가 아시아재단(Asia Foudation) 책임자 로 있었기 때문에 그를 통해야만 미국의 지원을 받을 수 있다는 이야기가 나돌았 다. 그 후 이름조차 잊어버리고 살았는 데, 한국에 온 백계 러시아인들(white Russians) 중 유대인에 대해 관심을 가지

2013년 10월 랑군의 미얀마 평화센터에서 연설하는 스타인버그

게 되어 가깝게 사시던 언론인 동촌(東村) 김용구(1929~2019) 선생에게 말씀드렸더니 "스타인버그 교수에게 물어보면 좋을 것"이라고 하셨다. 그래서 미국에 간 길에 조지타운대학으로 전화를 해서 잠시 그와 통화를 나눈 일이 있다. 알고 보니 그는 동촌 선생과 동서지간이 되는 분이다. 즉 동촌 선생의 부인은 이경숙 교수(서울대 음대 교수)이고, 스타인버그 교수의 부인은 이경숙 교수의 동생인 이명숙 여사이다. 이러한 가족관계 덕분에 동촌 선생이 세계지성을 가진 언론인이 되었고, 스타인버그 교수가 친한파 학자로 명성을 떨치게 되지 않았나 싶다.

후에 서울대 도서관에서 스타인버그의 저서들을 읽고 그가 얼마나 한국을 사랑하고 속속들이 관찰하여 글로 썼는지를 알고 새삼 놀랐다. 그의 이름 스타인버그(Steinberg)는 원래 독일식 이름인데 '스타인'은 '돌(石)'이고 '버그'는 '산(山)'이다. 이런 이름을 가진 저자가 책이름을 '돌거울(Stein Mirror)'이라고 지은 것부터가 재미있고 사려 깊다고 생각되었다. 그는

1960년대에 한국인과 한국문화를 재발견하게 한 이어령의 『흙 속에 저 바람 속에』를 *In This Earth and in That Wind: This is Korea*라는 번역서로 내기도 했다. 말하자면 한국인이 자신의 모습을 재발견하는 데에 기여한 외국인 지성인이다.

작가의 생애

———

데이비드 I. 스타인버그(David I. Steinberg)는 1928년생으로 다트머스(Dartmouth)대학과 중국의 광둥에 있는 링난(Lingnan)대학교, 하버드대학교, 런던대학교의 소아스(School of Oriental and African Studies)에서 수학했다. 1963년부터 1968년까지 서울의 아시아재단에서 책임자로 있었고, 1994년부터 1997년까지 재차 재임하였다. 그는 미국무성의 국제개발처, 즉 유세이드(USAID)에 근무하면서 아시아와 중동을 개발하는 데 참여하였다. 그 후 버마와 홍콩에도 체류하였고, 특히 버마연구가로서도 명성이 높다. 현재는 워싱턴의 조지타운대학교에서 교수 겸 아시아연구소 소장으로 활동하고 있다. 20권이 넘는 책을 썼는데, 한국에 관한 책은 3권이고 편저한 책들도 있다.

부인은 한국인 성악가 이명숙 여사이고, 손위 동서는 언론인 동촌 김용구(1929~2019) 선생이다.

그는 1960년대와 1990년대에 아시아재단 한국지부 대표를 역임하면서 교육, 민주주의 개혁, 문화, 공공정책 및 국제관계 분야를 발전시켰다. 2017년 6월 28일부터 7월 4일까지 한국을 방문하여 아시아재단우호협회 리셉션에서 아시아재단과 한국의 개발에 기여한 공로를 인정받아 공로패

김용구의 출판기념회에 참석한 스타인버그 내외

를 받았다. 아시아재단우호협회 리셉션에서 연설한 후 아시아재단 한국지
부 직원들과 루스재단 장학생들과 더불어 양화진의 서울외국인묘지공원을
방문하여 한국지부의 초대 대표인 필립 로우(Phillip Rowe)의 묘비 제막식
에 참석하였다. 한국개발연구원(KDI) 박물관에서 인터뷰를 하고 KDI국제
정책대학원에서도 강연하였다.

작품 속으로

───

『*Stone Mirror: Reflections on Contemporary Korea*(돌거울)』(2002)는 아
직 한국어판으로는 나오지 않았는데, 국판 298쪽에 이르는 칼럼집이다. 나
는 이 책을 서울대 도서관에서 빌려 읽었는데, 이 책은 저자 스타인버그가
"To Mary and Yongkoo with Love"라고 친필 사인하여 선사한 책을 이경

숙 교수가 2006년에 정년퇴임하면서 기증한 책이다.

이 책은 모두 10장으로 '1. 한국의 습속과 관습, 2. 의례와 전통, 3. 음식과 예절, 4. 풍경과 미학, 5. 교육, 언어와 미디어, 6. 한국정치, 7. 한미관계, 8. 북한과 통일, 9. 국제관계, 10. 에필로그'로 되어 있다.

저자는 2002년 7월 메릴랜드의 베세스타 (Bethesda)에서 쓴 서문에서 이 책에 실린 칼럼들은 1963년 처음 한국에 아시아재단 책임자로 왔을 때 《코리아 타임즈》의 요청으로 썼다고 밝히고 있다. 그 무렵 이어령의 『흙 속에 저 바람 속에』를 번역하면서 한국인이 아닌 외국인으로 보고 느낀 것을 적는 것도 뜻있을 것이라 생각했다고 회고한다. 칼럼 제목을 독일어 '슈타인'이 돌이라 돌거울, 즉 석경(石鏡)이 떠올랐다 한다. "헨리 소로우(Henry Thoraeu)의 『월든 Walden』의 첫 문장은 9개의 콤마를 찍었지만 나는 소로우가 아니며 짧게 간단히 쓰려고 작심한다." 1995년부터 시작해 240개의 칼럼을 매주 발표했다. 때로는 한국에 대하여 비판적으로 쓴 것도 있지만 한국을 싫어하거나 정치적 편들기를 위해 한 일은 없었다고 술회하고 있다. 민족성(national character)연구는 원래 제2차 세계대전 때 고안되었는데 이미 상당히 불신을 받고 있다고 지적한다. 그러면서도 "역사는 반복되지 않지만 자주 되울린다(History does not repeat itself, it often rhymed)"는 마크 트웨인(Mark Twain)

The Republic of Korea (1989) 초판본

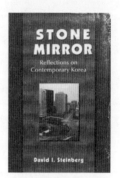

Stone Mirror (2002) 초판본

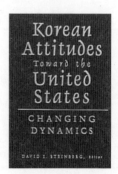

Korean Attitudes Toward the United States (2004) 초판본

의 말을 인용한다. 8년간 한국에 살고 떠나면서 50년 전 인류학자 오스굿(Cornelius Osgood)이 미국인들이 그렇게도 모르는 한국만큼 중요한 나라도 없다고 말했지만 지금은 박사논문들과 연구서들이 대량 쏟아져 나오는 나라가 된 것을 기뻐한다고 적었다. 그리고 부인 이명숙과 가족들을 포함해 친교를 나누었던 한국인 친구들에게 감사를 표시하고 있다. "이 책은 내 뜻을 이해하고 새 세기에는 보다 좋은 나라가 되기를 바라는 모든 한국인들에게 바친다"고 끝낸다.

실로 이 책을 읽어보면 다루는 이야깃거리가 엄청 많다. 한국인의 현금주의, 명분, 386세대, 나이먹기, 여름 즐기기, 검정색 차, 이태영과 한국여성, 유교적 습관 벗기, 유모어의 심각성, 선물주기, 한국음식과 세계화, 벼, 시각 오염, 엘리트와 대학, 한국의 신문, 교육과 교수, 한글의 로마자화, 정보의 생략, 정치적 정통성, 권력과 비례대표, 이데올로기와 정통성, 스캔들과 시민사회, 민족주의, 검열제, 개인권과 집단권, 한미관계, 북한과 남북통일, 국기와 스포츠, 국제회의들, 한국과 일본의 영향, 민족주의와 IMF, 외국인의 유용성, 20세기의 한국, 질주하는 한국 등등. 그리고 그의 친구이자 한국 전문가인 그레고리 헨더슨(Gregory Henderson)이 1998년 10월 16일에 불의의 사고로 사망하자 바로 그를 추모하는 글도 발표하였다(헨더슨에 관하여는『한국을 사랑한 세계작가들』제2권 247~257쪽 참조)

이 책의 마지막 칼럼은 1997년 6월에 쓴 "마지막 거울 속의 모습에 대하여 On the Reflection in the Last Mirror"이다. 그는 서울의 한 안락한 레스토랑에서 앞뒤로 비치는 큰 거울 앞에 앉자 식사를 하는 자신의 모습을 보면서 한국에서 왜 영어로 칼럼을 발표해왔는가를 자문한다. 많은 한국인들이 영자신문을 보지 않는 줄 알면서도, 어쩌면 혼자서 나르시스적 취미를 즐기는 것처럼 느끼면서도 계속 칼럼을 써온 날들을 회상한다. 이 글을 쓰고 그는 한국을 떠나 워싱턴으로 돌아갔다. 그렇지만 다시 한국에 왔고 부정기적이지만 칼럼쓰기는 계속되었다.

『*Korean Attitudes Toward the United States*(미국에 대한 한국의 태도)』는 2004년 런던에서 발간되었다. 한미관계에 관한 19편의 논문이 실려 있는데, 이 책의 편집인은 스타인버그로 되어 있다. 이 책은 4부로 구성되었다. 제1부는 세계적 지역적 비교적 관점, 제2부는 구조적 전략적 현상, 제3부는 동맹적 전망, 제4부는 시민사회적 관점인데, 특히 한국에서의 반미주의 (Anti-Americanism)에 대한 설명이 실려 있다.

한국 여성들과 친한 독일 여성 시인이자 신학자

도로테 죌레

Dorothee Sölle, 1929~2003

『고난 *Suffering*』(1975)

1970년대 후반 독일 유학시절에 나는 어떤 독일 친구로부터 도로테 죌레(Dorothee Sölle) 의 『*Die Abreise*(여행 떠나기)』라는 책을 선물 받았다. 여성 신학자이자 문학가로 명성을 떨친 그녀를 생각하며 이 책을 읽었다. 그 후 죌레가 1998년에 한국에 다녀간 줄도 몰랐 고, 2003년에 작고한 줄도 몰랐다.

인터넷을 검색하다 우연히 함부르크에 있 는 죌레기념관과 그곳에 한국의 위안부 소녀상이 전시된 사진이 올라와 있 는 것을 보고 놀랐다. 도서관에서 찾아보니 죌레의 책들은 상당히 많이 한 글로 번역되어 있다. 죌레가 한국에 대해 쓴 단행본은 눈에 띄지 않았지만 그녀는 한국에 다녀갔고, 한국에서 좌담한 내용이 실린 잡지도 있다. 그녀를 기념하는 함부르크의 쫠레기념관에 한국의 위안부 소녀상도 전시되었으니, 이 책에 소개하고 싶다. 특히 국내 여성신학자들에게 쫠레는 여전히 중요한 인물이므로 그녀의 생애와 책을 소개하고 싶다.

작가의 생애

도로테 쫠레(Dorothee Sölle)는 1929년 9월 30일 독일 쾰른에서 태어났다. 아버지는 쾰른대학의 저명한 노동법 교수 한스 칼 니퍼다이(Hans Karl Nipperdey, 1895~1968)로 나치스에 협력하였고, 후일 연방노동법원 원장까지 지낸 명사였다. 그리고 오빠 토머스 니퍼다이(Thomas Nipperdey, 1927~1992)는 후일 저명한 역사가가 되었다. 도로테는 쾰른대학에서 신학, 철학, 문학을 공부하고, 신학과 문학의 관계에 관한 논문으로 신학박사 학위를 받았다.

도로테 쫠레는 안네 프랑크(Anne Frank)와 동갑인데, 『안네의 일기』를 읽고 독일민족의 죄악에 크게 충격을 받았다. 그녀의 '아우슈비츠 이후의 신학'은 정통신학이 강조하는 신이 전지전능하다는 주장을 과감히 파괴시켰다. 점점 정치에 관심을 갖고 베트남전쟁을 반대했다. 개발도상국가에서 나타나는 사회적 문제, 특히 부정의에 관심을 보였다. 1968년부터 1972년까지 쾰른에서 정치적 밤기도(Politisches Nachtgebet)를 주관했다.

미국 뉴욕의 유니온신학교에서 6개월간 조직신학을 강의했다. 독일에서는 신학교수가 못 되었지만 1994년 함부르크대학에서 명예교수가 되었다.

많은 책을 집필하였는데, *Theology for Skeptics: Reflections on God* (1968), *The Silent Cry: Mysticism and Resistance* (1997), 자서전 *Against the Wind: Memoir of a Radical Christian* (1999) 등을 내었다. *Beyond Mere Obedience: Reflections on a Christian Ethic for the Future*에서는 '기독교파시스트 (Christofascist)'라는 용어를 만들었다. 가장 널리 알려진 책은 '기독교 사디즘(Christian sadism)'과 '기독교 마조히즘(Christian masochism)'을 비판한 『고난 *Suffering*』이다. 그녀는 "신은 전지전능하며 보다 높은 목적을 위해 고통을 준다"는 기독교 신앙을 비판하였다. 그리고 "인간은 억압과 성차별과 권위주의에 대항해 싸워야 한다"고 주장했다.

1954년에 화가 디트리히 죌레(Dietrich Sölle)와 결혼하여 세 아이를 낳고 1964년에 이혼했다. 1969년에 베네딕트 사제였던 풀베르트 스테펜스키(Fulbert Steffensky)와 재혼하여 넷째 아이를 낳았다.

죌레는 2003년 4월 27일 괴핑겐(Göppingen)에서 열린 학회에 참석하

아버지 한스 니퍼다이   오빠 토머스 니퍼다이

던 중 심장마비로 사망했다. 쫄레의 책을 번역하고 한국에 많이 소개한 정
미현 박사는 2005년 11월에 함부르크 엘베강가에 있는 그녀의 무덤을 방
문하고, 그 소감을 번역서『신비와 저항』의 역자후기에 적었다.

작품 속으로
———

쫄레의 책 중에서 한국어로 번역된 것은『고난』,『노동과 사랑』,『나를
따르려면』,『환상과 복종』,『현대신학의 패러다임』,『말해진 것보다 더 많이
말해져야 한다』,『신비와 저항』,『땅은 하나님의 것이다』,『다른 행복의 권
리』 등이 있다. 이렇게 많이 번역되었으니, 그녀와 한국은 깊은 관계를 맺고
있다고 볼 수 있겠다.

쫄레의 책들은 많이 번역되어 있으니, 관심 있는 독자들은 책을 직접 읽
어보시기 바란다. 다른 작가들과는 달리 여기서는 책의 인용문을 소개하

Suffering (1975) 초판본

는 대신 작가가 우리에게 해준 말들을 소개하겠다. 1998년에 죌레가 한국을 방문했을 때 좌담회에서 한 말들을 인용해 보겠다. 우선 그녀는 왜 대학교수가 되지 못했느냐는 질문에 이렇게 답했다.

독일의 신학대학은 달라요. 나는 4명의 자녀를 가진 전형적인 여자의 운명을 겪었습니다. 여러 가지 일을 하며 직장과 가정을 들락날락했고, 대학에서 강의도 했고, 교수자격까지 취득했지요. 두세 번 교수자리에 지원을 했지만 매번 거부당했어요. 원인은 정치적 좌파다, 정부가 반대한다는 것이었어요. 몇 년 전 함부르크대학에서 명예박사 학위를 주려고 했는데, 다른 학부에서 거절했어요. 이에 대해 슬퍼해야 하는지는 잘 모르겠어요. 나는 스스로 자유기고가로 생각하고 있어요. 키에르케고르는 언제나 내게 규범이었는데, 그도 자유기고가로 활동했었지요. 나는 내 운명에 만족합니다.

또한 죌레는 자신의 정체성에 대해 이렇게 토로했다.

비주류 교회파가 나 때문에 생겼다고 했어요. 저는 사탄으로 낙인찍히기도 했어요. "죌레에게 가서 횔레(지옥)에나 가라"는 말이 다 만들어졌으니까요. 이들은 별 변화 없이 이 정도의 수준에 머물렀어요. 내 책은 한 줄도 읽지 않고요. 옛 동독의 한 친구 목사가 하루에 한 번 기도회를 갖자고 해서 성찰과 명상을 위해서는 세 번의 기도회를 갖자고 했는데, 그 말을 듣고 "죌레는 무신론자가 아니냐, 어떻게 그런 말도 하느냐?"고 물었다 합니다. 본(Bonn)대학에서 한 여학생이 나에 대해 논문을 쓰겠다고 하니까 담당교수가 쬘레는 아주 경건한 사람이지만 학문적으로는 볼 것 없는 사람이라고 했답니다. 이것은 내게 새로운 것이지요.

쬘레는 신학을 찬송, 춤 등을 통해 실천하는 새로운 신학을 시도했다. 그녀는 하나님에 대해 이야기할 때는 랍비처럼 이야기를 하듯 해야 한다고 주장했는데, 신학보다 자유분방하게 이야기할 수 있는 문학에 관심을 보이게 되었다고 말했다.

그 점에서 나는 유대교에 가까워졌어요. 유대교는 교리를 발전시키지 않아요. 교리를 만들어 설명하고, 이에 입각해서 처벌, 화형하는 식의 교리가 없어요. 이야기를 전하는 것이 중요하다고 생각하지요. 내가 19살 때 기독교−유대교의 만남을 체험했어요. 많은 것을 배웠지요. 1960년에 마르틴 부버(Martin Buber)를 방문했을 때 나를 신학자라고 소개했어요. 그랬더니 그가 Theo-logie? 어떻게 하는 것인가요? 하나님에 대해 논한다는 것(logie)은 없잖아요? 이렇게 반문했습니다. 그 후 나는 이 점을 늘 생각하였습니다. 하나님에 대해 이야기하는 것은 두 가지가 있습니다. 그중 하나는 그냥 이야기를 하는 것이지요. 아까 그 랍비처럼 말이에요. 이를 배우고 연습해야지요. 20세기 초에 위대한 시인 릴케가 『*Geschichte vom lieben Gott*(사랑하는 하나님 이야기)』라는 책을 썼어요. 좋은 책입니다. 문학에서는 가능하고 신학에서는 안 된다니까 참 웃기는 일이지요.

쬘레는 신학자이지만 종종 불교적인 관점을 견지한다는 평가를 받아왔다. 이와 관련해 질문을 받자 "자신의 관점이 불교에 가깝다"고 스스로 인정했다. 그러면서도 "속세를 떠나는 것에 대해서는 회의적"이라고 답했다. 한국에서의 소감을 묻는 질문에 대해여는 이렇게 답했다.

> 나는 해방신학의 일종인 민중신학에 대한 호기심과 한국에서의 여성신학에 대한 관심을 가지고 왔습니다. 한국에서 가장 인상적인 것은 학생들이 굉장히 활기차고 좋은 질문을 가지고 있다는 것입니다. 현재의 세계정세, 세계화, 또 이를 수반하는 문화적, 경제적 정의에 대한 질문들이 마음에 들어 매료되었습니다. 내가 보기엔 요즘 독일 대학생의 수준을 능가하는 것 같아요. 더 활기차고 개방적이며 대화로 대결하는 것을 봤어요. 특히 대학원생들이 인상적이었는데 내게는 중요했어요. 아마 내가 독일대학에서 가르치지 않아서 받은 개인적인 느낌일지 모르겠습니다. 독일에서 나는 초보자들인 초등학교, 고등학교 학생들과는 충분한 교류가 있지만 수공업제도에서 말하는 견습기간을 마친 견습생이 제게는 없지요. 여기의 대학원생이 바로 그런 견습생인데 그들의 많은 신학적 관심과 진지함이 좋았어요.

죌레는 한국의 여성신학자들이 가슴에 새겨야 할 말을 남기기도 했다. 즉 그들이 가부장제적 사회의 위계질서를 강하게 비판하면서도 여전히 유교문화의 관습을 떨쳐내지 못하는 것이 문제라고 말한 것이다. 죌레는 그들에게 따사로운 자매애보다 갈등과 긴장이 느껴진다고 말했다.

마지막으로 죌레가 남긴 유명한 말들을 몇 개 살펴보자. "베트남은 골고타다(Vietnam is Golgotha).", "제3세계는 영원한 아우슈비츠다(The Third World is a permanent Auschwitz).", "모든 신학적 발언은 정치적 발언이어야 한다(Every theological statement must be a political statement as well).", "신은 우리의 손 외에는 아무 손도 없다(God has no hands except

함부르크 죌레기념관에 전시된 한국 위안부 소녀상(2019)

from our hands).", "우리는 성찬식에서 더 많이 먹고 먹을 때 더 많이 기도 해야 한다(We should eat more at the Eucharist and we should pray more when eating)."

박정희 정권으로부터 추방당한 미국 선교사

조지 E. 오글
George E. Ogle, 1929~

『*Liberty to the Captives*(갇힌 자에게 자유를)』(1977)
『*The Center for Miracle*(기적의 가운데)』(1989)

1970년대의 한국노동운동과 도시산업선교를 기억하는 한국인들은 조지 E. 오글(George E. Ogle) 목사의 강제출국사건을 기억할 것이다. 나도 대학생 시절에 그의 이름을 자주 들었지만 직접 만나볼 기회는 없었다. 그가 정부에 의해 강제로 출국조치를 당했다는 뉴스를 들었다. 그 후 한국의 정권도 바뀌어 그가 명예

회복된 것처럼 다시 한국을 방문하기도 하였다.

그가 한국에 관한 몇 권의 책을 쓴 사실은 더욱 나중에 알게 되었다. 이렇게 자신의 활동을 글로 정리해 책으로 낸다는 것이 결코 쉽지 않았을 것이다. 그는 굴곡 많은 한국 현대사에서 한국인과 함께 부딪치며 살면서 정

젊은 시절의 조지 E. 오글 목사

치권력을 비판한 외국인이다. 그래서 그를 〈한국을 사랑한 세계작가들〉에 포함시키는 것은 특별한 의미가 있을 것이다.

작가의 생애

———

조지 E. 오글(George E. Ogle, 한국명 오명걸)은 1929년생으로 1954년 에 미국 연합감리교회 선교사로 한국에 들어와 20년간 한국 도시산업선교 회를 이끌면서 노동자의 권리와 노동법에 기반한 교육프로그램을 시작했 다. 오글 목사는 한국에 오기 전 워커 프리스트(worker priest, 노동 사제)에 대해 공부하면서 그런 사람이 되기로 결심하였다. 한국은 도시화와 산업

강제출국명령을 받은
조지 오글 목사와 그의 자녀들

강제출국당하는 조지 오글 목사가
비행기에 오르면서 만세를 부르고 있다.

화가 진행되기 시작하던 시기였다. 그는 1960년에 공장들이 밀집해 있던
인천으로 파송되었다.

　인천에 머물렀던 1960년부터 1965년까지 공장 노동자들과 그들의 가
족들을 대상으로 활동했다. 1973년 가을학기부터 1974년까지 서울대학교
상과대에서 노사관계와 노동시장 관련 강의를 했다. 하지만 학생들의 유신
반대투쟁과 휴교 등으로 정작 수업은 거의 하지 못했다. 산업선교는 중앙
정보부 요원들의 조작과 적지 않은 보수적인 교회로부터 '빨갱이'들의 행동
이라고 지탄받았다. 그가 보기에 한국교회는 여전히 사회적 약자에 대한
관심이 부족했다. 하지만 1960년대부터 교회는 서서히 가난한 이들에 관심
을 기울였고, 1970년대에 와서 이론화되어 민중신학이 태동하는 밑바탕이
되었다. 한국의 민중신학에 오글 목사는 직간접적으로 영향을 미쳤다.

가난하고 소외된 이들에게 관심을 기울인 그는 자연히 인혁당사건에 관심을 가졌다. 1974년부터 종로5가 기독교회관에서 인권과 민주주의를 위한 목요기도회가 열렸는데, 인혁당사건을 기도제목으로 추가하게 한 이가 그였다. 그리고 인혁당사건이 조작되었다는 사실을 가장 먼저 폭로한 이도 그였다. 인혁당사건으로 사형선고를 받은 우홍선을 민간법정에 설 수 있도록 재심청구를 할 수 있게 도와달라고 부인이 오글 목사에게 간곡히 부탁했다. 그는 "저는 정치적인 문제에 대해서는 영향력이 없기 때문에 아무것도 약속드릴 수는 없지만 제가 그 일을 조사는 해보겠습니다"라고 말함으로써 인생이 바뀌게 되었다.

결국 오글 목사는 박정희 정권에 의해 1974년 12월 14일 미국으로 추방당했다. 후일 정권이 바뀌고서야 그는 한국에 돌아올 수 있었다.

1977년에 『*Liberty to the Captives*(갇힌 자에게 자유를)』, 1989년에 『*The Center for Miracle*(기적의 가운데)』이라는 책을 내었다. 2002년 민주화운동기념사업회의 해외민주인사 초청으로 한국을 방문하여 인권문제연구소가 수여하는 제5회 대한민국 인권상을 수상하였다.

작품 속으로

———

1977년에 낸 『*Liberty to the Captives*(갇힌 자에게 자유를)』은 다음과 같이 구성되었다. '1. 첫 시작, 2. 회심 경험, 3. 편들기, 4. 유신체제, 5. 유신체제의 가동, 6. 유신과 교회, 7. 1974년 선교, 8. 미국 대통령의 방한, 9. 마지막 주일, 에필로그'의 순서로 되어 있다. 이 책에는 당시 한국에서 함께 활동하던 많은 한국인의 이름들이 실명으로 등장한다. 이 책의 에필로그에는

인혁당 유가족과 인사를 나누고 있는 오글 목사(좌측 첫 번째)와
제임스 시노트 신부(좌측 두 번째). 2002년 해외민주인사 초청사업

김지하가 1975년 2월 15일 교도소에서 풀려나와 쓴 시 한 편이 실려 있다.

대충 책에 실린 내용을 따라가 보자. 박정희의 유신정권 당시 1차 인혁
당사건(1964)과 2차 인혁당사건(1974)이 일어났다. 1차 인혁당사건은
1964년 8월 14일 김형욱 중앙정보부장이 기자회견을 통해 "북괴의 지령을
받고 대규모 지하조직으로 국가변란을 획책한 인민혁명당 일당 57명 중 41
명을 구속하고 16명을 수배 중에 있다"고 발표하면서 세상에 처음으로 알
려졌다.

그로부터 10년이 흐른 1974년 4월, 2차 인혁당사건이 일어났다. 중앙
정보부는 1974년에 유신반대 투쟁을 벌였던 민청학련(전국민주청년학생총
연맹)을 수사하면서 이들의 배후세력으로 인혁당을 지목했다. 인혁당이 북
한의 지령을 받은 남한 내 지하조직이라고 규정한 중앙정보부는 인혁당 관
련자 21명, 민청학련 관련자 27명 등 180여 명을 긴급조치 4호·국가보안
법·내란예비음모·내란선동 등의 죄명으로 비상보통군법회의에 기소했다.

대법원은 1975년 4월 8일 도예종 등 인혁당 재건위 관련자 8명에 대해 사형 선고를 내렸다. 그리고 국방부는 판결 18시간 만에 기습적으로 사형을 집행했다.

오글 목사는 인혁당사건으로 사형선고를 받은 우홍선의 부인을 만나고 1974년 10월의 첫 번째 목요기도회에서 기독교 구속자들뿐 아니라 유죄 판결을 받은 비기독교인 8명에 대해서도 기도했다. 기도회를 마친 다음 날 그는 중앙정보부 요원들에게 연행되었다. 20시간 동안 남산의 중앙정보부에서 조사받은 그는 다음과 같이 고백하라고 강요당했다. "당신은 공산주의자들을 위해 기도했는데, 왜 그랬는지 고백하라"고 한 것이다. 그 후 오글 목사는 1974년 11월 인혁당 관련자 부인들의 이야기를 《뉴욕타임스》 기자에게 전했다. 그것이 기사화되자 당황한 박정희 정권은 오글 목사를 추방하기로 결정했다. 명동성당에서 열린 인권회복기도회에 참석하기 위해 가던 중 체포된 그는 12월 14일 아침 출입국관리소로 끌려가 공산주의자들을 위해 일했다는 혐의로 조사를 받고 같은 날 미국으로 추방당했다.

경찰이 그를 지프차에 태워 김포공항으로 데려가려 할 때, 누군가 손을 뻗어 그의 손에 작은 금반지를 쥐어주었다. 그것을 약지에 끼었을 때 그의 눈은 눈물로 가득했다. 그 금반지는 우홍선의 부인이 보내온 것이었다. 그때 그녀는 그가 돈도 없고 갈 곳도 없으니 일본 또는 미국 어딘가에 버려질지 모른다고 걱정했던 것이다. 오글은 우홍선이 아내의 품으로 무사히 돌아오면 그녀에게 반지를 돌려주겠다고 마음먹었지만 우홍선은 끝내 돌아오지 못했고 반지도 돌려주지 못했다.

20년간 한국에서 해왔던 선교생활을 강제 종료당한 그는 비행기에 오르며 한국말로 "대한민국 만세, 하나님과 함께!"라고 외쳤다. 그를 태운 대한항공 002호기가 태평양 위로 빠져나와 간식이 제공되었을 때, 한 여승무원이 그의 앞에 식판을 놓고는 무릎에 엽서 한 장을 슬며시 떨어뜨리고 아무 말 없이 서둘러 갔다. 그는 그 엽서를 읽었다. "오글 목사님, 안녕히 가십시오. 저는 한 젊은이입니다. (제 이름을 쓸 수 없습니다.) 저희 대부분은 목사님께서 저희 나라의 진정한 자유와 민주주의를 위해 일하셨다는 것을 압니다. 저희 마음도 목사님과 함께 울고 있습니다. 목사님의 이름은 역사에 남을 것입니다. 상황은 변할 것이며 머지않아 목사님께서는 일을 계속하기 위해 한국으로 초청될 것이라고 저는 확신합니다. 제발 건강하십시오."

이듬해인 1975년 4월, 오글 목사는 그가 강의하던 미국 에모리신학대학의 도서관에서 인혁당 관련자들의 처형소식을 전해 들었다. 이상의 이야기가 이 책의 내용이다.

저자는 이 책의 서두에서 인천, 부평, 영등포의 많은 노동자들에게 어느 면에서는 그들의 삶에 동참하게 하고 그것을 통해 한국의 인간적 사회적 조건들을 더욱 바르게 이해하는 동시에 예수 그리스도에게 더 가깝게 갈 수 있도록 해준 데 대하여 감사를 표시하고 있다. (7쪽)

노동조합 지도자들, 특히 도시산업선교회의 조승혁, 조화선, 유흥식, 원용훈, 최용해, 김경락, 조지송, 안광수 씨에게 감사하면서 "그들의 사랑과 인내가 나를 15년간 지탱케 해주었다"고 쓰고 있다. (7쪽) 또한 본문에서는 윤보선, 박정희, 지학순, 김동조, 노신영 등 많은 한국인사들이 언급되고 있다. 반세기가 지난 오늘날에 보면, 한국의 민주화가 이처럼 치열한 노력과 투쟁을 거쳐 이루어졌다는 것을 새삼 알게 되고, 그런 만큼 이 책은 한국현대사의 중요한 사료라고 하겠다.

한국인을 치료하며 소설로 쓴 미국인 여의사
루드 스튜어트
Ruth Stewart, 1930~

『토담에 그린 수채화 *Under the Snow the Bamboo Shines: Stories of Korea*』
(1973)

『*Wind and Bone*(바람과 백골)』(1980)

구한말부터 알렌, 에비슨, 홀 등 적지 않은 '의료선교사'들이 한국에 와서 활동하고 글로 남겨 '한국을 사랑한 세계작가들'이 되었음을 앞에서 알아보았다. 그런데 비교적 근년까지 한국에서 활동했던 미국인 '의사 작가'가 한 분 계셨다는 사실을 뒤늦게 알게 되었다. 그분이 한국을 무대로 쓴 단편

소설집『토담에 그린 수채화 *Under the Snow the Bamboo Shines: Stories of Korea*』를 번역한 고려대 서지문 교수에게 번역서를 받아 읽고 늦게나마 큰 감동을 받았다. 루드 스튜어트(Ruth Stewart) 박사는 한국에서 활동을 마치고 지금은 미국에 돌아가 90세로 만년을 보내고 계시다. 학창시절에 그

녀를 기독교 의학생 클럽의 어드바이저로 만났던 박준영 박사는 그녀에 대해 '오늘날의 성녀'라고 단언한다. 이런 인물이 한국 땅에서 한국인과 정을 나눈 일들을 문학작품으로 남겼으니 한국인에게 크나큰 축복일 것이다.

작가의 생애
——

　루드 스튜어트(Ruth Stewart)는 1930년 미국 뉴욕 주 웨스턴 시에서 출생하였다. 농장주의 딸로 전원 속에서 성장해서인지 형제들과 우애가 깊었고, 오늘날까지 조카들과도 끈끈한 관계를 맺고 있다. 간호학교를 졸업한 후 선교사교육을 받고 첫 부임지인 한국으로 왔다.

　1955년부터 1996년까지 한국에서 41년간 의료봉사 및 선교활동을 했다. 첫 봉사는 기독교 태화관 아동병원에서 했다. 당시 미 감리교여선교부 한국지부가 태화관에 있었고, 서울대, 연세대, 이화여대 의대생들로 구성된 예비의사클럽의 회합장소가 그곳에 있었는데, 스튜어트 박사는 그 모임의 후원자로 활동했다. 당시 그녀는 이십대 중후반의 옅은 갈색머리의 숙녀였고, 무척 성숙해 보였으며, 항상 품위 있고 친절하였다. 조백(早白)해서 40대 후반부터는 모발이 은발이 되었는데, 은은한 보라색이 엿보이는 은발이라서 그녀는 신선처럼 보이기도 해서 보는 사람마다 감탄해 마지않았다.

　강릉 지역 농촌보건소에서도 근무했다. 당시에는 한국에 결핵환자가 무척 많았고, 강릉에 거주하면서 강원도의 그 험한 길을 지프차로 누비면서 치료를 다녔다. 환자를 돌보다가 자신도 두 번이나 결핵에 감염되었다. 당시에 여성운전자가 흔치 않았던 강원도 오지 주민들에게 루드의 인기는 실로 대단했다.

잠시 미국으로 귀국해서 캘리포니아 버클리대학교에서 보건학박사 학위를 받은 후 다시 한국으로 왔다. 연세대학교 의과대학의 공중보건학 조교수가 되었고, 연세대학교 재단이사도 역임했다. 나중에는 영문학을 강의하고 싶어서 관동대학교 영문학과 조교수로 재직하다가 귀국했다. 한국미술을 무척 좋아하고 민속에 깊은 관심을 가졌는데 1950~60년대부터 사라지던 한국의 떡살을 오랫동안 수집해 소장했다.

무엇보다 중요한 것은 그렇게 바쁜 가운데 한국풍경과 한국인을 유심히 관찰하여 소설을 쓰고, 문인들과 교류한 것이다.

Under the Snow the Bamboo Shines (1973) 초판본

작품 속으로

———

한국이름 '서여수'로 불리던 루드 스튜어트는 한국에 관해 두 권의 작품집을 내놓았다. *Under the Snow the Bamboo Shines: Stories of Korea*는 서지문 교수가 변역하여 을유문고에서 『연기의 그림자』(1975)로 출간되었다. 그러나 을유문고의 폐간으로 일부 내용을 수정하여 『토담에 그린 수채화』(2002)로 재출간되었다.

이 책에는 10편의 단편소설이 수록되어 있는데, '1. 이삿짐 인부, 2. 너무 밝은 무색, 3. 부산에 온 카우보이, 4. 적선(積善), 5. 최우등생, 6. 여가장(女家長), 7. 연기의 그림자, 8. 걸인, 9. 깜깜한 한밤, 10. 고적한 들의 명예'의 순서로 되어 있다.

짤막한 단편들이지만 다루는 소재와 분위기가 매우 다양하다. 그만큼 작가는 한국사회와 한국인을 다양하게 관찰하고 만났던 것이다. 「이삿짐 인부」는 진지하고 정의감에 찬 주인공이 등장하고, 「너무 밝은 무색」은 서정적이면서 깊은 애수가 느껴지며, 「부산에 온 카우보이」는 유머러스하고 재치가 넘치며, 「적선」은 인간의 광기와 고독과 유대형성의 실패를 잔잔한 애수로 관조한 산문시에 가까운 단편소설이고, 「최우등생」은 사춘기의 고뇌를 조용하면서도 절박하게 추적했으며, 「여가장」은 중년 여인의 의무(義務)에 찬 삶의 비극을 다루었고, 「연기의 그림자」는 허무를 극복하고 생에 대한 의욕을 회복하는 과정을 불교적 분위기로 그려냈으며, 「걸인」은 인정의 아름다움과 인생무상을 병행시켰고, 「깜깜한 한밤」은 월남(越南) 피난을 앞둔 한 가족의 위기의식과 영리한 어린이의 착하고 대담한 행동을 깔끔하게 그렸으며, 「고적한 들의 명예」는 외국인의 배신행위에 대한 한국 청년의 의분과 노여움을 숙연하게 과장 없이 그렸다. 이 책에 실린 10편의 작품들은 작가의 섬세한 감수성과 재치 있는 글솜씨, 정밀한 통찰력이 담긴 아름답고 세련된 예술품이다.

이 책의 역자서문에서 서지문 교수는 이렇게 말하고 있다.

전편을 통해서 작가는 한 번도 과장된 감정의 범람으로 독자를 휘몰아 가려고 시도하는 일이 없다. 이것이 작가를 아마추어 작가이면서도 성숙하고 양심적인, 진실성 있는 작가로 만들고 있다. 이 작품들에서는 스토리 전개나 단어의 구사에 위태로움이 전혀 느껴지지 않는데, 이것은 물론 작가의 문학적 재능에서 오는 것이기도 하겠지만 무엇보다도 그녀가 자기의 소재를 속속들이 알고 깊이 내면적으로 동화했기 때문이리라. 또한 색채와 형태에 대한 작가의 민감성은 그녀의 묘사들을 아주 생동감 넘치면서 상쾌한 것으로 만들고 있다. (10쪽)

『*Wind and Bone*(바람과 백골)』(1980)은 루드 스튜어트의 두 번째 단편소설집으로 한국의 영국왕립협회(The Royal Asiatic Society)에서 출간하였다. 저자는 이 책에서 "강유도라는 한국 친구에게 바친다"고 밝히고 있다. 여기에는 12편의 단편작품이 실려 있다. '1. 자비가 우선, 2. 독사와 붉은 호랑이, 그리고 개장수, 3. 그리고 아무도 그를 접촉하지 않았다, 4. 참 웃기는 것, 5. 예식, 6. 패배자, 7. 영웅들, 8. 탄차(炭車)

Wind and Bone (1980)
초판본

운반 케이블, 9. 무도일(舞蹈日), 10. 기부자 II, 11. 어디엔가 가치를 아는 사람이, 12. 그들이 모른다면 우리가 가르쳐줘야지'의 순서이다. 첫 작품집과 마찬가지로 이 책에는 다양한 이야기가 실려 있다. 대형사고의 위험에 항상 노출된 탄광촌의 위태로운 삶을 강인하게 견디는 벽촌의 주민들의 이야기부터 골동품 상점에서 다른 고객들이 별로 주목하지 않는 고미술품에 대한 주인과 손님의 섬세한 교감을 잔잔한 필치로 인생의 다양한 화폭을 풀어놓는다. 이 책은 아직 한국어로 번역되지 않았다.

폴란드 한국학의 대모

할리나 오가렉-최

Halina Ogarek-Czoj, 1931~2004

『*Klasyczna Literatura Koreańska*(한국고전문학)』(2004)

할리나 오가렉-최(Halina Ogarek-Czoj) 교
수를 처음 만난 것은 1978년 파리에서 열
린 유럽한국학회(AKSE)에서였다. 그녀는
나도향(1902~1926)의 문학에 대해 발표하
는데, 폴란드 여성학자로 한국말을 또박
또박 하는 것도 인상적이지만 질문을 받으
면 "제가 김일성대학교에서 그렇게 배웠습
니다"라고 답하는 것이 약간 우습고도 재
미있게 들렸다. 그 후 한두 번 이 학회에서

만났는데, 단독으로 만난 것은 1999년 6월 내가 폴란드의 루블린(Lublin)
대학에서 열린 법사학심포지엄에 발표하러 가면서 바르샤바대학에 있는

그녀의 연구실을 방문했을 때였다. 여성학자였던 그녀는 초인적인 열정으로 한국과 한국문학을 폴란드에 알리려고 저술 및 번역작업을 했다. 알고 보니 그녀는 폴란드에서 한국학의 대모로 존경받고 있었다. 이제 그녀가 고인이 된 지금, 폴란드의 한국학이 얼마나 발전했는지 궁금하지만 추억을 더듬으며 그녀의 한국사랑을 떠올려본다.

작가의 생애

———

할리나 오가렉-최(Halina Ogarek-Czoj)는 1931년 6월 14일 폴란드에서 태어났다. 폴란드로 공부하러 온 최 모라는 북한 유학생을 만나 결혼하고 함께 북한으로 가서 1957년부터 김일성종합대학에서 한국근현대문학을 전공하였으며 '송영의 국문학에 대한 연구'로 학사 학위를 받았다. 이후 북한 정부가 외국유학생들을 대거 본국으로 추방하면서 1962년에 남편과 생이별을 하고 외동딸을 데리고 폴란드로 돌아왔다.

다시 북한으로 가서 남편을 찾으려 했지만 무산되어 세계 유관기관에 호소문을 보냈다. 이것이 역효과를 내어 다시 추방되고 이후 남편을 영영 만나지 못한 채 평생 재혼하지 않고 한국학 연구활동과 후학양성을 생의 보람으로 여기며 살았다. 바르샤바대학 최초의 한국학 담당 교수가 되었다. 1988년 서울올림픽 열기가 고조될 때 딸이 전두환 대통령에게 편지를 보내 자기가 과연 어느 국적인지 한 맺힌 탄원을 하기도 했다. 주위 사람들은 오가렉-최 교수를 '한국어와 결혼한 분'이라고 불렀다. 딸 안나 코르빈-코발렙스카가 폴란드 현지에서 어머니의 회고록을 준비 중이라고 한다.

오가렉-최 교수는 1960년대에 『*North Korea-Land of Chollima*(북한-

바르샤바대학 오가렉-최 교수 연구실 앞에서 필자(왼쪽)와 오가렉-최(오른쪽)(1999)

천리마의 나라)』를 시작으로『한국 설화와 전설』,『한국 신화』,『동학』,『한
국의 종교』,『한국의 연극』등 수많은 저서를 내놓았다. 1989년에 한국과
폴란드가 공식 수교한 이후 한국의 학자들이 바르샤바대학에 많이 파견되
었는데 연세대 노문과의 최건영 교수와 공동으로『한국어 1, 2』교과서를
집필하기도 했다. 뿐만 아니라『춘향전』,『아름다운 영가』(한말숙),『가면
무도회』(최인호),『남녘사람 북녘사람』(이호철) 등을 폴란드어로 번역하여
한국문학을 소개하였다.

　이처럼 오가렉-최 교수는 지칠 줄 모르는 열정으로 한국문학 전 분야
를 연구하고 번역하는 일에 평생을 바친 학자이자 교육자였다. 이제는 그
가 가르친 후학들이 바르샤바대학의 교수로 재직하며 한국학 연구를 이어
가고 있다.『이강백 희곡집』,『오태석 희곡집』을 폴란드어로 번역한 에바 르
나제흐스카(Ewa Rynarzewska) 교수가 현대문학과 현대한국어 및 회화 수
업을 맡고 있고, 폴란드 동양학계를 대표하는 중견 언어학자인 로무알드
후스차(Romuald Huszcza) 교수가 한국어 문법을 비롯한 언어학 이론 전

반을 가르치고 있다. 개화기언론과
문체 연구로 박사 학위를 받은 크리
스토프 야나샤(Christoph Janasika)
교수가 개화기 문법과 한자를 가르
치고 있다. 오가렉-최 교수는 2004
년 11월 23일 타계하였다.

최건영 교수와 공동으로 집필한
『한국어 1, 2』 교과서

작품 속으로

오가렉-최는 필생의 역작『한국문학사』를 폴란드어로 완성했다. 2004
년『Klasyczna Literatura Koreańska(한국고전문학)』을 내고 타계하였다. 대
산문화재단의 해외한국문학연구지원을 받아 필생의 마지막 투혼을 불사
르며 집필한 이 책이 폴란드에서 출간된 것이다. 동구권 한국학 연구자 중
에서 중추적 역할을 맡았던 할리나 오가렉-최 교수는 한국학 연구성과를
총정리하는 마지막 작업으로 한국문학사 집필에 몰
두했다. 무려 8년간의 작업 끝에 탈고하고 1권으로
『Klasyczna Literatura Koreańska(한국고전문학)』을 출
간하였으나 안타깝게도 완결판인『한국현대문학』의
출간을 마무리 짓지 못하고 작고하였다. 후학들은 한
국학 연구에 평생을 바친 오가렉-최 교수가 마무리 짓
지 못한『한국현대문학』을 내기 위해 최종 교정작업
등의 마무리 작업을 서두르고 있다.『한국현대문학』
은 300페이지에 이르는 방대한 내용을 담고 있다.

*Klasyczna Literatura
Koreańska* (2004)
초판본

『*Klasyczna Literatura Koreańska*(한국고전문학)』은 폴란드의 동양학 전문출판사인 디알로그(Dialog)에서 출간되었으며 총3부로 구성되어 있고 202쪽 분량이다. 1부는 삼국시대부터 고려시대까지의 한국문학을 다루는데 삼국사기와 삼국유사, 향가, 한시, 한문소설, 고려가요 등에 관한 내용을 담고 있다. 2부는 1392년부터 1593년까지 조선 전기의 시조와 가사, 한글로 된 작품, 산문 등을 다루고 있다. 마지막 3부는 조선 후기의 시조와 가사, 한시, 산문, 한글소설 등에 관한 내용이 실려 있다.『한국현대문학』은 오가렉-최 교수의 제자인 바르샤바대학교 한국어문학과 학과장인 크리스토프 야나샥(Christoph Janasika) 교수가 저자를 대신하여 교정을 보았다.

오가렉-최는 북한에서 공부했지만 남한에도 여러 번 다녀갔다. 1990년에는 연세대 국학연구원에서 '폴란드에서의 한국문학 번역 및 한국학술 현황'이라는 논문을 발표했는데, 이 논문을 《동방학지》(68호)에 싣기도 하였다. 이 논문은 대산문화재단의 지원을 받기도 하였다.

스위스 아시아학회가 펴내는 《아시아 연구*Asiatische Studien*》 34권 (1980)에는 「*Na Tohyang and Love*(나도향과 사랑)」라는 오가렉-최가 영어로 쓴 논문이 실려 있다. 여기에는 나도향의 유명한 수필 「그믐달」이 영어로 일부 번역되어 있다. 한글 원문과 영어 번역문을 비교해 보며 한국문학이 어떻게 번역되면 좋을지를 생각해 보자.

나는 그믐달을 몹시 사랑한다. 그믐달은 요염하여 감히 손을 댈 수도 없고, 말을 붙일 수도 없이 깜찍하게 예쁜 계집 같은 달인 동시에 가슴이 저리고 쓰리도록 가련한 달이다.

서산 위에 잠깐 나타났다 숨어 버리는 초승달은 세상을 후려 삼키려는 독부가 아니면 철모르는 처녀 같은 달이지만, 그믐달은 세상의 갖은 풍상을 다 겪고, 나중에는 그 무슨 원한을 품고서 애처롭게 쓰러지는 원부와 같이 애절하고 애절한 맛이 있다. 보름에 둥근 달은 모든 영화와 끝없는 숭배를 받는 여왕 같은 달이지만, 그믐달은 애인을 잃고 쫓겨남을 당한 공주와 같은 달이다. 초승달이나 보름달은 보는 이가 많지만, 그믐달은 보는 이가 적어 그만큼 외로운 달이다. 객창한등에 정든 임 그리워 잠못 들어 하는 이나, 못 견디게 쓰린 가슴을 움켜잡은 무슨 한 있는 사람이 아니면 그 달을 보아 주는 이가 별로 없을 것이다. 그는 고요한 꿈나라에서 평화롭게 잠든 세상을 저주하며, 홀로 머리를 풀어뜨리고 우는 청상과 같은 달이다.

내 눈에는 초승달 빛은 따뜻한 황금빛에 날카로운 쉿소리가 나는 듯하고, 보름달은 쳐다보면 하얀 얼굴이 언제든지 웃는 듯하지만, 그믐달은 공중에서 번듯하는 날카로운 비수와 같이 푸른빛이 있어 보인다.

내가 한 있는 사람이 되어서 그러한지는 모르지만, 내가 그 달을 많이 보고 또 보기를 원하지만, 그 달은 한 있는 사람만 보아 주는 것이 아니라 늦게 돌아가는 술주정꾼과 노름하다 오줌 누러 나온 사람도 보고, 어떤 때는 도둑놈도 보는 것이다.

어떻든지, 그믐달은 가장 정 있는 사람이 보는 중에, 또한 가장 무정한 사람이 보는 동시에 가장 무서운 사람들이 많이 보아 준다. 내가 만일 태어날 수 있다 하면, 그믐달 같은 여자로 태어나고 싶다.

I like the waning moon very much. It looks like a surprisingly beautiful girl, so fascinating that one cannot touch her and cannot speak to her. This moon is at the same time so miserable that one's heart feels sore and burns··· The waning moon seems as if it has suffered many kinds of hardships of the world. It is, finally, like an embittered woman, who, nursing a grudge, throws herself to the ground. It is so touching to be born as a woman, I would want to be born as a woman resembling the waning moon.

폴란드인인 오가렉-최가 직접 영어로 번역했는지는 모르지만, 서양학계에서 한국문학이 서양어로 번역되어 학술적으로 논의되고 있으니, 좋은 일이다. 또한 이 논문의 맨 뒤에는 저자의 친필로 보이는 주석이 붙어 있다. 서양인이지만 한글과 한자를 무척 능숙하게 쓴 것을 볼 수 있다.

Na Tohyang 羅稻香
«Naega minnŭn mungu myŏkkae: naŭi yŏnaegwan» 내가 믿는 文句 몇개:
나의 戀愛觀
«Namnyŏ haksaengganŭi yŏnae munje» 男女學生間 의 戀愛問題
Ŏmŏni 어머니
«Onŭren naldŏrŏ sŏbangnim hajiman» 오늘엔 날더러 書方님 하지만
Pang In'gŏn (Ch'unhae) 方仁根 (春海)
«Pŏmŭi kkoriwa yŏnae: yŏnaenŭn nŭlgŭniŭi haril» 범의 꼬리다 戀愛: 戀愛는
늙은이의 할인
Puin 婦人
«Sarang kogae» 사랑 고개
Sŏrhwa 설화
Yi Ch'unu 李春雨
Yŏm Sangsŏp 廉想涉
«Yŏnaegwan kkŭt'e» 戀愛觀 끝에
Yŏngsuk 영숙
Yu Ilbok 柳一馥

국악에 매혹되어 귀화한 미국인 음악가

알렌 C. 헤이만

Alan C. Heyman, 1931~2014

『한국 전통음악과 무용』(1994)

『해의만海義滿 구술록』(2013)

외국인들은 한국인은 노래를 좋아하는 민
족이라고 말한다. 나는 펄 벅 여사가 자신
의 소설『살아 있는 갈대 *The Living Reed*』
의 표지를 한글 아리랑 가사로 장식한 이
야기를 이 책『한국을 사랑한 세계작가들』
2권에서 소개했다. 나는 국립국악원 옆에
살고 있기 때문에 틈날 때마다 국악박물
관에 가서 한국의 전통가락과 춤을 감상
하고 돌아오는 것을 낙으로 삼고 있다. 한국이름으로 해의만으로 불리는
알렌 C. 헤이만(Alan C. Heyman)이 10여 년 전에 한국 음악을 사랑하여
국악원에 자료를 기증하였다는 사실을 알고 한국인물전기학회에서 직접

그의 삶을 회고해 달라고 부탁하고 싶었다. 그래서 전화번호를 알아서 댁으로 직접 전화를 걸었다. 쇠약한 목소리로 감사하지만 할 수 없다고 사양하면서 자신의 자료는 국립국악원에서 볼 수 있을 것이라고 하였다. 그는 1천여 점의 자료를 기증하고 2014년에 작고하였다. 나는 이런 음악인이라면 '한국을 사랑한 세계작가'의 반열에 마땅히 포함해야 한다고 생각한다.

작가의 생애

알렌 C. 헤이만(Alan C. Heyman)은 1931년 3월 16일 미국 뉴욕에서 유대계 독일인 아버지 찰스 헤이만(Charles Heyman)과 어머니 릴리언(Lilian) 사이에서 2남으로 태어났다. 1952년 콜로라도주립대학에서 음악을 공부하고 졸업하였다. 의과대학에 응시하였으나 낙방하여 일본에 의무병으로 파견되었다. 그리고 의정부로 파견되었는데, 한국전쟁에 참전하여 특별한 경험을 하였다. 강원도 어느 전선에서 밤마다 불침번을 서는데 적군 쪽에서

헤이만과 부인 고정순, 아들 해성광

외국인웅변대회에 참가한 헤이만

북과 징, 태평소의 음악소리가 요란하게 들려왔다. 다른 전우들에게는 짜증나게 들렸지만 그에게는 "참신하고 흥미 있게(refreshing and interesting)" 들렸다. 그리고 전장에서 한국인 간호사를 만나 훗날 결혼하게 된다.

미국으로 귀국한 후 음악공부를 계속하고 싶어 컬럼비아대학교 대학원에 진학하여 1959년에 음악학석사 학위를 받았다. 한 한국유학생이 그 오보에(conical oboe) 같은 매력적인 악기는 태평소라고 가르쳐주었고, 한국에서 한국 음악을 공부하기를 권했다.

1960년대부터 하와이 출생의 작곡가 도날드 서(Donald Sur)의 음악에 관심을 가졌고, 한국을 방문한 바 있는 알렌 호브한네스(Alan Hovhaness)와 로우 해리슨(Lou Harrison)의 음악에 흥미를 가졌다. 그러나 황병기가 국악의 현대화(modernization)를 시도한 것에 대해서는 비판적이었고, 그의 〈미궁〉을 듣고 한 여성이 비명을 지르며 연주장을 떠나더라고 하면서 "제발 그걸로 끝나길 바란다"고 하였다.

1982년에 한국국제문화협회 문화상, 1995년 국악의 해 국무총리 표창, 2001년 대통령 표창, 2011년 대한민국 문화은관훈장을 수여하였다. 2011년에는 왕립아시아학회 평생명예회원의 자격을 획득하였다. 그해 국립국악원 60주년 기념 표창을 받았다.

2014년 3월 1일 오후 9시 20분에 자택에서 노환으로 별세하였다. 장례식은 신촌세브란스병원 장례식장에서 하였고, 경기도 고양시 덕양구에 있는 하늘문 추모공원에 안장되었다. 부인은 최옥자이고, 이들 부부는 아들과 딸을 두었다. 아들은 국립국악원에 근무하고 있다.

작품 속으로

———

헤이만의 저서로는 *Dances of the Three-Thousand-League Land*와 *The Traditional Music and Dance of Korea*와 *Muga: The Ritual Songs of Korean Shamans* 등이 있다. 이런 책들은 국악에 관한 전문서이고, 우리에게는 그의 구술을 바탕으로 펴낸 책『해의만海義滿 구술록』이 중요하고 재미있다.

한국전쟁에 참전했던 저자는 전장에서 들었던 태평소 소리를 잊지 못한 채 고향으로 돌아가 한국 유학생에게 한국의 전통문화와 음악, 악기에 대해 배우며 국악에 대한 관심을 키워갔다. 컬럼비아 대학원에서 서양음악을 공부하고 1960년 한국에 입국해 1995년 한국으로 귀화했다. 민속 음악학자 등으로부터 우리 전통음악과 악기, 무용 등을 배운 뒤 국민대와 한세대에서 한국 학생들을 가르치기도 했다. 또 국악 관련 자료를 꾸준히 수집했다. 2010년에는 수십 년간 모은 서애악부(1504년), 정축진찬의궤(1877년), 설중회춘곡(1905년 추정)과 같은 악서, 희귀 도서와 고서 등 60점을 국립국악원에 기증했다.

『해의만 구술록』(2013)
초판본

이처럼 한국인보다 한국을 더 사랑했던 그의 책이 한국어로 나왔다. 국립국악원에서 펴내는 구술총서의 제12권으로 『해의만海義滿 구술록』(2013)이라는 책이 나온 것이다. 4×6배판 342쪽에 이르는 이 책은 헤이만의 삶과 생각을 구술하여 기록으로 남긴 것이다. 2012년 5월 24일부터 7월 2일까지 5회에 걸쳐 화곡동 자택에서 이윤주와 대담을 나누고 만들어진 책이다. 이 책은 5장으로 되어 있는데, '제1장 한국전쟁 참전과 국악 입문, 제2장 한국과 미국의 가족, 국립국악원과 예술학교, 제3장 '헤이맨 국악발표회', 삼천리가무단 창단, 제4장 푸른 눈의 국악통신사, 제5장 다시 태어나도 한국인'의 순서로 되어 있다.

이 책에서 저자는 자신이 뉴욕의 한 독일계 유대인 가정에서 태어났음을 밝히고 있다. 아버지는 문구점을 운영했는데 일찍 작고하여 어머니는 재혼하여 플로리다에 살았다. 이 책에는 후일 어머니를 찾아가서 만나는 장면도 나온다. 저자는 자신이 유대인이었지만 기독교로 개종했다고도 밝힌다. 뉴욕에서 고등학교를 마치고 의과대학에 응시했지만 낙방하여 군입대를 통고받고 일본으로 파견된 것이 1953년이었다. 거기서 곧 한국의 의 정부 전선으로 파견되었다. 밤마다 인민군이 부는 피리 소리에 말할 수 없는 매력을 느끼고 한국 음악에 빠지게 되었다. 이 책에서 그는 한국 음악은 '긴 강처럼 흐르는 음악(It flows alike a long river)'이라고 말한다. (79쪽)

저자는 한국전쟁 이후 미국으로 들어갔다가 1959년 말에 한국으로 돌아왔다. 그 사이에 미국에서 음악으로 석사 학위까지 받았다. 한국의 서울 인사동에 살면서 한국 국악인 친구들과 사귀며 열심히 국악을 공부하였다. 김소희와 김경희 자매, 박록주, 박초월, 신쾌동, 지영희, 성금연, 한일섭 등이 그때 사귄 친구들이다. 그는 태평소를 특히 좋아했다.

그는 외국어대, 건국대, 국민대, 국제대 등에서 영어를 가르치고,《코리아 타임즈》에 칼럼을 기고하고 편집 교정을 돕기도 했다. 결국 한국인으로 귀화했는데, 이때의 심정을 이렇게 회상한다.

나는 미국과 한국의 시민권을 둘 다 갖고 싶었지만 당시 한국인이 되면 그건 불가능했어요. 지금은 가능하지만요. 그래서 1995년 11월에 한국시민이 되었어요. (118쪽)

이 책에서 저자는 국립국악원과 인연을 맺게 된 것에 대해서도 이야기한다. 특히 성경린, 김천흥, 이혜구, 임석재, 장사훈과의 인연을 이야기한다. 〈삼천리〉 가무단을 만들어 미국으로 가서 뉴욕과 17개 대학에서 공연한 것도 이야기한다. 그는 유명 TV 프로그램인 자니 카슨(Johnny Carson) 토크쇼에도 출연하였다. 유럽으로 건너가 파리와 베를린에서도 공연했다. 그는 영어 통역과 사회를 맡았고, 때로는 공연료를 받지 못해 어려움을 겪은 일화도 털어놓았다.

그는 국내에서도 단원들과 함께 제주, 구례 등지로 공연을 다녔다. 제주에서의 일화를 이렇게 털어놓는다.

우리는 민요를 부르는 명창의 노래를 녹음하기 위해 제주시에 갔어요. 그분 댁에 갔는데, 존 레비(John Levy) 선생님이 화장실에 가고 싶다고 했어요. 그래서 제가 화장실로 모시고 갔고, 화장실 앞에서 기다리겠다고 했어요. 몇 분 후에 갑자기 어, 어 하면서 소리를 질렀어요. 내가 무슨 일이냐고 물어보았더니, 선생님이 무언가 밑에서 엉덩이를 쳤다고 했어요. 나는 그럴 리가 없다고 했지만 선생님은 계속 그렇다고 하셔서 안으로 들어가서 밑을 봤지만 아무것도 없었어요. 그러다 갑자기 컹컹컹 하는 돼지 소리가 들렸어요. 그리고 보니 거기에 흑돼지가 있더라고요(웃음). 집주인이신 명창 선생님께 말했더니 제주도에서는 대부분 돼지를 거기에 둔다고 하더군요. 왜냐고 물었더니 돼지가 사람의 똥을 먹고 산다고 하더군요. 우린 너무 놀랐지요. 그리고 그 명창분이 흑돼지 고기는 홍콩에서 매우 유명해서 수출을 많이 한다고 했어요. 이 얘기를 존 레비 선생님께 했더니 얼굴이 하얗게 질려서는, "이런, 내가 홍콩에 있을 때 돼지고기를 많이 먹었는데" 하시길래 "그럼 제주 똥을 먹은 거네요"라고 말했어요. (202쪽)

저자는 미시간대학교에서 한국 음악과 무용을 강의하였고, 1979년에는 이란과 사우디아라비아에서 영어를 가르치면서 한국 음악과의 연관성을 연구하였다. 한국으로 돌아와 국악 관계 서적을 영어로 번역하였고, 이두현, 장사훈 등 학자들의 책을 번역하기도 하였다. 사명감도 있었지만 생계를 위해 일하지 않으면 안 되었다. 그는 최옥자와 재혼하여 아들 딸 두 자녀를 두었다. 《코리아 타임즈》에서 9개월간 근무하기도 하였다. 1981년부터 1987년까지 국민대학교 전임강사로 영어를 가르쳤다. 1982년에는

한미수교100주년 기념으로 한국민속음악무용단과 함께 미국 스미소니언 박물관에서 공연하였다. 그때 김금화(무당) 씨를 NBC 방송에 출연시키기도 했다.

이 책에서 저자는 한국인 중에서 가장 고맙게 느낀 인물은 김천흥(1909~2007)이라고 했고(326쪽), 가장 좋아하는 인물은 임석재라고 했다(328쪽). 이 책에는 저자가 한국의 국악인들과 함께 찍은 사진들이 많이 실려 있다.

이 책의 저자약력에 의하면 헤이만의 저서는 『삼천리강산의 무용』(1964), 『한국 판소리 해설』(1972), 『한국민속음악과 무용』(1974), 『한국음악』(1976), 『한국 전통음악과 무용』(1994) 등이 있고, 영문번역서는 임석재 『한국무가』(1970), 장주근 『한국무속』(1974), 이두현 『한국 가면극』(1974), 성경린 『한국 민속무용 해설』(1974), 김천흥 『한국 전통무용과 탈춤』(1974), 이혜구 『한국 전통악기』(1982), 국립국악원 『한국전통음악과 무용』(1993) 등이 있다.

한국 암석화를 세계에 알린 미국 여성고고학자

사라 밀리지 넬슨

Sarah Milledge Nelson, 1931~2020

『한국 고고학 *The Archaeology of Korea*』(1993)
『영혼의 새 *Spirit Bird Journey*』(1999)
『*Gyeongju: The Capital of Golden Silla*(경주)』(2017)

사라 밀리지 넬슨(Sarah Milledge Nelson)
은 한국의 암석벽화를 세계학계에 알린 고
고학자일 뿐 아니라 그것을 모티브로 소설
을 써서 일반인들에게 널리 알린 작가이기
도 했다. 물론 한국의 고고학뿐만 아니라
중국 및 일본의 고고학에서도 연구업적을
남겼다. 나는 동아일보의 이광표 기자가 그
녀의 소설책『영혼의 새 *Spirit Bird Journey*』
를 번역하여 단행본으로 낸 것을 알고 있었다. 고고학과 국문학을 공부하
여 문화유산학박사가 된 이광표 기자는 2020년 4월 27일 그녀의 타계소
식을 동아일보에 보도했다. 고고학과 문학을 통하여 한국사랑을 평생 실

천한 그녀의 마지막을 한국이 잊지 않고 기억해 주었구나 싶어서 큰 감동을 받았다. 그녀가 남긴 업적을 통해 우리는 한 가지 사실을 깨달을 수 있다. 전문적 학문연구도 문학을 통하여 일반인들에게 널리 알릴 수 있고, 또 그렇게 되는 것이 바람직할 것이다. 작가가 세상을 떠났어도 유구한 한반도의 역사가 계속되는 한 이런 작품과 작가의 이름은 영원히 살아 있을 것이다.

작가의 생애

———

한국이름 '사라내선(思羅奈善)'인 사라 밀리지 넬슨(Sarah Milledge Nelson)은 1931년 11월 29일 미국 플로리다 주의 마이애미에서 태어났다. 1953년 명문여대 웰즐리대학에서 성서학을 공부하였으며, 1968년 38세의 늦은 나이에 고고학을 공부하기 시작했다. 앤 아버(Ann Arbor)에 있는 미시간대학교에서 한국과 중국의 고고학을 연구하다 현지조사를 위해 1970년에 한국을 처음 방문했고, 석사과정을 거쳐 1973년에 '한강유역 신석기시대 빗살무늬토기 연구'로 고고학박사 학위를 받았다.

이처럼 넬슨은 늦깎이 고고학자인데, 뒤늦게 고고학을 전공한 이유를 "사실 우연이었습니다. 하지만 늘 과거는 매력적이라고 생각했죠. 오늘을 알기 위해선 과거를 알아야 한다는 생각이 점점 커졌다고나 할까요. 어쨌든 고고학이 가장 흥미진진한 학문으로 여겨졌고 그래서 고고학에 인생을 걸었습니다"라고 이광표 기자와의 대담을 통해 밝혔다. 동아시아 고고학, 한국 고고학을 전공한 까닭에 대해서는 "그것도 우연인데, 동아시아가 끌렸습니다. 당시 일본과 중국의 선사시대는 미국에 널리 알려진 상황이었고,

시흥시 오이도 신석기패총
발굴현장에서(2001년)

한국은 거의 알려지지 않았습니다. 물론 지금도 상황은 비슷하지만 하여튼 '일본과 중국 사이에 있는 한국의 선사시대는 어떠했을까' 하는 호기심이 생겼습니다. 아무도 하지 않는 일을 한다는 것, 그게 최고의 매력이었습니다"라고 설명했다.

1970년에 덴버대학교의 전임강사가 되었고, 이듬해인 1971년에는 한국에 있는 메릴랜드대학교 분교의 강사가 되었다. 1974년에는 덴버대학교의 조교수가 되었고, 1979년에 부교수, 1985년에 정교수가 되었다. 1996년부터 은퇴하던 2007년까지는 우수교수로 선정되었다.

1996년에는 미국 고고학계의 최고 학술상 '존 에반스 교수상'을 수상하였다. 그해 1996년에는 하와이에서 열린 세계동아시아고고학대회에서 한국 독립분과를 개설해야 한다고 역설하여 성사시켰다. 1998~2004년에는 세계 동아시아고고학회 회장으로 활동하였다.

그녀는 한국을 수십 차례나 방문하였는데, 1992년 강원도 양양군 오산리의 신석기유적에 영감을 받고, 1999년에『영혼의 새 Spirit Bird Journey』를 출간하였다. 2001년에 방한할 때는 대전과 전북 고창 등지의 선사시대 유적지를 둘러보고 충남대와 전주대에서 강연한 뒤, 서울 강동구 암사동 선사유적공원에서 열린 암사동 신석기문화 국제학술세미나에 발표자로 참가했다.

이렇게 한국에 특별한 애정을 쏟으며 눈부시게 활동하던 넬슨 교수는 2020년 4월 27일 미국에서 별세하였다. 한국의 신문에도 그녀의 죽음이 크게 보도되었다.

작품 속으로
———

Spirit Bird Journey
(1999) 초판본

넬슨은 10권 이상의 저서를 내었는데, 가장 큰 관심을 끈 책은 문학과 고고학을 연결한 『영혼의 새 *Spirit Bird Journey*』이다. 그녀는 1992년 오산리 신석기유적을 찾았을 때 강렬한 영감을 받아 이렇게 표현했다. "멋지게 뻗은 해안선, 백사장과 소나무 숲, 산정상에 걸려 있는 안개, 구불구불 이어진 산길, 시적인 풍경, 신비로움 그 자체였습니다. 갑자기 '8,000년 전 이곳 사람들은 어떻게 살았을까' 궁금해졌습니다. 그랬더니 금방 신석기시대 사람들이 여기저기서 튀어나와 토기를 만들고 음식을 조리하는 것 아니겠습니까. 그때, '아, 이것이 바로 한 편의 소설이구나' 그런 생각이 들었습니다."(이광표 기자와의 대담)

이렇게 탄생한 소설 『영혼의 새 *Spirit Bird Journey*』의 주인공은 한국에서 미국으로 입양되어 성장한 고고학 대학원생 클라라이다. 그녀는 남자친구의 부모가 자신이 동양계라는 사실을 못마땅하게 여기자 남자와 헤어진다. 그리고 고고학을 공부하기 위해 어머니의 나라 한국에 유학을 온다. 한국어와 한국문화를 배우며 강원도 양양군 오산리의 신석기유적 발굴에 참여하면서 한반도의 선사시대에 관심을 갖게 된다.

클라라는 황금새가 되어 과거로 여행한다. 황금새는 선사시대인들이 가장 영적(靈的)으로 여기는 새이다. 클라라는 신석기시대 오산리를 여행하면서 수천 년 전 한반도인의 삶과 문화를 체험한다. 수렵, 어로, 토기 제작 과정 등을 배운다. 오산리 출토 흑요석의 원산지가 백두산임을 확인하고 백두산 천지를 찾아가는 등 한반도 곳곳을 여행한다. 곰 토테미즘과 관련된 한반도의 민족 기원 등에 관심을 갖기 시작한다. 클라라는 특히 신석기시대는 지금과 달리 모권(母權) 중심사회였다는 사실에 충격을 받는다. 그녀가 살고 있는 현대한국사회는 철저히 남성 중심사회인데, 현실로 돌아온 그녀는 갈등한다.

한국어판으로 386쪽에 이르는 이 장편소설의 마지막은 이렇다.

나는 무심히 신문지를 찢어냈다. 노란 날개에 이어 태양 원반을 감싼 발톱이 나타났다. 나는 놀라서 에드를 쳐다보았다.

"비조가 내게 얼마나 소중한 존재인지 알고 있구나. 그럼 한국계 미국인이란 사실이 얼마나 혼란스러운 건지도 알고 있니? 비조는 내게, 어느 한쪽을 선택하지 말고 그 둘 다여야 한다고 가르쳤어."

나는 그 우아한 문양 전체가 드러날 때까지 마음을 졸이며 나머지 종이를 천천히 벗겨냈다. 선물에 손을 들고 요리조리 뜯어보곤 감탄을 금치 못했다. 황금새는 내 오랜 기억만큼이나 아름다웠다.

"오, 에드…… 뭐라 말해야 좋을지 모르겠어! 완벽해. 이건…… 이건 영혼의 새, 바로 나야. 어떻게 찾아냈어? 어떻게 알았지?"

그가 내 코에 가볍게 키스했다. "네가 이 상투적인 표현을 양해해 준다면, 이렇게 말할 수 있을 것 같아. 작은 새 한 마리가 내게 알려줬다고……."(371쪽)

저자 넬슨은 '에필로그'에서 이렇게 말한다.

　나는 한국과 중국 모두를 연구하는 고고학자로, 이 선사시대 이야기
는 한국과 중국 북동지역에서 발굴된 실제 고고학적 유물에 토대를 두었
다. 그러나 몇 가지 예외가 있다. 비조의 무덤과 같은 매장지는 발견된 적
이 없다. 한국에서 신석기 시대 매장지가 발견된 예는 드물다. 이는 아마
도 산성 토양이 유골을 쉽게 부식시키기 때문일 것이다. 또한 어떤 신석
기시대 매장지에서도 호박이 발견된 적은 없다. 호박과 매장지는 이야기
의 구성상 필요했다. 옥으로 된 새는, 이 소설의 배경보다 약 3천 년 후의
중국에서 기원한 것으로, 그냥 놓쳐버리기엔 너무도 아름다운 영혼의 새
에 대한 묘사가 될 터였다. 그러나 이 책에 서술된 대부분의 도구들은 실
제이다. (372쪽)

이처럼 한국 고고학에 깊이 빠진 넬슨 교수는 여러 한국학자들에게 감
사하고 있다. 김재원, 김원용, 손보기, 임효재, 이광표 등의 이름을 언급하
였다. 미국 고고학회 잡지《*American Antiquity*》(2002년 1월) 지에는 버클
리대학의 콘케이(Margaret Conkey) 교수가 쓴 이 책의 서평이 실렸는데, "이
소설은 고고학과 선사시대 문화연구의 추론을 한없이 넓혀준, 바람직한 학
문발전의 한 상징물로서 대학교에서 고고학이나 인류학의 부교재로도 적
극 추천할 만한 귀중한 업적이다"고 하였다.

　『한국 고고학 *The Archaeology of Korea*』(1993)은 사라 넬슨을 비롯한 9인
의 고고학자가 쓴 논문들을 모은 책으로 고고학자 김경택 교수가 번역하였
다. 3부로 구성되어 있는데, 1부 '구미고고학의 관점에서 본 한국고고학' 편
에 넬슨의 「미국고고학의 관점에서 본 한국고고학의 현황과 과제」라는 논문

이 실려 있다. 이 논문은 이렇게 시작된다.

The Archaeology of Korea (1993) 초판본

　　지난 10년간 한국고고학은 수집된 자료의 양, 자료 수집 방법, 그리고 자료의 상세한 해석들에 있어서 기하급수적 성장을 해왔다. 고고학자들의 수가 늘어났으며, 고고학자들의 훈련 및 경험의 총체적 축적은 단지 선사시대의 복원뿐만 아니라 과거에 대한 접근을 변화시키기 시작했다. 구미지역에서 발생했던 고고학계의 패러다임 전환에 따라 한국고고학은 과거에 무엇이 일어났는가에 덧붙여 왜(why) 그리고 어떻게(how)라는 질문들을 하기 시작하고 있다. 최근 필자는 여러 한국고고학자들과 한국고고학의 현 상황에 대해 논의할 기회를 가졌다. 필자는 여러 측면에서 얼마나 많은 진보가 이루어져 왔는가를 분명하게 알게 되었다. 그러나 한국 학계에서 활발하게 논의되고 있는 몇 가지 문제점들과 더 이상 주목되고 있지 않는 (적어도 활발하게 토론되지 않는) 몇몇 문제점들을 포함하여 문제점들이 아직도 남아 있음은 분명하다. (17쪽)

Gyeongju: The Capital of Golden Silla (2017) 초판본

　　넬슨은 『*Gyeongju: The Capital of Golden Silla*(경주)』(2017)란 책도 내었는데, 국내에는 국립 중앙도서관에 소장되어 있고, 국립박물관문화재단 이사장 최정필 교수도 저자에게 직접 받은 기증본을 갖고 있다.

한국을 비판하다 사랑하게 된

수전 손택

Susan Sontag, 1933~2004

『다시 태어나다 *Reborn*』(2008)

나는 고 전숙희 여사가 쓴『PEN이야기』(1999)를 읽고 1988년에 서울 국제펜대회를 개최할 때 해외에서 김지하 등 작가들이 탄압받는다는 이유로 대회를 철회하자는 반대가 심했다는 사실을 알게 되었다. 그때 가장 앞장서서 대회를 철회시키려 한 작가가 미국펜클럽 회장인 수전 손택(Susan Sontag)이었다. 결국 한국 측의 적극적 노력으로 개최하게 되자 손택 회장은 참석하였는데 심지어 아들까지 데리고 왔다. 그러고는 돌아갈 적에는 매우 성공한 대회였고, 참석하기를 잘했다고 감사의 인사까지 남겼다. 전 여사의 위 책에는 손택의 강연 전문도 실려 있다.

나는 손택의 이름은 자주 들었지만 도대체 어떤 사람인가 궁금했다. 그래서 서울대 도서관에 가서 알아보니 우리나라에도 많은 책들이 번역되어 있다. 『해석에 반대한다』, 『은유로서의 질병』, 『타인의 고통』, 『사진에 관하여』, 『우울한 열정』, 『강조해야 할 것』, 『문학은 자유다』, 『나 그리고 그 밖의 것들』, 『앨리스, 깨어나지 않는 영혼』, 『인 아메리카』 등이 번역되었고, 2013년에 그녀의 일기와 노트를 아들이 편집한 『다시 태어나다 *Reborn*』도 번역되어 있고, 『어머니의 죽음』이란 책을 내기도 했다. 읽어보니 한마디로 충격적이다. 일기라는 것이 남에게 보이려고 쓰는 것이 아니지만 이렇게 자신의 사생활, 특히 사랑과 동성애를 적나라하게 적은 것을 나는 보지 못했다. 이런 내용을 아들(한국에도 따라온)이 편집해 출간했으니 그 용기와 작가정신이 놀랍다. 이 책의 번역자는 "치욕과 통증을 넘어 삶을 날것으로 공유함으로써 문학에 대한 의무를 다했다"고 서술하고 있다. 여담이지만, 독일어로 존탁(Sontag)은 '일요일'이란 뜻으로 성씨에도 꽤 있는데, 영어로는 '손택'이라고 발음하지만 '손탁'으로 발음해도 괜찮을 것이다. 구한말 정동에 손택(孫澤)호텔이 있었는데 존탁이란 독일여성의 이름을 한문식으로 표현한 것이다.

작가의 생애

수전 손택(Susan Sontag)은 1933년 1월 16일 뉴욕에서 리투아니아와 폴란드 계통 유대인 가정에서 태어났다. 아버지 로젠블랫(Jack Rosenblatt)은 중국을 상대로 무역업을 하였는데 수잔이 5살인 1939년에 결핵으로 죽었다. 어머니는 미국인 장교 나단 손택(Nathan Sontag)과 재혼하여 수잔과

여동생 주디스(Judith)는 계부의 성을 따랐다. 손택은 유대교 교육을 받지 않았고 20세가 될 때까지 시나고그(유대교당)에 가지 않았다. 자식에게 냉랭한 어머니와 뉴욕의 롱아일랜드에 살다가 남캘리포니아로 옮겨 15살에 북할리우드고등학교를 졸업했다. 버클리대학에 입학했다가 시카고대학으로 옮겼다. 거기서 철학, 고대사, 문학을 공부했다. 1951년에 《시카고 리뷰 *Chicago Review*》지에 첫 글을 발표했다.

17세에 시카고대학 사회학 강사 리프(Philip Rieff)와 결혼했으나 8년 만에 이혼했다. 아들 데이비드 리프(David Rieff)는 후일 작가가 되었다. 손택은 사회학자 거스(Hans Heinrich Gerth)의 하기강좌를 들으며 친해졌고 독일 사상가들에게 매료되었다. 1952년부터 1년간 코네티컷대학교에서 영어를 강의했다. 하버드대학 대학원에 입학하여 영어를 전공하다 철학

아들 데이비드 리프(David Rieff)와 함께. 한국에도 함께 온 이 아들은 어머니의 일기를 편집하여 『다시 태어나다 *Reborn*』라는 책으로 발간했고, 『어머니의 죽음』이란 책을 쓰기도 했다.

과로 옮겨 틸리히(Paul Tillich), 타우베스(Jacob Taubes), 화이트(Morton White) 등의 지도를 받았다. 예술철학으로 석사 학위를 받고 철학과 신학 박사과정에 들어갔다. 마르쿠제(Herbert Marcuse)가 『에로스와 문명 *Eros and Civilization*』을 내던 1955년에는 함께 일했다.

1959년부터 뉴욕시립대학, 사라로렌스대학, 컬럼비아대학에서 철학을 강의했고, 각종 신문과 잡지에 활발하게 기고했다. 첫 소설 『은인』(1963)을 발표하면서 문단과 학계의 주목을 받았다. 1964년 《파르티잔 리뷰 *Partisan Review*》에 「캠프에 관한 단상」이라는 글을 발표했다. 1966년 "해석은 지식인이 예술과 세계에 가하는 복수다"라는 도발적인 문제 제기를 담은 평론집 『해석에 반대한다 *Against Interpretation*』를 내고 문화계의 중심에 섰다. 예술에서 의미를 찾기보다는 예술 자체로 경험해야 한다고 주장했다. 이후 문학, 연극, 영화, 사진 등의 예술평론뿐만 아니라 소설과 에세이, 희곡, 시나리오를 내놓으며 미국은 물론 전 세계 지성인들의 관심을 끌었다.

손택은 인권과 사회 문제에도 거침없는 비판을 쏟아내 국내외에서 논란을 불러일으켰다. 그의 현실 참여는 베트남 전쟁이 한창이던 1966년부터 본격적으로 시작됐다. 《파르티잔 리뷰》에 「지금 미국에서 무슨 일이 벌어지고 있는가」를 기고해 미국의 은폐된 역사와 베트남 전쟁의 허위, 아메리칸 드림의 실상을 폭로했다. 인도출신 작가 살만 루시디(Salman Rushdie)가 '악마의 시'로 이란 종교당국으로부터 사형선고를 받자 미국 문학계에서 항의운동을 주도했다. 사라예보 내전이 일어나고 있던 1993년에는 전쟁터인 사라예보로 가서 죽음의 공포에 떠는 사라예보인들에게 연극 〈고도를 기다리며〉를 공연하여 전쟁 속에서도 인간은 여전히 예술을 창조하고 감상할 수 있음을 일깨웠다. 그는 또 9·11 세계무역센터 폭파 사건에 대한 미국 정부의 태도를 날카롭게 비판해 미국 내에서 격렬한 찬반 논쟁을 일으키기도 했으며, 이라크 전쟁 당시에는 "사이비 전쟁을 위한 사이비 선전포고"를 그만두라고 부시 행정부를 공격하는 등 행동하는 지식인의 모습을 보여주었다.

2003년 독일출판협회는 프랑크푸르트 국제도서전에서 그녀에게 평화상을 주었다. "거짓 이미지와 뒤틀린 진실로 둘러싸인 세계에서 사상의 자유를 굳건히 수호해 왔다"는 것이 이유였다. 『사진에 관하여 On Photography』로 1977년 전미도서비평가협회상, 소설 『인 아메리카 In America』로 1999년 전미도서상 소설부문을 수상했다.

2004년 12월 28일 뉴욕 슬론-키터링 기념 암센터에서 골수성 백혈병으로 71세의 생을 마감했다. 유해는 파리의 몽파르나스 공동묘지에 안장

됐다. 검은 화강암 묘석에 이름과 생몰연대만 적혀 있다. 수전은 일기에서 이렇게 적었다. "글을 쓸 수 없다. 내가 느끼는 절망에 내가 목소리를 허락하지 못하기 때문이다. 번번이, 결국에 가서는 의지다. 절망을 거부하느라 나 스스로 내 에너지를 차단하고 있다." 그녀의 아들은 어머니의 죽음을 이렇게 말했다. "어머니는 어머니답게 아직 쓰지 못한 글을 쓸 시간이 필요하다곤 말했다. 예전부터 어머니는 살면서 하고 싶지 않았던 일을 너무 많이 했다는 말씀을 가끔 했다. 하지만 이제 드디어 자신에게 정말로 소중한 일을 하겠다고, 특히 소설을 더 많이 쓰겠다고 했다. 다만 어머니에게 필요한 것은 시간이었다."

작품 속으로

Reborn (2008) 초판본

나는 『다시 태어나다 *Reborn*』를 읽으면서 수전이 얼마나 용기 있는 지적 모험을 하였는지 알게 되었다. 그녀는 어려서부터 읽어야 할 책의 리스트를 수십 권씩 적는가 하면, 12세 때에 토마스 만(Thomas Mann)을 찾아가 문학적 조언을 구하기도 했다. 미국에서 살았지만 유대인들이 그렇듯이 전 세계를 돌아다니며 현지정보와 지식을 얻었다. 나도 이스라엘에서 강의할 때 한 학부모 집에 초대받았는데 한국을 포함해 전 세계에 관한 지식을 갖고 있는 것을 보고 놀라면서, 이러니까 노벨상을 석권한다는 생각을 가진 바 있다. 이 책은 수전이 남긴 일기와 메모를 토대로 냈는데, 이 책에서 몇 군데 인상적인 것들을 소개하겠다.

아, 사고보다는 감각의 삶을 원하노니. (61쪽)

슈팽글러의 『서구의 몰락』을 읽고 있다. 괴테의 세계다. 또 개념이다. 슈팽글러가 인용한 괴테의 말: 삶에서 중요한 것은 삶이지 삶의 결과가 아니다. (62쪽)

열정은 좋은 심미안을 마비시킨다. (63쪽)

나는 고독을 통해 아름다워지리라. (98쪽)

글을 쓰기 위해서는 내 이름을 사랑해야 한다. 작가는 자기 자신을 사랑한다…. 그리고 그런 만남과 폭력에서 책이 나오는 것이다. (283쪽)

작가는 외면적이거나(호머, 톨스토이) 내면적이거나(카프카) 둘 중의 하나다. 세상 혹은 광기, 톨스토이는 구상화(具象畵)와 같다. 판단을 초월하는 숭고한 사랑으로 세상을 재현하려고 노력한다. 반면 다른 식으로는 광기를 가두어두었던 코르크 마개를 뽑아버린다. 전자가 훨씬 더 위대하다. 나는 두 번째 부류의 작가밖에 될 수 없을 것이다. (388쪽)

유대인 출신 미국 여성작가로 전 세계에 명성을 떨친 그녀는 한국과 한국문학에도 의미 있는 인물이었다. 고 전숙희(전 국제펜클럽한국본부 이사장)은 회고록에서 1988년 서울 국제펜대회에서 행한 손택의 강연을 다음과 같이 재록했다.

나는 이 자리에서 미국의 한 작가로서, 다른 한편으로는 미국 펜본부의 회장으로서 말씀드리려고 하는데 내가 지니고 있는 이 위상의 각기 상이한 면을 어떻게 설명해야 할지 선뜻 말씀드리기 어렵습니다. 나의 발언 중 어떤 부분은 매우 비공식적인 사적인 얘기가 될 것입니다. 나는 훌륭한 동료들이 함께 자리한 제1문학부문 회의에서 연설하게 된 것을 매우 기쁘게 생각합니다. 저는 이번 대회가 지금까지 우리가 알고 있는, 그리고 제가 참석한 적이 있는 펜대회를 구별하는 두 가지 목적이 있다고 생각합니다.

하나는, 우리가 서울에서 모인 이 자리는 나를 포함하여 여기에 참석한, 한국인이 아닌 대부분의 사람들이 유감스럽게도 잘 모르고 있었던 문학, 즉 한국문학을 이해하는 좋은 기회라는 점입니다. 엔도 슈사쿠 씨가 지적한 대로 우리가 모르고 있던 중요한 문학과 친숙해질 수 있는 훌륭한 기회가 될 뿐 아니라 지구의 다른 부분에 살고 있는 우리들이 서양인으로서 지니고 있었던 지역적 편견을 없애는 데도 좋은 계기가 될 것입니다. 둘째로, 우리가 이곳 서울에서 만남이 한국에서의 전면적 민주적 지위를 이룩하기 위한 운동에 조금이나마 기여하는 계기가 될 것이며, 이것은 또한 검열제도의 철폐, 구금된 한국의 작가와 기자들의 석방을 위한 운동에 다소나마 기여할 것이란 사실입니다. (전숙희, 『PEN이야기』, 225~226쪽)

작가는 세상의 부조리에 맞서 자유와 권익을 위해 투쟁하는 투사가 아닐까? 손택은 작가들의 자유와 권익에 관하여 언급하였다.

문학적 신념이 위기에 직면하게 되는 것은 첫째로 대부분의 인간뿐 아니라 작가들 가운데서도 볼 수 있는 순응주의자적 경향, 즉 권력과 좋은 관계를 유지하려는 욕구에서 비롯되는 것입니다. 이 문학적 신념, 즉 권력 앞에 당당히 진실을 말하는 것을 숭고한 사명의 하나로 여기고 이 신념은 항상 국가권력 또는 다른 형태의 권력으로부터 공격을 받게 됩니다. (중략) 한 작가의 행동을 단순한 실리주의자 또는 단기적인 비용효과 지향적인 행동으로 보는 것은 문학을 위해서나 민주적 사회를 위해서도 결코 이로운 것이 아님을 저는 단언할 수 있습니다. 만약 질서와 자유 사이에 충돌이 있다면 정직히 말하면 질서와 자유 사이에는 충돌이 있기 마련입니다만 작가는 두말할 나위 없이 자유의 편에 서야 하는 것입니다. 질서와 규율을 지켜야 한다는 목소리는 항상 넘쳐나고 있습니다, 필요 이상으로…. 만약 단기간에 거두어야 할 실질적 결과와 장기적 원칙에 대한 문제 사이에 충돌이 있다면, 정직히 말하면 그러한 충돌은 자주 있는데, 작가는 윤리적 도덕적 원칙을 고수해야 합니다. 현실적 정치의 위업을 고수해야 한다는 목소리는 항상 넘쳐나고 있습니다. (227쪽)

손택은 작가가 지녀야 할 세 가지 덕목에 대해서도 언급하였다.

　과도기에 있는 사회에서는 사실 우리의 모든 사회가 과도기에 처해 있고 이것이 우리의 현대성의 특징이기도 합니다만, 작가들이 지녀야 할 세 가지 개념을 제시하고자 합니다.
　첫째는 작가를 손님, 고마운 손님으로 여기려는 생각을 거절하라는 것입니다.
　둘째는 작가를 합법적인 정부가 후원하는 변화의 '지지자'로 규정하려는 시도를 경계해야 합니다. 작가들의 회의에서 흔히 지칭되는 속물적 순응자에게 지워지는 책임을 인식하라는 호소를 우리는 늘 삼가야 합니다.

끝으로 작가를 무조건 반체제 인사로 낙인하는 독단적이고 자기만족적인 정의를 경솔하게 내리지 말라는 것입니다. 반체제 인사라는 말은 아주 조심스럽게 사용하지 않으면 안 되는 단어로 생각합니다. '비공식적'인 인물로 남는 것이 작가가 견지해야 할 가장 적절한, 영원한 신분입니다. 이것이 또한 문학이 정신적인 그리고 현실적인 힘으로 살아남게 하는 가장 훌륭한 길이 되기 때문입니다. (230쪽)

처음에는 한국을 비판했지만 막상 한국에 와보고는 한국을 사랑하게 된 손택은 김은국 등 한국문인들과 뜨거운 우정을 나누었다. 언론인이자 수필가인 김용구(1929~2019) 씨도 수전이 연설한 후 함께 찍은 사진을 간직하고 있었다.

한국문인 김용구 씨와 함께(1988)

'한국사 연구의 대부' 미국인 학자

제임스 버나드 팔레

James Bernard Palais, 1934~2006

『전통한국의 정치와 정책 *Politics and Policy in Traditional Korea*』(1975)

『유교적 경세론과 조선의 제도들

Confucian statecraft and Korean institutions』(1996)

하와이대학교 한국학연구소에 방문학자로
1년간 가 있을 때 제임스 버나드 팔레(James
Bernard Palais) 교수의 1,230쪽에 이르는
『유교적 경세론과 조선의 제도들 *Confucian
Statecraft and Korean Institutions*』을 도서관
에서 빌려와 책상에 놓고 틈틈이 읽었다. 그
러면서 '도대체 어떤 학문적 정열로 이런 대
작을 쓸 수 있는가, 그는 도무지 어떤 인물
인가?' 놀라고 궁금했다. 주위 사람들은 내게 이 책에 대하여는 미국에서도
한국에서도 감히 서평을 할 사람이 없다고 얘기해 주었다. 이 말에 주눅이
들어서 미국아시아학회 심포지엄 때 그를 먼발치에서 바라보면서 인사를

할 용기도 못 내었다.

그 후 그가 서울에 와서 성균관대학교 동아시아학술원 원장으로 지낸 다는 소식도 들었지만 찾아갈 엄두를 못 내고 결국 2006년에 작고하셨다 는 소식을 들었다. 많은 한국학자들이 그의 지도를 받고 시애틀의 워싱턴 대학교에서 한국사를 전공하였다. 그래서 그를 '한국학의 대부'라고도 하 였다. 평생 한국역사를 연구하는 데 매진하고 한국의 학계를 위해 만년을 한국에서 산 그의 한국사랑이 가슴을 울린다.

작가의 생애

———

제임스 버나드 팔레(James Bernard Palais)는 1934년 미국 매사추세츠 주의 브루크라인(Brookline)에서 출생하였다. 하버드대학교에서 역사학을 공부하고 1955년에 졸업하였다. 몬트레이 어학원에서 한국어를 배우고 동 아시아 역사에 관심을 갖게 되었다. 1958년 한국에서 군복무를 마치고 1960년에 예일대학에서 일본학으로 석사 학위를 받았다. 1963년부터 2년 간 서울대학교 규장각에서 연구하여 1968년에 홍선대원군의 정치개혁에 관한 연구를 논문으로 써서 하버드대학에서 역사학박사 학위를 받았다. 이 것이 『전통한국의 정치와 정책 *Politics and Policy in Traditional Korea*』이라 는 제목으로 1975년에 하버드대 출판부에서 책으로 나왔다. 하버드대에서 는 와그너(Edward W. Wagner) 교수와 함께 일했다.

노포크주립대학과 메인대학교에서 학생들을 가르치다가 시애틀의 워 싱턴대학교에 극동 및 러시아연구소(Far Eastern and Russian Institute)를 설립하는 데에 참여하였다. 그 후 1968년부터 30년 이상 이곳에서 한국학

성균관대 '동아시아학
집중강좌'에서 강의를 하고
있다.

을 가르치며 교수생활을 하였다. 그곳에는 2명의 한국학 전공 교수가 있어
실상 미국 전역에서 가장 큰 한국학 연구 중심으로 알려졌다. 1974~77년
에는 《Occasional Papers on Korean Studies》를 편집하였고, 그 후 1988년까
지 《Journal of Korean Studies》의 편집인으로 활동하였다. 또한 『Human
Rights in Korea: an Asia Watch Report(한국의 정치에 관심을 기울여)』(1986)
를 출간하였다. 1970~80년대 한국의 민주화 운동에도 참여하였으며, 박
정희 정권시절 대한민국 정부의 지원금 제의를 인권탄압을 이유로 거절하
였다. 1968년부터 2001년까지 30년 이상 미국 시애틀의 워싱턴대학교 교
수로 재직했고, 2002년부터 2004년까지 성균관대학교 동아시아학술원 원
장을 3년간 맡았다. 〈케임브리지 히스토리〉 총서 시리즈 중 Cambridge
History of Korea의 편집책임을 맡았다

그 후에도 편집, 저술, 강의 등을 하다가 2005년 봄에 병환으로 누웠
고 2006년 8월 6일 사망했다.

그는 조선시대사에 관한 많은 논문과 저서를 발표했다. 1975년에 출
간한 『전통한국의 정치와 정책 Politics and Policy in Traditional Korea』, 1996

고병익 서울대 총장과 대담하는 팔레

년에 출간한 『유교적 경세론과 조선의 제도들 *Confucian statecraft and Korean institutions*』 등이 대표적 저서이다.

1995년 연세대학교에서 용재상을, 1998년 미국에서 존 휘트니 홀 저술상(John Whitney Hall book prize)을 수상했다. 2001년 미국 아시아학회에서 특별공로상을 수상했다. 또 북미아시아학회는 그의 업적을 기리는 '제임스 팔레 한국학 도서상'을 제정했다. 기금 4만 달러 중 2만 달러를 한국국제교류재단이 매칭 펀드 형식으로 기부해 제정되었으며, 2010년부터 한국과 관련한 영문 출판물 가운데 우수작을 선정해 상금 2천 달러를 시상한다.

작품 속으로

『전통한국의 정치와 정책 *Politics and Policy in Traditional Korea*』은 1993년에 이훈상 동아대 교수에 의해 완역되었다. 이 책은 '1. 서론, 2. 군주의 왕조의 권력 확립에 있어서의 문제점, 3. 인물의 등용에 있어서 공적과

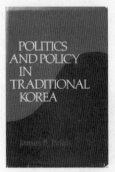

Politics and Policy in
Traditional Korea
(1975) 초판본

특권, 4. 토지의 분배와 부세, 5. 호포제의 실시, 6. 대원군의 서원 철폐, 7. 환곡제도의 개혁, 8. 화폐정책, 9. 합의의 결렬: 대원군의 하야, 10. 청전(淸錢)의 유통금지, 11. 현상유지, 12. 대원군의 복귀를 주장하는 정치 불안세력에 대한 정책, 13. 일본과의 강화를 둘러싼 논쟁, 14. 맺음말' 순으로 되어 있다. 맨 마지막의 내용을 인용해 본다.

매우 현실적인 면에서 볼 때 중앙의 권위를 확대하는 데 대한 중요한 투쟁은 문호개방 이후가 아니라 그 이전 10년 동안 일어났다. 그 투쟁은 사라져버렸고 이 과정에서 관습적인 유교 지배와 실제적인 제도개혁, 양자의 유효성과 효능에 대한 신뢰 역시 상실되었다. 그러므로 1876년 이후 조선 정부는 국가를 구제하는 데 있어서 구질서에 대한 믿음도 새로운 외국제도를 단호하게 적용하는 데 대하여도 확신이 서 있지 않았다. 결국 정부는 중국 조언가들을 기쁘게 하거나 또는 일본 이탈자들을 달래도록 근대화 개혁을 강요당하고 말았다. 그러나 정부의 관심사는 지배귀족과 미약한 왕조 및 중앙정부의 권한이 결합된 전통방식에 기초하여 사회적 정치적으로 현상을 유지하는 것이었다. 그러므로 1894년 갑오개혁이라는 과감한 조처가 결코 국내의 사회적 정치적 세력의 저지를 받지 않는 외부권위의 원천인 일본 무장세력의 보호 날개 아래 운영된 정부에 의하여 시행된 사실은 이상한 일이 아니다. 뿐만 아니라 1894년 이후 15년 동안 많은 조선 관리들이 러시아인이나 일본인과 같은 외국의 이익이나 세력과 결탁한 것도 놀라운 일이 아니다. 왜냐하면 강력하고 설득력 있는 민족주의가 결여된 채 미약하고 신뢰성이 결여된 군주

체제가 현존한 상황에서 많은 양반 관료들이 비록 외국인일지라도 실제적인 권력의 원천 쪽으로 자연히 끌리는 경향이 있기 때문이다. 왜냐하면 전통질서 그 자체는 결코 강력하고 효과적인 중앙의 권위를 창출할 수 없었기 때문이다. 전통적 군주제와 양반 귀족제는 1910년부터 1945년까지 일본의 식민통치 기간 중 파멸하고 말았으며 1945년 독립 이후 한국에는 여전히 중앙의 권력을 제약한 오랫동안의 전통 때문에 쉽게 이루어지기 힘든 정치적 권위의 창출이라는 과제가 남아

Confucian statecraft and Korean institutions (1996) 초판본

있었다. 그러나 남북한의 현대 한국의 정부가 전통적으로 존재해왔던 것보다 더 강력하고 중앙화한 권위를 발전시킨 결과 과거에 형평의 기초를 이룬 정치적 사회적 토대는 사라지고 말았다. (457~458쪽)

『유교적 경세론과 조선의 제도들Confucian statecraft and Korean institutions』은 2008년에 김범의 번역으로 1권 906쪽, 2권 678쪽, 모두 1,584쪽에 이르는 방대한 분량으로 출간되었다. 분량도 분량이지만 심도 깊은 한국학 연구를 엿볼 수 있는 책이다. 이 책은 크게 6부로 이루어졌다. 1부 조선전기: 1392~1650년에는 '1장 조선 건국기의 유교적 경세론, 2장 조선 전기 체제의 해체, 3장 임진왜란 이후 국방과 경제의 발전', 2부 사회개혁: 양반과 노비에는 '4장 교육과 학교를 통한 지배신분의 개조, 5장 새로운 학교제도: 급진주의에 대한 보수적 태도, 6장 노비제도: 점진적 폐지로 가는 길', 3부 전제개혁에는 '7장 정전제와의 타협, 8장 전제개혁을 통한 부의 재분배, 9장 조선 후기의 전제개혁안', 4부 군제개혁에는 '10장 어영청의 모범, 11장 훈련도감을 둘러싼 논쟁, 12장 국방재정을 위한 대안의 모색,

13장 군사개편, 무기, 성벽, 14장 군역제도', 5부 관제개혁에는 '15장 국왕과 그의 조정, 16장 중앙관제의 개혁, 17장 인사정책, 18장 지방행정, 19장 향약, 20장 유형원의 향약규정', 6부 재정개혁과 경제에는 '21장 공납과 대동법의 개혁, 22장 녹봉과 지출을 위한 대동법의 모범, 23장 동전과 화폐제도, 24장 화폐에 대한 유형원의 분석, 25장 통화팽창과 위축의 순환, 26장 1731년 이후의 동전과 경제적 변화'가 실려 있다. 맺음말은 '조선 유교적 경세론의 복잡성'으로 끝맺고 있다. 실학자 반계(磻溪) 유형원(柳馨遠, 1622~1673)의『반계수록磻溪隧錄』을 통하여 조선의 제도와 문물을 총점검한 학문적 온축이라 하겠다. 마지막 문장은 이러하다.

끝으로 경세(經世)사상의 중심은 중국 고전에 서술된 중국 고대의 제도에 머물러 있었는데, 현실적 경세론의 실천에서 주요한 지혜의 원천은 중국의 역사와 제도를 서술한 방대한 문헌이었으며 조선의 안전을 유지한 중요한 버팀목은 1894년 청일전쟁까지 청이 제공한 보호였다. 이것은 근대 한국의 민족주의자들에게는 해외문화에 복종했다는 사실을 상기시키는 우울한 요소이지만, 조선의 유학자들이 한반도에 국한되지 않고 세계사의 대부분보다 훨씬 복잡하고 수준 높은 문명이 지배한 좀 더 넓은 세계에서 인정받고 참여했다는 상징이기도 하다. (2권 589쪽)

한국에 살며 한국문화를 책으로 엮어낸 미국인

에드워드 아담스

Edward Adams, 1934~

『*Through the Gates of Seoul*(이조오백년)』(1970)
『*Korea Guide*(한국 안내)』(1976)
『*Kyongju Guide*(경주 안내)』(1979)

에드워드 아담스(Edward Adams)는 서울국
제학교(Seoul International School) 교장으로
알려진 인물이다. 그는 서울에 살면서 한국인
들의 모임에도 친근하게 참석하여 가까운 친
구처럼 느껴졌다. 내 기억으로는 늘 큼직한
카메라를 들고 있어 사진작가처럼 보였다.
1970년대 이후 오랫동안 보지 못하다가 이
책을 쓰면서 살펴보니 그동안 그가 한국에 대
하여 쓴 책들이 엄청 많다는 사실에 놀랐다. 손수 찍은 사진들을 수록해 호
화판으로 펴낸 그의 책들은 한국을 세계에 아름다운 나라로 알리는 데에
기여하였다. 뿐만 아니라 그의 집안은 할아버지 때와 아버지 때를 거쳐 계

교직원 및 학생들과 서울국제학교 운동장에서 나무를 심는 에드워드 아담스(1973~1974)

속 한국에 살고 있으니, 진정한 한국인의 친구로 사는 것처럼 보였다. 이런
외국인이 있으니 참으로 고마움을 느끼게 된다.

작가의 생애
————

에드워드 아담스(Edward Adams)는 1934년 미국에서 태어났다. 그의
할아버지 제임스 에드워드 아담스(James Edward Adams, 1867~1927)는 미
국 인디애나 주에서 태어나 맥코믹신학교를 졸업하고 1895년에 선교사로
한국에 찾아와 대구에서 선교와 교육사업을 하였다. 한국이름은 안의화 목
사였다. 제임스 에드워드 아담스의 누나는 부산에서 선교하는 베어드(배위
량) 선교사의 부인이었고, 그는 베어드의 후임으로 대구에 오게 되었다. 그
가 개척한 교회가 오늘의 제일교회이고, 그는 계성학교도 설립하였다. 또

대구 제중원을 설립하였는데 이것은
오늘날 동산병원으로 발전하였다.
서울의 세브란스병원에서 의사로 일
하면서 전 재산을 기증하여 대구의
선교사업을 지원하였다. 부인 넬리
여사도 신명학교에서 가르쳤다. 장
남 에드워드(안두화) 역시 미국에서
공부한 후 선교사가 되어 대구로 와
서 계명대학교를 설립해 이사장이 되
었다. 차남 벤자민은 안동에서 선교
활동을 하였다. 벤자민이 낳은 아들

에드워드 아담스

이 바로 에드워드 아담스인데, 안동에서 유년시절을 보내다 다섯 살 때 미
국으로 갔다가 1949년에 다시 한국으로 왔다. 1965년에 국방부 미군아동
학교 교장이 되었다. 이 학교가 서울국제학교(Seoul International School)
로 발전하였다. 아담스는 이 학교의 교장으로 활동하면서 한국역사와 한
국문화를 연구하면서 사진을 찍어 한국에 관한 많은 저서를 내었다. 그의
책들은 어려운 학술서가 아니라 일반인들과 외국인들에게 한국문화를 친
근하게 소개하는 화려한 책들이었다. 그는 현재 미국에서 살고 있다.

작품 속으로

———

아담스의 저서는 헤아리기 힘들 정도로 많다. 대부분 자신이 찍은 사
진들을 수록한 컬러 책이다. 당시로서는 한국에서 가장 호화판 책들에 속

*Through the Gates of
Seoul*(1970) 초판본

Korea Guide(1976)
초판본

Kyongju Guide(1979)
초판본

했다. 한국에 오는 외국인들과 한국을 알려는 사람들에게 거의 필수적인 안내서 역할을 하였다.

1970년에 두 권으로 계획된『*Through the Gates of Seoul*(이조오백년)』을 내었다. 1972년에는『*Places of Seoul*(서울의 명소)』을 사진집으로 내었다. 뿐만 아니라 서울을 소개한『*Korea Guide*(한국 안내)』, 경주를 소개한『*Kyongju Guide*(경주 안내)』라는 책도 내었다. 1976년에 펴낸『*Korea Guide*(한국 안내)』는 2년 만에 1만 5천 부가 팔렸다.

아담스는 이런 안내서 외에도 한국의 전설과 민화를 영어로 번역하여 출간하였다.『*Blindman's Daughter*(심청전)』,『*Two Brothers and their Magic Gourds*(흥부와 놀부전)』,『*Heardboy and Weaver*(견우와 직녀)』,『*Woodcutter and Nymph*(나무꾼과 선녀)』,『*Korean Cinderella*(콩쥐 팥쥐)』등을 출간하였다. 단행본 출간 외에도《코리아 저널》등 많은 영문 잡지에 한국에 관한 글을 써서 실었다.

『*Through the Gates of Seoul*(이조오백년)』은 4×6배판의 큼직한 책이다. 이 책은 15장으로 나뉘는데 '1. 경복궁−1392년 이조의 시작, 2. 종묘, 3. 동구릉, 4. 금곡지구, 5. 한강 주변, 6. 태강능, 7. 창덕궁과 비원, 8. 창경원, 9. 덕수궁, 10. 북악산 지역, 11. 북한산, 12. 서오릉, 13. 서삼릉, 14. 서울과 동대문, 15. 정릉 계곡'의 순으로 되어 있다. 맨 앞에는 사무엘 모펫(Samuel Hugh Moffet, 마삼략) 선교사의 인상적인 서문이 실려 있다. 1970년 여름 서울에서 쓴 이 서문에는 아담스 가문과 모펫 가문이 한국에서 대를 이어 유대를 맺었다고 서술하고 있다. 이 책의 원서명은 *Trough the Gates of Seoul*인데 한국명은 이조오백년(李朝五百年)이라고 되어 있다.

『*Korea Guide*(한국 안내)』는 1976년에 초판이 나왔고 1983년에 4판 개정판이 나왔다. 총 6장으로 되어 있는데, 제1장 한국소개에는 '역사적 소묘, 지리와 기후, 민족, 국기, 꽃과 식물, 20세기 한국, 정부, 교육, 경제적 기적, 한미관계100년', 제2장 수도 서울에는 '도성 안의 한 도시, 궁전들과 서울의 유산, 한국 왕실 만나기, 서울 근교, 강화도의 역사문화, 공산침략의 상징, 과거 들여다보기, 박물관과 문화재, 쇼핑 천국', 제3장 수도를 넘어서에는 '서울 밖의 주요도시(부산, 대구, 인천, 광주, 대전), 제주도, 이순신 경배, 설악산의 비경, 신라문화의 전통 경주, 백제의 부여와 공주, 남해안', 제4장 불교유산에는 '불교사원은 무엇인가?, 불국사와 석굴암, 법주사, 통도사, 마곡사, 해인사. 송광사, 금산사, 화엄사, 에밀레종의 전설', 제5장 문화적 매혹에는 '종교, 공휴일, 전통의상, 춤과 음악, 가면극, 한국공예품, 한국화, 한글, 십이갑자, 발명품, 여성전통, 전대미문의 예술미, 1988 올림픽, 기생의 세계, 한국음식, 만병통치약 인삼, 침술의 옛 지혜', 제6장 관광 안내에는 '일반적 관광정보, 야간생활, 코리아 하우스, 한국이름, 호텔, 항공사, 여행사, 백화점, 외국인학교, 외국대사관, 민간단체, 편리한 전화번호, 한국에 관한 추천도서'가 실려 있다. 이 책은 경주의 석굴암을 소개하면서 저자의 소감을 밝히고 있다. 이 부분을 번역해 소개한다.

한국은 외국 스승의 전통을 받아들였지만 많은 경우 그것을 고상하게 발전시켰다. 석굴전통의 불교미술에서 한국은 세계의 고전적 모범을 생

산해냈다. 그것은 경주의 석굴암이다. (201쪽)

『*Kyongju Guide*(경주 안내)』라는 책의 서문에서 아담스는 "경주는 항상 나에게 신비와 매혹의 후광을 가졌다"는 인상적인 말로 시작한다. 그는 "1966년 한국에 온 지 얼마 안 되어 처음 경주를 방문하고 이 책이 나오기까지 80회 이상 다녀왔다"고 적고 있다. 또 "10년 전만 하더라도 경주는 8만 명이 사는 시골읍이었다"고, "지금 정부가 2,570에이커의 보문단지 건설을 계획하고 있다"고 적고 있다.

이 책은 "관광안내서가 아니라 경주라는 도시가 신라의 놀라운 예술적 기교를 어떻게 간직하고 있는지를 보여주려 한다"고 밝힌다. 이 책에 실린 사진은 저자가 직접 찍은 것인데, 350개의 컬러사진과 296개의 흑백사진을 담고 있다. 이 책의 내용은 1971년부터 《코리아 헤럴드》에 연재한 것이다. 이 책에서 저자는 "경주를 연구하기 위해 정병조, 최남주, 이기영, 강우방, 김형식 등 한국의 저명인사들의 도움을 받았다"고 했는데, 이들 인사들의 면면만 보아도 전문가들의 안목이 반영되어 있음을 알 수 있다.

저자의 많은 책을 일일이 소개할 수는 없으니, 그가 쓰고 번역한 책들의 표지만 사진으로 소개한다.

이들 책에는 저자가 직접 찍은 사진이 실려 있다. 그는 서울, 경주뿐 아니라 전국의 산천과 한국인의 모습을 사진작품에 담았다. 저자는 이방자 여사와 아들 이구 씨와 각별한 교분을 맺어 낙선재와 종묘제사, 영친왕 서거 등과 관련된 사진을 촬영할 수 있었다. 덕혜옹주, 이방자, 줄리아(이구의 부인)도 찍었고, 그들을 모시던 세 상궁나인들도 찍었다. 이런 사진들은 이제 우리에게 실로 귀중한 사료이다.

『*Art Treasures of Seoul*
(서울의 보물)』(1980)

『*Faces of Korea*
(한국의 얼굴)』(1969)

『*Korea's Golden Age*
(한국의 황금기)』
(1991)

『*Korea's Pottery
Heritage*(한국도자
문화재)』(1986)

『*Korean Folk Art and
Craft*(한국민속예술과
공예)』(1993)

『*Herdboy and
Weaver*(견우직녀)』
(1981)

『*korean cinderella*(콩쥐
팥쥐)』(1982)

『*Woodcurrer and
Nymph*(나무꾼과
선녀)』(1987)

한국학 연구의 권위자 스위스 여성학자

마르티나 도이힐러

Martina Deuchler, 1935~

『*Confucian Gentlemen and Barbarian Envoys*
(유교적 신사와 야만적 사절단)』(1977)
『한국의 유교화 과정 *The Confucian Transformation of Korea*』(1992)
『조상의 눈 아래에서 *Under the Ancester's Eyes*』(2015)

마르티나 도이힐러(Martina Deuchler)를 처음 만난 것은 1978년 파리에서 열린 제2차 유럽한국학회(AKSE)에서였다. 당시 프라이부르크대학 한인유학생회장이던 나는 지성미 넘치는 그녀를 바로 프라이부르크로 초청하였다. 그녀가 살던 취리히에서 가깝기도 하지만 한국유학생들을 위해 기꺼이 강연해 주시겠다고 해서 무척 고마웠다. 아니나 다를까. 우리 유학생들은 한국역사와 유교에 대해 우리보다 더 많이 알고 있는 그녀에게 자극을 받아 우리도 조국

을 좀 더 열심히 공부해야겠다고 입을 모았다. 그 후 서울대 규장각에도 자주 오셔서 반가운 재회를 나누고 인연을 계속 유지해 왔다. 한번은 유교전통이 강한 안동에서 열린 학회를 함께 다녀오면서 기차에서 마주 앉아 많은 대화를 나눈 일도 있었다. 그녀의 연구서들은 한국학자들에 의해 번역되어 많이 읽히고 있다. 이런 분들이 있으니 세계 속에서 한국학이 점점 발전하는 것이리라.

작가의 생애

———

마르티나 도이힐러(Martina Deuchler)는 1935년 스위스 취리히에서 태어났다. 1954년부터 네덜란드의 라이덴(Leiden)대학에서 공부하여 1957년에 중국학 및 일본학석사 학위를 받았다. 1959년부터 하버드대학에서 박사 학위과정을 밟았다. 지도교수는 페어뱅크(John K. Fairbank)와 라이샤워(Edwin O. Reischauer)였다. 1967년에 「*The Opening of Korea*(한국의 개항, 1875~1884)」라는 논문으로 박사 학위를 받았다. 그 박사논문을 보충하여 『*Confucian Gentlemen and Barbarian Envoys*(유교적 신사와 야만적 사절단)』라는 책을 워싱턴대학 출판부에서 1977년에 출간하였다. 스위스 학술재단의 지원으로 유럽에서 활동하는 한국학연구자들끼리 네트워크를 이루었고, 1977년에 유럽한국학회(AKSE)의 창립멤버가 되었다. 1991~93년에는 이 학회의 회장으로 활동했다. 스위스 학술재단의 지원으로 다시 영국 옥스퍼드대학의 프리드먼(Maurice Freedman) 교수의 지도 아래 연구생활을 하였다. 1979년 10월에 교수자격논문(Habilitation)으로 『*Confucianism and the Social Structure of Early Yi Korea*(초기 이순신의 유교와 사회구조)』를

마르티나 도이힐러 박사

썼고 취리히대학 중국학 및 한국학 교수가 되었다. 그 후 영국으로 옮겨 1988년부터 2000년까지 런던의 아시아-아프리카대학(School of Oriental and African Studies, SOAS)의 교수로 재직하였다. 수시로 한국에 와서 서울대 규장각과 한국의 대학들에서 학술강연도 하였다. 2000년에는 하버드대학 동아시아위원회 한국담당 위원이었고, 2001년에는 코넬대학에 교환교수로 가 있었다. 2004년에는 한국학중앙연구원에 교환교수로 와 있었고, 2008~09년에는 서강대학교에서 교환교수로 강의했다. 1993년에는 장지연상을 받았고, 1995년에는 한국정부로부터 은관문화훈장을 받았다. 2001년에는 연세대 백락준상을 받았고, 2008년에는 한국재단으로부터 제1회 한국학연구공로상을 받았다. 2011년에 왕립아시아학회(Royal Asiatic Society) 명예회원이 되었다. 2018년에 취리히대학에서 명예박사 학위를 받았다.

작품 속으로

도이힐러는 한국에 관한 많은 책들을 냈는데, 한국 음악에 관한 책도 출간했다. 서울대 음대의 이혜구 교수와 함께 독일어로 『*Koreanische Musik*(한국 음악)』을 출간했는데, 이 책은 〈역사 속의 음악〉 총서에 포함된 것이다.

Confucian Gentlemen and Barbarian Envoys (1977) 초판본

『*Confucian Gentlemen and Barbarian Envoys*(유교적 신사와 야만적 사절단)』(1977)은 워싱턴대학 출판부에서 출간된 책으로 한국 개화기의 개항사를 다룬 책이다. 310쪽에 이르며 1983년에 재판이 나왔다.

많이 알려진 『한국의 유교화 과정 *The Confucian Transformation of Korea*』(1992)은 하버드-옌칭연구소 총서의 36번째 책으로 439쪽이며, 1992년 하버드대 출판부에서 나왔다. 2013년에 이훈상에 의해 한국어로 번역되었다.

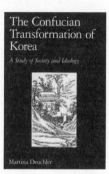

The Confucian Transformation of Korea(1992) 초판본

『조상의 눈 아래에서 *Under the Ancester's Eyes*』는 2015년 하버드대 출판부에서 나왔고, 2018년에 한국어판이 이훈상의 번역으로 나왔다.

『한국의 유교화 과정 *The Confucian Transformation of Korea*』은 2003년에 이훈상 역으로 『한국사회의 유교적 변환』이라는 제목으로 출판되었다가 10년 후인 2013년에 『한국의 유교화 과정』이라는 책명에 '신유

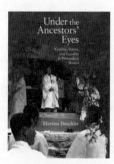

Under the Ancester's Eyes(2015) 초판본

학은 한국사회를 어떻게 바꾸었나'라는 부제를 붙여 개정판이 발간되었다. 이 책은 총 6장으로 '1장 신유학 수용 전의 과거, 고려사회의 재구성, 2장 신유학, 조선 초기 개혁입법의 이데올로기적 기초, 3장 종법과 계승 문제, 그리고 제사, 4장 상장례의 변화, 5장 상속, 균분에서 장자 우대로, 6장 신유학의 입법화와 여성에게 일어난 결과'의 순서로 되어 있다. 저자는 맨 뒤에 붙은 '저자후기'에서 한국에 관심을 갖고 한국의 역사를 공부하게 된 계기를 밝히고 있다.

1967년 가을 처음 한국에 왔을 때는 한국의 경제개발이 시작된 지 얼마 안 되어서 생활은 어려웠어도 살아 있는 유교전통을 목격할 수 있어서 참 기뻤다. 당시 내가 한국에 온 목적은 한국의 유교를 공부하자는 것은 아니었다. 당시 나는 구한말 개항에 관한 논문으로 하버드대학교에서 박사학위를 받은 후 보충자료를 수집하러 한국에 왔다. 왜냐하면 미국에서는 연구자료가 충분치 않았기 때문이다. 그래서 규장각에서 『일성록』 같은 자료를 보고 있었지만 매일 도서관에 다니면서도 한국의 전통적인 풍습과 접할 기회가 있었다. 가끔 지방에 내려가서 제사 같은 유교 의례를 구경할 기회도 있었다. 그때 깊은 인상을 받았는데, 한국사회에 관심이 커짐에 따라 한국의 전통적 사상과 사회를 공부하기로 마음먹게 되었다. 외교사에 관한 연구서 *Confucian Gentlemen and Barbarian Envoys*(1977)가 끝난 후 유럽으로 돌아가서 옥스퍼드대학교에서 모리스 프리드먼(Maurice Freedman) 교수에게서 사회인류학을 공부하기 시작했다. 그 당시에는 어려움이 정말 많았다. 사료가 부족했을 뿐만 아니라 조선시대 사회구조를 다루는 논문도 거의 없었다. 더구나 나는 2년 동안이나 한국에 살면서도 한국사회를 깊이 연구할 시간이 없었기 때문에 프리드먼 교수의 질문에 확실한 대답을 할 수 없었다. 어디서부터 시작해야 할까? 실마리를 얻는 것이 첫걸음인데 싶어『조선왕조실록』부터 읽기로 했다.

2년 동안『실록』을 독파한 후 중요한 사실을 발견하게 되었다. 주로 조선 전기 사회에 관한 기록을 뽑아서 분석한 결과 얻은 결론은 15세기 조선사회가 재편성과정에 있었다는 것이다. 다시 말해 15세기는 사회적으로 급격히 변해가는 과도기였다는 느낌을 받았는데 과도기라 함은 변동이 있었음을 의미한다. 그런데 과도기를 이해하기 위해서는 그 과도기의 근원을 찾아야 했기 때문에 고려시대로 거슬러 올라갈 수밖에 없었다. 그 후 2년 동안 고려사회를 공부하였다. 여러 가지 사료를 모아 분석함으로써 그 당시의 사회구조를 파악하기 시작했다. 정말 어려운 과제였다. 고려시대 사회에 관하여는 자료가 부족할 뿐만 아니라 단편적이었기 때문이다. 수수께끼를 푸는 것처럼 단편적인 사료들을 하나씩 하나씩 붙여서 원래 모습을 재구성해야 했다. 이를 위해 옥스퍼드에서 배운 이론을 잘 적용할 수 있었다. 물론 이론만으로 문제를 해결하려는 데에는 문제가 있다고 생각하지만 이론이 없으면 역사란 재현할 방법은 없다.

(중략)

한국의 유교화는 정말 획기적인 것이었는데 물론 하루아침에 일어난 것이 아니라 조선 초기부터 약 250년간에 걸쳐 이루어진 것이다. 유교사상은 중국사회에도 깊은 영향을 미쳤지만 한국에서는 세계 다른 어느 나라에서도 보기 힘들 정도로 중대한 변화를 가져왔다. 그것은 중대한 변화이긴 했어도 한국 전통의 전형적인 요소가 그대로 잔존했기 때문에 유교화는 한국을 작은 중국으로 창조하지 못하고 오히려 하나의 특수한 문화를 만들어내게 했다. (399~414쪽)

『조상의 눈 아래에서 _Under the Ancester's Eyes_』는 2015년 하버드대 출판부에서 나왔고, 2018년 984쪽에 이르는 한글판이 출간되었다. 이 책은 5부로 나뉘는데, 1부 한국사회의 토대에는 '1장 신라와 고려의 토착적 출계집단, 2장 정체성의 위기: 새 왕조의 모험, 3장 신유학의 도전', 2부 지방의 재구성에는 '4장 지방의 재점령: 재지 엘리트 출계집단의 형성, 5장 조선중기 재지 엘리트 세력의 공고화; 사회적 차원, 6장 조선중기 재지 엘리트 세력의 공고화: 경제적 차원', 3부 유학: 학문과 실천에는 '7장 유학자로서의 사족 엘리트, 8장 의례적 실천과 재지 종족의 초기 형성, 9장 공동체의 계층화와 지역사회의 지도력', 4부 분열과 결속에는 '10장 중앙과 비방: 이해의 상충, 11장 종족제도의 성숙: 정체성과 지역성, 12장 학문과 정치: 정통성을 둘러싼 경쟁', 5부 변화하는 세상에서 살아남기에는 '13장 안정 속의 변화: 사족신분의 유지, 14장 사족 우위의 종말'이 수록되어 있다. 이 책에는 37쪽에 이르는 자세한 색인까지 실려 있어 학술연구서로서 내용과 형식을 잘 갖춘 책이다.

머리말에서 저자는 이 책을 펴내게 된 과정을 밝히고 있다.

이 책은 다양한 준비단계를 거쳤다. 나의 새로운 접근법을 처음으로 소개할 기회가 찾아온 것은 1995년 3월에 하버드에서 에드윈 O. 라이샤워 강좌를 맡는 영광을 누렸을 때였다. "전통 한국사회의 형성과 계급, 신분, 성(gender): 동아시아적 시각"이라는 제목의 세 차례 강좌에서 나는 조선왕조의 엘리트층인 양반의 구성에 신분과 성이 어떤 역할을 했는지에 중점을 두고 새로운 연구과제를 설명했다. 두 번째 강좌에서는 한국의 노비제에 대해 논했다. 하버드대 출판부는 고맙게도 정해진 기일 내에 강좌를 책으로 출간해야 할 나의 의무를 면제해 주었다. 언젠가는 좀 더 완벽한 버전이 모노그래프의 형식으로 제출되리라고 믿었던 모양이다. 나는 본 연구서가 이 요구와 기대에 부응할 수 있기를 바란다.

나는 여러 해 동안 유럽과 미국, 한국에서 많은 강의를 하면서 생각을 가다듬을 수 있었다. 2004년 가을에는 한국학중앙연구원의 초청을 받아 한국사회에 관한 일련의 강의를 했는데, 이때 박학한 한국인 동료들이 제시한 의견에서 큰 도움을 얻었다. 또한 그동안 성균관대와 고려대에서 열성적인 청중을 상대로 수차례 발표를 했다. 나는 특히 2007년 10월에 조사차 규장각에 머무는 동안, 또 2008~2009년에 서강대에서 1년 동안 강의를 맡았을 때, 서울대의 동료들과 많은 의견을 교환하는 유익한 시간을 가졌다. 한편 하버드대 한국학연구소의 초대를 받아 내 작업의 이모저모에 관해 발표한 적도 여러 번 있었다. 지난 40여 년 동안 규장각(서울대)과 국립중앙도서관(서울), 하버드-옌칭 도서관에 머물면서 자료를 뒤지던 숱한 장면을 떠올리노라면 고마운 마음이 절로 솟는바, 이 세 곳에서 나는 도서관 직원들로부터 이루 헤아릴 수 없이 많은 도움을 받았다. 나는 또한 현장조사차 안동과 남원을 수차례 방문했던 기억도 소중하게 간직하고 있다. (14쪽)

재일작가 김소운의 일본인 사위 목사

사와 마사히코

澤正彦, 1939~1989

『ソウルからの手紙(서울로부터의 편지)』(1984)

『약할 때일수록 弱き時にこそ』(1989)

『韓国と日本の間で(한국과 일본 사이에서)』(1993)

『일본기독교사 日本キリスト教史』(1990)

〈한국을 사랑한 세계작가들〉에 사와 마사히코(澤正彦)를 포함시키면서 나
는 특별한 추억에 빠진다. 나는 1960년대 후반에 서울대 법대를 다니면서
신앙생활도 착실히 했는데, 당시 8년 연상인 사와 씨는 연세대 연합신학대
학원에 유학하고 있었다. 도쿄대 법학부를 졸업한 그는 신학을 전공했는
데 나에게 관심을 기울였고, 한글로 쓴 석사논문을 건네주었다. 그 논문을
읽어보니 한국의 독립운동가들 중 상당수가 기독교인이면서 독립을 위해
사회주의와도 제휴했다는 것이 아닌가. 나는 교회사를 사회과학적 연구방
법론으로 하면 참신한 연구결과를 내놓을 수도 있다는 것을 알게 되어 강
한 인상을 받았다. 그 후 나는 독일 유학을 하는 동안에도 그와 여러 차례
편지교환을 하였다.

그런데 나는 귀국한 후 그를 한 번도 보지 못하고 일본에서 별세했다는 소식을 들었다. 나는 안타까운 마음에《교회와 역사》(167호) 지에 추모의 글만 썼다. 그의 부인은 저명한 언론인이자 작가인 김소운(金素雲, 1907~1981) 선생의 따님인 김영(金纓) 목사이고, 그의 딸은 사와 도모에(澤知惠)인데 가수로 활동하면서 한국과 일본을 이어주고 있다. 한일관계가 더욱 악화된 지금 사와 마사히코를 생각하면 마음이 아프다.

작가의 생애

———

사와 마사히코(澤正彦)는 1939년 일본 다이분(大分) 현에서 태어났다. 중학교 교사인 아버지를 따라 가족과 함께 북만주의 다롄(大連)에 살다가 전쟁이 발발하자 일본으로 돌아왔다. 도쿄대학 법학부를 졸업하고 도쿄신학대학에 입학했다. 대학원에서 공부할 때 1965년 한일국교정상화에 반대하는 한국인의 데모에 놀라움을 금치 못했다. 이인하(李仁夏) 목사로부터 일본과 조선의 과거사에 대한 이야기를 듣고 한국인의 친구가 되기로 결심했다. 1966년 처음 한국을 방문하고 연세대 학생들과 대화를 나누며 한국유학을 결심했다. 1967년부터 2년간 연세대 연합신학대학원에서 공부하고,「한일 양교회에서의 사회주의에 관한 역사의 비교연구」라는 논문으

장인 김소운과 딸 사와 도모에

로 석사 학위를 받았다. 1973~79년까지 6년간 일본기독교단 최초의 한국 선교사로 와서 한국신학대학에서 강의하며 송암(松岩)교회 협력목사로 일했다. 그때 일본의 후원회에 '한국통신'이라는 보고편지를 보내 후에 『ソウルからの手紙(서울로부터의 편지)』라는 책을 발간하게 되었다.

그 후 프린스턴대학에서 잠시 연구하고 한국으로 돌아왔는데 1979년 10월 돌연 한국정부로부터 출국명령을 받고 일본으로 떠났다. 한국교회사를 연구하고 일본에 소개했다. 2주 후에 박정희 대통령이 암살되었다. 신학자 안병무에 의하면 그는 외국인, 일본인으로 느껴지지 않았다. 한국어를 자유자재 구사하고, 한국인과 결혼하고, 한국인 친구들이 많았으며, 고무신을 신고 한국노래를 즐겨 불렀다. 그는 항상 '속죄적 구도자'가 되고 싶어 했다. 또한 북한교회사도 연구했고, 한국문화도 연구했다. 일본이 과거에 행한 잘못을 항상 가슴 깊이 새긴 일본정부와 일본교회에 대하여 잘못을 지적하기도 하였다.

일본으로 돌아간 지 얼마 안 되어 1989년 한참 나이인 50세에 암으로 별세하고, 부인 김영 목사가 그를 대신해 교회를 꾸려갔다.

그의 딸 사와 도모에(澤知惠)는 가수가 되어 한국에서도 공연을 하였고, 한일문화교류에 힘쓰고 있다. 도모에는 아버지를 이렇게 회상한다. "한국에서 살 때 아버지는 틈만 나면 저를 데리고 이곳을 찾았어요. '가해자'인 일본의 목사로서 늘 속죄의 기도를 드리시곤 했습니다. 아버지와 제암리 교회를 찾으면 마을 어른들이 '사와 목사의 딸'이라며 반기고 안아주곤 했어요." 도모에의 노래 〈Who am I?(나는 누구일까요?)〉는 그녀의 정체성에 대한 고민을 표현한다. "가와사키에서 태어나 여기저기서 자라고/ 아침에는 낫토, 저녁에는 김치/ 나는 누구일까요./ 아버지는 고지식한 일본사

사와 마사히코 가족사가 기사로
《아사히신문》에 연재되었다.

람, 어머니는 고집쟁이 한국 여자/ 두 사람이 합쳐서 둘로 갈라놓은 나는 누구일까요." 매년 40여 차례 공연을 하는 그녀는 지난 1998년 일본 레코드대상 아시아음악상을 받기도 했다. 2000년에는 세계를 도는 'Peace Boat'의 초청으로 북한 평양에서 노래를 부르기도 했다.

작품 속으로

사와 마사히코는 15권의 책을 남겼다. 여기서 다 소개할 수 없지만, 『日本基督教史(일본 그리스도의 역사)』(1979), 『ソウルからの手紙(서울로부터의 편지)』(1984), 『韓国と日本の間で(한국과 일본 사이에서)』(1993), 『일본기독교사 日本キリスト教史』(김영 역, 1990) 등의 저서가 있다. 그리고 연세대 유동식 교수의 『한국기독교사상사』, 민경배 교수의 『한국교회사』와 『주기철목사전』, 강위조 박사의 『일본통치하 조선의 종교와 정치』를 일본어로 번역 출간하였다. 또한 암투병을 할 때 부부가 쓴 일기를 『약할 때일수록 弱き時にこそ』(1989)으로 내었고, 부인은 『치마저고리의 일본인チマ·チョゴリの日本人'その後』(1993)을 내었다.

『일본기독교사 日本キリスト教史』(1990) 초판본

『일본기독교사 日本キリスト教史』는 한국어로 번역된 책인데, '1. 일본의 사상, 2. 일본기독교사의 배경사, 3. 일본 카톨릭, 4. 개신교회, 5. 기독교와 사회주의운동, 6. 일본교회의 한국전도, 7. 전쟁 중의 기독교, 8. 일본의 신학사상, 총론'의 순서로 되어 있다. 저자는 서문에서 "한국 기독교가 스스로를 풍족하게 하기 위해 인접한 일본 교회에서 배워 그것을 한국 교회의 좋은 영양소로 흡수해주기를 바란다"고 적었다. 눈에 띄는 장은 6장인데 일부를 인용해 본다.

한국, 대만, 중국을 식민지화하고 있던 중, 일본교회는 식민지에 있는 일본인을 대상으로 한 식민지 전도는 있었으나 순전히 현지 사람들을 상대로 한 선교는 거의 없었다. 더구나 식민지를 떠나서 순수하게 복음을 전하는 일은 전혀 없었다고 해도 과언이 아니다. 현지인을 상대로 전도한 예는 만주와 몽고에 전도한 네스가와(熱河)선교의 그룹, 한국에서는 플리머스 형제단(Plymouth Brethren)에 속하는 노미마스 마사다이(乘松雅休), 거기에 전영복(田永福)이라 불리는 오다 나라지(織田楢次) 등이 있다. 이들 식민지 현지인을 대상으로 한 현지어에 의한 복음전도는 일본 기독교사에서 획기적인 일이었으나 일본의 주류 교회가 지원 파견한 것이 아니라 독자적으로 이루어졌던 것이다. (중략) 1930년대 후반의 교회연감에 의하면 한국의 여러 도시에 60여 개의 일본 교회 전도소가 있었다고 한다. 부산, 마산, 대구, 광주, 군산, 전주, 대전, 경성(서울), 평양, 해주, 사리원, 신의주 등의 도시에 일본기독교회, 조합교회, 감리교회라는 간판이 걸린 교회가 반드시 하나씩은 있었다. 성공회, 구세군도 체류 일본인을 상대로 한 교회가 반드시 하나씩은 있었다. (126쪽)

『ソウルからの手紙
(서울로부터의 편지)』
(1984) 초판본

『약할 때일수록弱き時
にこそ』(1989) 초판본

1910년, 마침내 한국이 일본에 합병되었을 때 일본 대다수 국민은 일본이나 한국도 다 같이 기뻐할 것이라고 생각했다. 이스라엘민족이 신의 약속에 의해 가나안 땅을 얻은 것같이 지금 일본은 한국의 친권자로서 한국을 다스리기에 이르렀다고 기술했다. 일본인 기독교인에게 강하게 흐르고 있는 무사적 국가주의가 이 같은 주장을 하도록 했을 것이다. 우에무라(植村, 일본의 대표적 존재)는 과연 일본의 한국통치가 한국의 진보와 자유발전에 기여할 것인지 못할 것인지에 대해 일본의 책임은 중대한 것

이며 자중해서 통치에 임할 것을 권했다. (130쪽)

저자는 일제강점기에 일본이 조선인에게 신사참배를 강요한 것에 대해
이렇게 바라보고 있다.

1930년대 후반에는 한국교회가 신사(神社)문제로 괴로워하였고, 그 결
과 순교자 50명을 내는 데 이르렀는데 한국의 이 고통을 일본기독교회는
어떻게 보았을까? 한국에 신사문제가 국민생활, 교회생활에까지 침입해
온 것은 남산에 관폐대사(官幣大社)가 세워진 1925년 이후의 일이다. 물
론 한일합방 후 총독부는 교육령으로 기독교계 학교의 종교교육을 제한
하고 대신에 일본의 수신도덕을 가르치며 천황의 어진영(御眞影)을 섬기
는 일을 강제함으로써 신사참배의 선구를 만들었다. 한국인에게 일본의
신사(우상)를 강요하는 것은 어리석은 일이라는 논지는 일본기독교회의
신문에 잘 나와 있다. 그러나 총독부가 1930년대에 교회에 전적으로 신
사참배를 강요하기에 이르렀을 때 신사참배에 따르는 종교행위가 문제
되었다. 한국교회는 일본교회의 신사문제에 대해서, 또 일본교회의 대표
에 대해서 종교행위 강제의 비위를 호소하였다. 1938년 도미다 미스(富
田滿)가 평양에 가서 신사참배는 국민의례이고 종교행위가 아니라고 한
국의 목사들을 설득하려 했을 때, 주기철이 과감하게 도미다에게 질문하
는 모습이 신문에 나온다. 쓰디쓴 답변을 한 후 도미다는 조선의 형제가
자기의 설득에 신사참배를 하게 되었다고 기뻐하였으나 한국교회에서의
신사참배 결의가 자유스런 분위기에서 결의된 것은 아니었다. (134쪽)

『韓国と日本の間で(한국과 일본 사이에서)』(1993)는 아직까지 한국어로

번역되지 않았는데 5장으로 구성되었다. 1장 한국기독교사연구에는 '우에무라(植村正久)의 조선관, 개화기의 그리스도교', 2장 현대한국론에는 '한국과 나, 한국교회의 설교, 기쁨의 관문, 높은 한국의 통일논의, 인터뷰 일본, 한국, 천황', 3장 중국기독교사연구에는 '중국에서의 기독교와 반(反)기독교운동', 4장 일요일소송에는 '일요일소송, 제4회 공판에서의 원고 측 준비서면, 일본인의 일요일', 5장 사와목사의 인격과 업적에는 '지명관의 조사, 안병무의 사와 선생을 추억한다, 이만열의 한국기독교사연구에서의 사와목사의 업적과 위치' 등의 글이 실려 있다. 이 책의 후기는 부인 김영 목사가 적었다. 사와가 '일요일수업결석처분취소소송'을 내어 일본에서 큰 이슈가 되었는데 이 책에 그에 관한 경위가 자세히 실려 있다.

한국법과 한국사를 연구한 부부학자

윌리엄 로빈슨 쇼 William Robinson Shaw, 1944~1993
케롤 카메론 쇼 Carole Cameron Shaw, 1944~

『*Legal Norms in a Confucian State*(유교국가의 법규범)』(1981)
『*The Foreign Destruction of Korean Independence*
(외국에 의한 한국독립 파괴)』(2007)

나는 서울대 법대에서 윌리엄 로빈슨 쇼(William Robinson Shaw)라는 젊은 미국인 법사학자와 함께 강의를 한 일이 있다. 1979년에 나도 독일에서 갓 박사 학위를 받고 왔고, 그도 하버드대 로스쿨에서 박사 학위를 받고 서울대 법대에서 한국법제사를 강의하기 시작하였다. 그는 놀랍게도 한국어로 강의를 했다. 그의 할아버지는 선교사였고, 아버지는 한국전쟁에서 전사하였다. 그 얘기를 듣고 그의 한국 사랑을 이해하게 되었고 고맙게 느껴졌다.

그런데 애석하게도 1984년에 쇼 박사가 미국으로 돌아간 지 얼마 안 되어 병환으로 사망했다는 소식을 들었다. 자녀들이 많아 한국에서 생활하는 것이 어려워졌다는 얘기도 들었다. 그는 50세도 안 된 49세에 요절하였다. 그 후 일체 소식을 못 듣다가 오랜만에 그의 카메론 쇼(Carole Cameron

월리엄 로빈슨 쇼   케롤 카메론 쇼

Shaw) 여사가 한국에 관한 책을 내었다는 소식을 들었다. 알고 보니 국사학자 이태진 교수(전 국사편찬위원장)가 미국에서 그녀의 원고를 받아 서울대출판부에서 출간한 것이었다. 읽어보니 남편처럼 역사학자적 자질을 갖추고 한국의 근현대사, 그것도 대한제국이 어떻게 외국세력에 의해 나라를 상실했는지를 꼼꼼히 연구하여 정리한 책이다. 선교사의 후손이 한국전쟁에서 목숨을 바치고, 그의 아들이 한국 전공 학자가 되고, 며느리까지 이렇게 한국을 사랑하여 책을 낸 것을 생각하니 큰 감동이 일어났다. 아마도 이 책에 소개하지 않으면 아름다운 역사가 묻힐지도 모른다. 이 책에 케롤 쇼 여사가 제공해 준 사진자료를 싣게 되어 다행이고 감사하다.

작가의 생애

———

월리엄 로빈슨 쇼(William Robinson Shaw)의 할아버지 월리엄 E. 쇼

(William Earl Shaw)는 미국 감리회 선교사로 1921년 내한하여 서위렴(徐偉廉)이라는 한국이름으로 평양, 서울, 대전 등에서 1960년까지 선교와 교육활동을 하였다. 그는 1890년 8월 22일 시카고에서 출생하여, 1916년 오하이오 웨슬리언대학과 1921년 컬럼비아대학원을 졸업하였다. 한국 선교사가 되고 1927년 보스턴 신학대학원을 졸업하였다. 평양에서 광성학교 교사로 봉직(1921~1926)하고, 만주와 해주 지방에서 교육과 전도사업(1927~1937)에 몰두하였다. 1938년 무어(J. Z. Moore) 선교사와 함께 평양요한학교를 설립하여 인재를 배출하였으며, 평양소년단(보이스카우트) 단장으로도 봉사하였다. 1941년 일제에 의하여 강제 출국되었다가 1947년 다시 내한하였다. 1950년 한국전쟁 때에는 미군 군목으로 종군하면서 피난 교역자 구호에 힘썼으며, 특히 한국군 군종 창설에 크게 기여하였다. 외아들 해밀턴 쇼(William Hamilton Shaw)가 한국전쟁에서 전사하자 5,925명이 보내준 14,500달러의 헌금으로 쇼 기념교회를 대전에 건립하였다. 1955년 목회자들을 수련하기 위하여 세퍼드(Shepard) 부인이 헌금한 6천 달러로 목자관을 건립해 관장으로 봉직하였다. 감리교대전신학원(목원대) 창립 이사(1954~1960)로 참여하고 신학 교수로 가르쳤다. 1961년 은퇴한 뒤 귀국하여 1967년 10월 5일 캘리포니아의 스탠퍼드 병원에서 별세하였다. 유해는 유언에 따라 부인이 안고 와서 양화진의 서울외국인묘지공원에 안장되었다. 부인 아델린 쇼(Adeline Hamilton Shaw, 1895~1971) 선교사는 1895년 7월 2일 출생하여 1919년 7월 4일 쇼와 결혼하고, 1921년 내한하여 남편을 내조하면서 숭덕여학교 교사 등으로 1960년까지 교육에 헌신하였다. 1971년 5월 8일 캘리포니아에서 별세하였으며 양화진의 서울외국인묘지공원 남편의 묘 옆에 안장되었다. 외아들 윌리엄 해밀턴 쇼(William Hamilton Shaw)는 1922년 6월 5일 평양에서 출생하였다. 평양외

녹번동 평화공원에서 윌리엄 해밀턴 쇼 대위 동상제막식을 마치고
(오른쪽에서 세 번째가 케롤 카메론 쇼)

국인학교를 졸업하고, 아버지의 모교인 오하이오 웨슬리언대학을 졸업하였다. 제2차 세계대전 때 해군 장교로 참전한 후 미군정청 소속으로 내한하여, 한국 해군과 해병대를 창설하는 데 기여하였다. 해군에서 전역한 후 한국 선교사가 되기 위해 하버드대학에서 연구하다가 한국전쟁이 발발하자 해군 대위로 다시 입대하였다. 인천상륙작전에 참전하고, 서울 수복 진두지휘 중 1950년 9월 22일 녹번리 전투에서 전사하였다. 서울 은평구 응암1동 85-41번지 '응암어린이공원'에는 백낙준 등 61명의 기념비 건립위원들이 1956년 9월 22일 전사지에 세운 추모비를 옮겨 놓았다. 비문에 요한복음 15장 13절(친구를 위하여 자기 목숨을 버리면 이에 더 큰사랑이 없나니)이 새겨져 있다. 2001년 10월 20일 제자이자 친구인 해군사관학교 2기생들에 의하여 "쇼의 숭고한 한국 사랑과 거룩한 희생을 추모하여"라는 추모사가

새겨진 좌대석이 추가로 놓여졌다.

큰손자 윌리엄 로빈슨 쇼(William Robinson Shaw)는 1944년에 출생하여 서울외국인학교를 다녔다. 1977년에 하버드대학 로스쿨에서 박사학위를 받고 내한하여 서울대 법대에서 한국법제사를 강의하였다. 풀브라이트(Fulbright) 장학사업과, 하버드법률연구센터와 한국대학생을 위한 교류에 힘썼다. 1966년 케롤 C. 쇼(Carol Cameron Shaw)와 결혼하여 다섯 자녀를 두었다. 불행하게도 1993년 심장 질환으로 49세로 버지니아 스프링필드에서 사망하였다.

작품 속으로

———

윌리엄 로빈슨 쇼의 『*Legal Norms in a Confucian State* (유교국가의 법규범)』은 미국 버클리대학 출판부에서 나온 책이다. 실은 이보다 일 년 앞서 같은 버클리대학 출판부에서 『*Traditional Korean Legal Attitudes* (한국인의 전통적 법태도)』(1980)란 책을 전봉덕, 최대권과 함께 3인 공저로 출간한 바 있다. 또한 『*Human rights in Korea* (한국의 인권)』(1991)이란 책을 편집해 내었다. 그리고 2년 후에 작고하였으니 짧은 생애를 한국법 연구에 헌신한 것이다.

이 책은 한마디로 전통시대의 한국법, 즉 조선시대의 법을 이해하기 위해 『秋官志(추관지)』를 분석하여 조선이 왕권에 의해 통치하는 전제국가가 아니라 법적 합리성을 실천한 '법치국가'였음을 입증한 책이다. 흥미로운 것은 저자가 한문도 알았기 때문에 『秋官志(추관지)』의 형사사건들을 영어로 번역하여 부록으로 여러 개를 싣고 있는 점이다. 솔직히 한국인 법학자는

이렇게 할 능력이 없으므로, 한국법사학과 역사학에
선 선구적 연구로 평가받았다. 우리는 조선왕조가 아
시아에서 가장 오랜 5백 년 이상 지속된 것이 유교이
념 때문이라고 주장도 하고, 일제 식민사관자들은 조
선민중이 혁명을 할 용기와 능력도 없었다고 야유하
기도 하였는데, 쇼 박사는 조선은 법치주의를 잘 실천
했기 때문에 5백 년 이상 지속되었다고 주장하였다.
그것은 막스 베버(Max Weber)가 동양은 '실질적 합리

*Legal Norms in a
Confucian State* (1981)
초판본

성'은 있었지만 그것을 실현하는 '절차적 합리성'이 없었다고 주장한 것에
정면으로 부정한 것이다. 이처럼 참신한 연구를 하던 쇼 박사가 이른 나이
에 사망하였으니 한국학계에 치명적인 손실이었다.

저자는 267쪽에 이르는 이 책을 주아니타 쇼(Juanita R. Shaw) 여사,
즉 어머니에게 바치고 있다. 제1부 조선시대 법에의 입문에서는 '1800년까
지의 법가치와 법사상, 조선시대의 입법, 사법제도와 형사절차'를 다루고
있다. 제2부 18세기 사건기록에서의 조선사회, 정부와 법사상에서는 『심
리록』에서의 18세기 사회와 정부, 한국적 법추론'을 다루고 있다. 제3부는
『심리록』의 사건들을 번역 소개하고 있는데, 100개의 사건을 추려서 영어
로 번역해 소개하고 있다. 이 책을 쓸 당시에는 한문으로 쓰여진 『심리록』
을 법제처에서 한글판으로 낸 것이 있어서 참조하였겠지만 2세기 전의 문
헌을 읽고 100개의 사례를 영어로 번역한 것은 참으로 놀라운 연구라고 할
수 있다. 그때까지 한국의 법사가들도 이렇게 한 학자가 아무도 없었다.
결론적으로, 조선의 형사재판에는 나름대로 형식적 합리성과 권리 의식이
작용하고 있었다는 것이다.

케롤 쇼 여사의 『*The Foreign Destruction of Korean Independence*(외국

The Foreign Destruction
of Korean Independence
(2007) 초판본

에 의한 한국독립 파괴)』는 2007년 서울대 출판부에서 낸 책으로 313쪽에 이른다. 모두 16장으로 구성되었는데, '1장 미국이 조선의 친교를 찾다(1882~1889년), 2장 대소동 앞의 한미통상조약(1889~1898년), 3장 막다른 골목으로 가는 사람들(1903~1904년), 4장 모건과 스티븐슨이 조선으로 가다(1904년), 5장 포츠머스에서 조선과 중국을 따돌리기(1905년 여름), 6장 대계약 당사자들과 전말(1905년 8월), 7장 엘리스 루스벨트 양이 고종황제와 오찬을 하다(1905년 9월), 8장 고종이 발언하고 문서에 서명을 거부하다(1905년 10월), 9장 루스벨트 씨가 헐버트 씨의 접견을 거부하다(1905년 11월 17~22일), 10장 나라 없는 황제와 민족 없는 백성(1905년 11월), 11장 파고다, 은신발과 저항(1906년), 12장 선교사들 사이의 내부적 합의: "그들은 감리교인만 쏜다"(1904~1908년), 13장 고종이 평화의 궁전에 장갑을 던지다(1907년 7~8월), 14장 한 진정한 한국인 애국자가 진실을 말하다(뉴욕, 1907년 8월), 15장 모두 돈을 위한 것이었나?(1906~1908년), 16장 고종의 진정한 유산'의 순서이다. 학술서이기 때문에 개인문서, 서신, 메모, 일기 등 문서와 개인장서와 공식문서, 신문기사, 저서와 논문 등의 문헌목록이 7쪽에 걸쳐 소개되어 있고, 사항과 인명색인이 9쪽에 걸쳐 수록되었다. 여기서는 이 책의 맨 마지막 대목만 번역하여 소개하겠다. 저자는 헐버트(Homer Hulbert) 박사가 《뉴욕타임스》 1916년 3월 5일자에 보낸 편지를 인용하면서 이렇게 마친다.

시어도어 루스벨트 씨의 항변은 헐버트에게는 너무 소리가 높았다. 참으로 루스벨트 씨는 약소민족들을 방어하는 처방에는 자제력을 잃었던

구한말의 궁정풍경

엘리스 루스벨트 양의 고종 접견

한국인을 기차에 못 타게 하는 일본병사

위협받는 한국인의 풍자도

것처럼 보인다. 호머 헐버트는 전직 대통령이 윌슨 대통령이 벨기에의 중립화에 관해 정당한 조처를 하지 못한 것을 항의하는 것과 관련하여 바라보았다. 내가 보기에 루스벨트를 한국에 관해 형사적 행동을 한 인물로 공개적으로 부른 유일한 인물인 헐버트는 《뉴욕 타임즈》 1916년 3월 5일에 이렇게 편지를 보냈다.

"몇 주 전에 《타임스》 지에 나온 나의 편지에서 시어도어 루스벨트가 윌슨 대통령이 독일의 벨기에에 침범을 항의하지 않은 것을 공격한 것은 1905년 일본이 한국을 보호국화할 때 국제적 의무를 위반한 것을 가엾이 동정한 것에서 나온 것이라 주장했다. 루스벨트 씨는 이제는 빠져나와 한국의 독립을 종식시키는 데 묵인한 것은 정당했다고 말한다. (중략) 그리고 내가 한국황제로부터 자신에게 가져온 편지의 내용을 미리 알고 있었다고 말한 것은 의도적인 거짓이라고 특별히 주장한다. 이런 주장에 대해 내가 할 수 있는 전모를 말할 수밖에 없다."

100년 전에 공동선(common good)이란 이름 아래서 우리는 무엇을 하였던가?(295쪽)

한국을 사랑하는 저자의 관점이 돋보이는 이 책은 당시의 외국 언론에 비친 한국과 한국인에 관한 사진과 그림을 다수 수록하고 있어 인상적이다.

우리는 쇼 부부가 남긴 이 책들을 통해 그의 가문이 한국을 얼마나 사랑했는지를 여실히 알 수 있다.

한국에 100번 이상 와서 강연한 프랑스 지성

기 소르망

Guy Sorman, 1944~

『어느 낙관론자의 일기 *Journal d'un optimiste*』(2009)
『한국의 창조경제와 문화 *The Creative Economy and Culture*』(2013)

기 소르망(Guy Sorman)은 2020년 초 《동아
일보》 대담에서 한국에 몇 번 왔느냐는 질문
에 100번이 넘을 거라고 웃으며 답했다. 우리
는 그의 말을 듣기 위해 많은 강연과 대담을
개최했다. 어쩌면 그가 한국을 사랑한 것보
다 한국이 그를 더 사랑했는지도 모른다. 그
는 한국에 와서 일반 청중뿐만 아니라 노무
현, 이명박 대통령과도 만났고 서울시장과 대학총장들과도 만났다.

소르망은 대학교수요, 칼럼니스트요, 많은 책을 집필한 저술가이다.
그는 일본어를 배운 동양학자요, 중국에 대하여 저술을 했다. 한국만을 다
루는 책을 쓰지는 않았지만 한국에 여러 번 와서 강연한 것을 책으로 출간

한 것이 있다. 나는 서울대 도서관에서 그의 책을 검색해 보니 20여 권 있는데, 상당히 많이 번역되어 한국인들의 사랑을 받고 있었다. 그런 그가 《동아일보》에 "한국은 복수(vengeance)에 함몰된 정치로 항상 내전(內戰) 상태다. 정권이 바뀔 때마다 벌어지는 복수의 정치를 버려야 사회갈등이 줄고 민주주의가 완성된다"고 충고하였다. 한국을 사랑하기 때문에 할 수 있는 충고다.

작가의 생애

기 소르망(Guy Sorman)은 1944년 3월 10일 프랑스 남부 로트에가론의 유대계 가정에서 출생하였다. 파리정치학교와 동양어전문학교(일본어 전공)에서 동시 수학한 뒤 1966년 명문 프랑스국립행정학교(ENA)에 진학했다. 1970~2000년 파리정치대학교 교수로 지내면서 미국 스탠퍼드대학교

노무현 대통령과 기 소르망 교수(2003년)

이명박 대통령과 기 소르망 교수(2008년)

후버연구소, 러시아 모스크바대학교에서 초빙교수로 활동했다. '실천하는 지식'을 중요시하는 그는 1995년부터 3년간 총리실에 근무하면서 대외문화정책을 지휘했고 파리 인근 불로뉴 비양크루 시의 부시장도 지냈다. 이명박 정부의 국제자문위원이기도 했다.

소르망은 30여 권의 저서를 출간했다. 주로 창조성과 현대 자본주의에 관한 내용을 다루었다. 그의 철학은 고전적 자유주의에 가깝다. 『진보와 그의 적들 *Le Progeres et ses ennenmis*』에서 갱신할 수 있는 에너지와 환경주의를 다루었는데, 논쟁을 야기했다. 그는 중국의 인권과 터키, 이집트, 이란, 칠레, 폴란드, 아르헨티나의 민주주의에 대해서도 발언했다. 그는 비정부기관(NGO) 빈곤퇴치행동(Action against Hunger, ACF)을 1979년에 창립하여 1990년까지 회장을 지냈다.

그는 출판인이기도 하여 프랑스에서 14가지 주간지를 발간하고 미국에서 《프랑스 아메리큐 *France Amerique*》지를 발간한다. 또 프랑스의 《르피가로 *Le Figaro*》지와 미국의 《월 스트리트 저널 *Wall Street Journal*》 등에 고정 칼럼을 쓴다. 한국에서는 《동아일보》와 인연이 깊다.

파리정치대학에서 1970년부터 2000년까지 경제학을 강의했다. 저서 『중국이라는 거짓말 *Empire of Lies*』에서 "중국에는 2백만의 티베트인이 있는 것이 아니라 1억의 티베트인이 산다"고 했다.

소르망은 2015년에 프랑스와 미국의 이중국적을 갖게 되었다. 2018년에 프랑스와 미국을 위한 공적으로 프랑스정부로부터 훈장을 받았다. 현재는 에마뉘엘 마크롱 대통령의 자문위원으로 활동하고 있다.

작품 속으로

Journal d'un optimiste
(2009) 초판본

소르망의 책들에서 한국과 관련된 인상적인 표현들을 발췌해 본다. 우선 그는 『어느 낙관론자의 일기 *Journal d'un optimiste*』에서 이렇게 말한다.

20년 전부터 나는 김대중, 노무현, 이명박으로 이어지는 여러 한국 대통령들을 만나 한국 '문명'을 세계에 알릴 수 있는 대대적인 캠페인을 제안하고 설득했지만 별 성과를 거두지 못했다. 한국 대통령들은 외국인들의 방문을 유도하기 위한 몇 가지 산발적인 캠페인을 펼치긴 했지만 그것만으론 서양과 한국이 '가문의 비밀'을 공유하기에 역부족이었다. 한국은 나를 포함해 이 나라에 빠져 있는 사람들을 애태우게 하는 (그래서 끝없이 찾도록 '형벌'을 내리는) '신비로운 아름다움'을 간직한 아시아 국가로 계속 남아 있으려는 모양이다. (6쪽)

같은 책에서 그는 국립중앙박물관을 방문하고 한국의 전통예술과 현대예술이 단절되어 있다는 것을 지적하는데, 이는 우리에게 건네는 쓰디쓴 충고이다.

한국이 모범적인 경제성장을 이루었다는 사실 외에도 유럽인들과 미국인들이 제대로 파악하고 있지 못한 사실 중의 하나가 이들이 투명한 민주주의와 함께 창의적인 예술성을 지닌 민족이라는 점이다. 서울에 위치한 웅장한 국립중앙박물관을 방문한 나는 과거 예술품들(특히 달 모양의 도자기 화병) 앞에서 꼼짝 없이 매료되고 말았다. 하지만 아쉽게도 이 박물관에 전시된 작품들은 19세기 말의 역사에서 끝나고 있다. 오늘날 한국에는 현대적이면서도 한국 전통예술의 맥을 잇는 많은 예술가들이 있기에 더욱 아쉽다. 나는 이런 현대 예술가들의 작품들도 이곳 국립박물관에 함께 전시되어야 한다고 생각한다. (6쪽)

그러나 저자는 한국이 아시아의 다른 나라와는 달리 전통을 올바르게 계승했다고 생각한다. 이로 인해 한국은 고유의 문명을 발전시켜왔다고 본 것이다.

내가 한국이란 나라와 한국인들에 큰 관심을 가지게 된 이유는 이들이 자신들의 전통문화를 그대로 이어가면서 경제, 정치, 교육, 사회 모든 분야에서 현대화를 이뤄낸 유일한 민족이기 때문이다. 거의 대부분의 나라들, 특히 아시아의 다른 나라들은 새로운 사회를 만들기 위해 자신들의 옛 문화와 질서를 모두 파괴해야 한다고 생각하는 것 같다. 특히 중국을 볼 때 그런 생각이 든다. 하지만 한국은 그렇지 않다. 한국에선 아무리 현대적인 것이라도 이 나라의 역사적 뿌리를 조금이나마 알지 못하면 이해가 힘들다. 이런 사실은 이 나라 국민들의 저항정신에서 그 원인을 찾을수 있을 것 같다. 한국인들은 과거 잦은 외침과 식민지배 그리고 외부 이데올로기에 시달려왔으며 이 때문에 자신들의 문명에 단단한 '갑옷'을 입혀야 했다. 한국인들은 그들의 본질이자 보호막이기도 한 이 '갑옷'을 절대 벗는 일 없이 자기 문명을 발전시켜왔다. 따라서 내 눈에 한국의 문화는 '유교문화' 같은 하나의 개념만 가지고는 설명할 수 없는 독특함을 지녔다. 나는 오히려 한국의 문화를 다양한 문화와 종교 그리고 이들을 바탕으로 한 내부의 투쟁들이 복잡하게 얽혀 만들어진 '저항의 문화'로 보고싶다. 알다시피 지금도 한국의 투쟁은 계속되고 있으며 두 개의 한국이 통일되는 문제가 남아 있다. 하지만 통일과 함께 곧 새로운 한국이 탄생하고 남북한이 합쳐져 매우 새로운 제3의 한국이 만들어질 것이라 믿어 의심치 않는다. 낙관주의자인 나는 그래서 새로운 통일 한국이 내가 살아 있는 동안 민주주의와 문명이라는 '장신구'를 걸치고 화려하게 등장하리라기대한다. 그날을 기다리며 나는 되풀이해 몇 번이고 다시 한국을 찾을것이다. 한국인들이 그들 '가문의 비밀'을 내게 알려줄 때까지. 아, 코리아! 비밀스런 아름다움을 지닌 나라여. 2012년 8월 파리에서. (7쪽)

이 책은 소르망이 한국 언론에 쓴 칼럼들을 수록하고 있는데, 2010년 5월 11일 서울에서 쓴 칼럼 「서울에서 바라본 세계」에서 한국이 통일되기 위해 해결해야 할 과제를 제시하고 있다.

또한 중국은 북한의 위협을 이용해 자신들의 이익에 맞게 동북아를 불안정한 상태에 두길 원한다. 북한이라는 '장기판의 말'은 중국이 서방에 대해 지속적으로 역사적 보상외교를 펼치도록 만들어주었다. 미국의 외교관들은 한국의 상황을 논의하기 위해 베이징을 방문해야 했고 이를 통해 중국 정상들은 외교무대에서 중심자리를 차지하는 영예를 누렸다. 북한이 중국의 '장기말'이라는 건 다시 말하면 서울과 평양간의 직접협상만 가지곤 남북한 관계가 결코 개선될 수 없다는 뜻이다. 남한의 햇빛정책이나 인도적 원조가 가난한 북한 국민 등의 삶을 조금 개선시킬 수는 있겠지만(이 또한 확신할 수 없다) 이것만으로 평양의 체제를 완화시키거나 평화적 통일을 바라는 것은 무리다. 모든 상황을 조정하고 결정 내릴 권한은 베이징에 있기 때문이다. 그렇다면 중국이 사실상의 식민지정책을 포기하고 북한이 베이징의 입김에서 벗어나게 하려면 어떻게 해야 할까? 일단 외부에서는 어떤 결정적 영향도 미치기 힘들다. 러시아나 동유럽의 공산주의 붕괴를 보더라도 내부로부터 체제붕괴가 시작돼 순식간에 모든 것이 이루어졌다. 중국이 보다 문화적이고 민주적인 태도를 취할 때만 이런 변화가 가능하다. 그러면 언제 그런 시기가 올까? 아무도 예견할 수 없다. 스스로 체제의 모순을 깨달을 만한 내부 충격이 중국과 북한에서 일어나길 바라며 남한과 서방 정부는 신중하고 끈기 있게 지켜볼 수밖에 없다. 하지만 이런 신중함에도 커다란 정치적 용기가 필요하다. 지금으로선 남한 정부가 그런 용기를 보여주어야 할 때다. (84쪽)

2020년 1월 4일자 《동아일보》에는 저자가 김윤종 파리특파원과 나눈 대담이 실렸는데, 한국에 대한 생각을 묻는 첫 질문에 소르망은 이렇게 답한다.

한국을 100번 넘게 찾은 것 같다(웃음). 한국의 정치적 상황을 보면 슬

퍼진다. 민주주의에서는 여당과 야당이 서로 대화해야 하는데 한국은 정
반대다. 서로 내전하는 분위기다. 이런 점이 한국의 민주주의를 제대로
기능하지 못하게 막고 있다. 한국의 정치는 '복수'에 함몰돼 있다. 전직
대통령들을 감옥에 보내는 것은 사실 놀라운 일이다. 물론 민주적 절차
에 따른 정권교체는 바람직하다. 하지만 정권이 바뀔 때마다 복수전을
펼치고, 한국 사회는 내전 분위기로 치닫는다. 정권을 차지한 당은 상대
진영을 지지한 국민들을 충분히 존중하지 않는다. 민주주의는 권력의 행
사가 아니다. 상대편의 권리를 중요하게 여기는 것이 민주주의다.

그렇다면 저자는 문재인 정부의 대북정책에 대해 어떻게 생각할까?

　김대중 전 대통령 이후 남북관계에 진정한 변화는 없었다. 개성공단이
제대로 기능하지 못하는 등 남한의 노력은 결코 성공한 적이 없다. 현재
남북문제에 있어 한국은 고립된 상태다. 우선 북한은 자기주도로 통일하
기를 원한다는 점을 명심해야 한다. 중국은 내부적 문제가 많아 아시아
지역에서 위협요인이 아니다. 하지만 이웃나라에 영향을 미치고 싶어 북
한을 이용한다. 일본은 인구는 줄어들고 있지만 경제는 여전히 강하다.
북한과의 관계에 있어 한국은 항상 미국에 의존했는데, 이제 미국은 무책
임한 동맹국이 됐다.

한반도 정세는 남북은 물론이고 미국, 일본, 중국 사이에서 요동치고
있다. 남북평화와 통일을 진전시키려면 어떻게 해야 하냐는 질문에 대해 저
자는 이렇게 답한다.

한국은 통일을 위해 제대로 된 동맹관계를 찾아야 하는데, 그 대상이 오히려 일본이라고 생각한다. 갈등을 겪고 있는 한국과 일본이 화해해야 하는 이유다. 다만 일본과의 관계회복은 정치인들이 주도하면 안 된다. 정치인은 항상 공격적이기 때문이다. 외교적 해법도 한계가 있다. 한일간 화합은 프랑스와 독일 간 사례처럼 아래로부터의 관계, 즉 지식인, 학생, 예술가들의 만남에서부터 시작해야 한다.

끝으로 그는 한국의 한류에 대한 생각을 이렇게 밝혔다.

한국문화는 우리를 풍요롭게 만들었다. 프랑스인들이 처음에는 한국 문학, 영화에 열광했고, 케이팝은 그 다음으로 나타난 현상이다. 그러나 한국은 현재 한류를 잘못 활용하고 있다. 케이팝에 열광하는 한류팬은 많다. 하지만 한국 중앙박물관에 가보니 그곳에는 외국인들이 별로 없었다. 한류가 계속되려면 대중문화를 넘어 한국문화를 확산시켜야 한다. 케이팝뿐 아니라 영화, 문학, 미술 등 여러 예술을 풍부하게 가꿔 나가야 한다. 이를 통해 한류의 연속성을 보여주는 것이 중요하다.

한국문학과 종교에 심취한 네덜란드 교수

보데윈 왈라번

Boudewijn Walraven, 1947~

『보물섬은 어디에』(2003)
『*Korean Popular Beliefs*(한국의 민속신앙)』(2015)

보데윈 왈라번(Boudewijn Walraven) 교수를 언제 처음 만났는지는 정확히 기억하지 못하지만 1970년대부터 우리는 학문적 동료이다. 나와 태어난 해도 같으니 친구라고 해도 된다. 나도 일찍이 유럽한국학회(AKSE)에 참가했기 때문에 그의 선임자 포스(Fritz Vos) 교수도 알았고, 그의 며느리인 지명숙 박사를 통하여 라이덴대학에 초청되어 '한국에서의 서양법 수용'이라는 강연을 하였다. 그때 왈라번 교수와 라이덴의 분위기를 만끽하면서 즐거운 대화를 나누었던 것은 잊을 수 없는 추억이다.

그 후 이준 열사 서거 100주년 기념행사 때 다시 헤이그에 갔는데, 그곳에 온 왈라번 교수를 만났다. 인상적이게도 한복 두루마기를 입고 있었다. 그는 이준의 거사를 진심으로 기념해 주었다. 또 몇 년이 흘러 서울에서 만났더니 성균관대학교에 초빙교수로 와 있었고, 거기서 내는 학술지의

편집인으로 있다고 했다. 나는 한국학
이 어느덧 세계적 네트워크를 갖게 되
어 이러한 학자들과 만날 수 있게 되었
으니 기쁘게 생각한다. 그와 만날 때
마다 매우 부드럽고 구수한 인간성을
느낄 수도 있어서 기쁘다.

작가의 생애

보데윈 왈라번(Boudewijn Walraven)은 1947년 9월 4일 미국 뉴욕에
서 태어났다. 그는 미국과 네덜란드의 이중국적을 갖고 있다. 1959~1965
년 헤이그에서 고등학교를 다니고, 1965~69년 라이덴대학교에서 일본어
와 문화를 공부하고 문학사 학위를 받았다. 1969~73년 라이덴대학교에서
한국언어와 문화를 공부하고 1976년 문학석사 학위를 받았다. 1973~75
년 서울대학교에서 한국사와 인류학을 공부하였다. 1985년 라이덴대학에
서 「한국샤마니즘의 노래 무가 *Muga: The Song of Korean Shamanism*」 논
문으로 문학박사 학위를 받았다. 1969년부터 라이덴대학 일본학 및 한국
학 연구소에서 조교로 일했다. 1974년에 한국외국어대학교 화란어과 강
사로 있었다. 1990~94년 라이덴대학 부교수, 1994~2012년 정교수로 재
직했다. 2000년에는 파리 사회과학원에 교환교수로 있었다. 2012년부터
성균관대학교 석좌교수로 초빙되어 동아시아연구소에서 발간하는 저널의
책임편집인으로 활동했다.

유럽한국학회(AKSE)의 창립 회원으로 1980년과 1988년에는 학회를 주

관하였다. 1987년에는 〈미학과 한국문학(The Aesthetics and Appreciation of Korean Literature)〉 심포지엄을, 1996년 9월에는 라이덴대학에서 〈역사와 정체성(History and Identity)〉이라는 국제심포지엄을, 1998년 2월에는 〈20세기 아시아 음식문화(Asian Food Culture in the 20th Century)〉를, 2003년 9월에는 〈헨드릭 하멜의 세계(The World of Hendrik Hamel)〉 심포지엄을 주최하였다. 1995~1999년, 2007~2011년에는 AKSE(유럽한국학회) 회장을 역임하였다.

1987~2007년에는 네덜란드-한국협회 회장을 맡았다. 2003년 한국정부로부터 '보관문화훈장'을 받았다. 1991~2012년 유네스코 한국위원회에서 내는 《코리아 저널》의 편집위원을 맡았다. 1996~2001년, 2003~2004년, 2009~2010년에는 국사편찬위원회 해외사료조사위원으로 활동하였다. 2003년부터 한국의 국어국문학회 해외회장직을 맡았다. 2006년부터 1년간 성균관대학교에 발간하는 《동아시아 연구의 성균 저널 *Sungkyun Journal of East Asian Studies*》의 편집인으로 활동하였다. 2008~2009년 독

일 보훔(Bochum)대학교 아시아 종교사 연구팀의 이사로 활동했다. 2007
년 나는 그에게 60세 기념축하논문집(Festschrift)을 증정받았다.

작품 속으로

왈라번은 많은 저서와 논문을 내었다. 그가 단행본 책으로 낸 것은 *De redder der armen: Koreaanse verhalen*(1980), *Muga: The Songs of Korean Shamanism*(1985), *Songs of the Shaman: the ritual chants of the Korean mudang*(1994), *Asian Food: the global and the local*(2002), 『보물섬은 어디에』(2003), *Hamel's World: A Dutch-Korean Encounter in the Seventeenth Century*(2003)『*Korean Popular Beliefs*(한국의 민속신앙)』(2015) 등이 있다.

왈라번은 국내외 학술지에 한글로 논문들을 발표하기도 하였다. 1981년에는 김지하의 시 두 편을 번역하여 헤이그에서 나오는 문학지에 소개하였다. 조병화의 시 19편을 번역하여 1987년 호란 로테르담에서 내는 《*Poetry International*》(1987) 지에 수록하였다. 1990년에는 포스(Fritz Voss) 교수가 한국의 시조를 번역한 글을《*As the Twig is Bent*》 지에 실었다. 1996년에는 고은의 시 11편을 번역하여 《*Poetry International*》 지에 실었다.

국내에서는 《다산과 현대》 10호(2017. 12)에 「하멜의 조선표류와 강진생활이 함축하는 의미 *Reading between the Lines of Hendrik Hamel's Report: with a focus on the years in Gangjin*」(pp. 157~170.), 《창작과 비평》 180호(제46권 제2호, 2018)에 「가사, 소통 그리

Korean Popular Beliefs
(2015) 초판본

고 여론 *Kasa, communication and public opinion*」(pp. 305~319.)을 실었다.

2003년에 연세대학교출판부에서 낸『보물섬은 어디에』는 '제1장 꼬레섬과의 통상, 제2장 보물섬을 찾아서, 제3장 '꼬레섬'에서 '한반도'로(1654~1656), 제4장 속〈하멜표류기〉, 제5장 〈하멜의 보고서〉'의 순서로 되어 있다. 17세기에 네덜란드인들이 코리아가 신비한 보물섬이라고 상상하면서 동진해 오던 사실을 하멜표류기 등 당시의 기록들을 중심으로 재구성하여 흥미 있게 서술하고 있다. 이

『보물섬은 어디에』
(2003) 초판본

책의 머리말은 다음과 같다.

올해년을 기념하는 '하멜의 해'로 지정되어 양국간의 유대를 강화시키는 갖가지 행사가 성황리에 진행되고 있다. 이 250년의 교류란 아이러니컬하게도 상선 스페르베르호를 타고 타이완에서 일본으로 항해하던 네덜란드 동인도회사의 선원들이 풍랑을 만나 제주도에 표착해서 하멜을 포함하여 구조된 36명의 일행이 13년이 넘는 장기간을 조선에서 억류했다는 역사적 우연성에 기인한다. 그러나 그런 하멜 일행의 표류는 하나의 우발적인 사고로만 치부해서도 안 되는 중요한 결과를 남겼다. 사료로서 그리고 민족학지로서 높은 가치를 지닌 표류기가 조선에 억류되었던 일행 일부의 손에 의해 씌어졌기 때문이다. 그리고 원래 상부에 제출할 목적에서 작성된 이 보고서가 출판업자들에게 넘어가 횟수를 거듭하여 출간 번역되었다. 이는 그 후에도 계속 시대적 특수성을 초월하여 유럽 전역에서 동서양 문화교류사의 대표작으로 손꼽혔을 뿐만 아니라 근 200여 년 동안 서구에 알려진 유일한 한국 전문서로서 독보적 위치를 차지해왔다.

(중략)

　따라서 이 책은 16세기 말부터 하멜 난파 사건을 전후한 17세기 말까지 거의 1세기에 걸친 이 같은 역사적 관계와 배경을 총괄한 네덜란드와 한국 간의 교류사이다. 나아가서 지난 20여 년간 꾸준히 수집해온 네덜란드 외무성 및 동인도회사의 공문서와 네덜란드에서 출판된 한국 관련 자료들을 바탕으로 삼아, 관련 대목을 인용하면서 배경 해설을 곁들인 실증적인 방법을 적용시키도록 했다. (중략) 게다가 17세기 네덜란드어로 씌어져 있다는 언어 장벽으로 말미암아 이제껏 중역을 통해서만 한국에 알려진 일칭 〈하멜 표류기〉를 헤이그 필사본을 원본으로 삼아 직역하여 책의 마지막 장에 실었다. (2003년 5월 네덜란드 라이덴에서 왈라번/지명숙)

　이 책은 17세기에 서양에서 만들어진 아시아에 관한 세계지도들도 소개하고 있다. 특히 흥미 있는 것은 유명한 루벤스가 그린 〈성 프란체스코 사비에르의 기적〉의 가운데에 조선인의 모습이 그려져 있다는 사실을 알려주고 있다.

하버드대 출신의 미국인 스님

폴 뮌젠

Paul Moensen, 현각, 1964~

『만행: 하버드에서 화계사까지』(1999)

폴 뮌젠(Paul Moensen)은 미국에서 우리
나라로 온 스님인데, 한국이름 현각으로
알려져 있다. 무엇보다 그가 한국어로 쓴
저서『만행』이 베스트셀러가 되면서 유명해
진 외국인 스님이다. 그는 하버드대학을
졸업한 젊은 지식인이었지만 세속을 버리
고 수행의 길을 찾으려고 한국에 왔으므로
주목받기에 충분했다. 그의 책을 읽으면서
구도하는 것이 이런 것이구나 싶어서 가슴

뭉클한 감동을 느꼈다. 나는 직접 만나보지는 않았지만 책을 통해, 텔레비
전을 통해 그를 알게 되었다.

일본 요코하마에서 열린 법회에서 달라이 라마와의 대담

그러다 충격적인 뉴스를 접했다. 현각 스님이 한국불교를 비판하고 한국을 떠난다는 소식이었다. 그는 한국불교가 너무 세속적 물질주의에 타락했다고 서슴없이 비판했다. 아마도 그는 한국을 정말 사랑했기 때문에 이러한 비판을 한 것이 아닌가 싶다. 『만행』을 다시 읽어보면서 이렇게 한글로 의미 있고 맛깔스런 책을 쓴 것만으로도 큰일을 해낸 것이라고 생각했다.

작가의 생애

————

폴 뮌젠(Paul Moensen)은 미국 뉴저지 주 라웨이에서 태어났다. 예일대학교에서 서양철학과 영문학을 전공한 뒤, 하버드대학교 대학원에서 비교종교학 석사 학위를 받았다. 서양의 종교와 철학에서 정신적 만족을 찾을 수 없었던 그는 1990년 대학원 재학 시절 재미 한국인 스님 숭산(崇山,

1927~2004)의 설법을 듣고 1992년 출가했
다. 한국으로 건너와 1996년 양산 통도사
금강계단에서 비구계를 받았으며, 2001년
8월 화계사에서 숭산 스님으로부터 공식적
으로 인가를 받았다.

숭산 스님(1927~2004)

1992년부터 송광사, 정혜사, 각화사,
봉암사 등 전국의 선방에서 용맹정진을 해
왔으며 불교 경전의 영역 및 다수의 법문을
통해 선맥이 잘 이어지고 있는 한국불교를
세계에 알리는 데 힘썼다. 현정사 주지로
활동했으며, 화계사 국제선원 선원장을 맡았다.

숭산 스님의 가르침을 담은『선의 나침반 *The Compass of Zen*』,『오직
모를 뿐 *Only Don't Know*』,『세계일화 *The Whole World is a Single Flower*』
등을 영문으로 엮었으며, 자서전인『만행—하버드에서 화계사까지』를 내
었다.

2016년 7월 한국불교에 깊은 회의감을 느끼고 한국불교와 인연을 끊
겠다고 밝혀 불교계에 충격을 주었다. 대한불교조계종 소속으로 승려생활
을 25년째 하고 있던 그는 물질에 집착하는 한국불교의 세속적인 모습과
국적과 남녀를 차별하고, 신도를 무시하며, 상명하복식 유교적 관습에 크
게 실망하였다. 특히 한국불교를 배우려고 방한한 여러 외국인 스님들이
현각 스님의 지적과 똑같은 이유로 한국을 떠나고 있어 이 사건은 불교계
에 적지 않은 파장을 일으켰다. 여하튼 그는 진정으로 한국과 한국불교를
사랑했기에 실망이 컸던 모양이다. 한국을 떠난 이후 그는 유튜브를 통해
미국 뉴저지의 젠센터에서 유창한 한국어로 설법하기도 했다.

작품 속으로

현각 스님에 대해 알고 싶다면 그의 자서전『만행:
하버드에서 화계사까지』를 읽으면 된다.『만행』은 1,
2권 두 권으로 되어 있다.

현각은 자신의 태생에 대해 이렇게 적고 있다.

『만행』1, 2 (1999)
초판본

> 1964년 나는 미국 뉴저지에서 생화학 박사인 어머니
> 패트리샤 뮌젠과 아버지 조지프 뮌젠 사이의 일곱 번째
> 아이로 태어났다. 아버지 성에서 알 수 있듯이 친할아
> 버지 할머니는 독일에서 태어나셨다. 외할아버지 할머
> 니는 아일랜드 태생이다. 그들은 많은 한국인들이 미
> 국으로 이주해올 때 가졌던 꿈처럼 좀 더 나은 삶을 위
> 해 1900년대 초반 미국으로 건너왔다. 양가 조부모님
> 들 모두 열심히 일하신 덕택에 남부럽지 않은 가정을
> 꾸릴 수 있게 됐다. 우리 부모님은 이른바 '캠퍼스 커플'이었다. 뉴욕의 명
> 문 가톨릭대학인 포덤대학을 함께 다니셨다. 두 분 모두 제2차 세계대전
> 이 터지기 직전에 입학하셔서 생화학을 전공했다. 동갑내기 클라스 메이
> 트였던 것이다. (1권 19쪽)

저자는 하버드대학을 다니다 불현듯 출가를 결심했는데, 이런 그를 보
고 부모는 어떻게 생각했을까?

> 하버드 대학원을 다니다 불현듯 출가를 해버린 나를 바라보는 부모님

현각 스님

의 눈길을 처음엔 받아들이기 힘들었다. 아홉 형제 중에서 유난히 영적으로 성숙했다며 특별한 애정을 보여주신 어머니의 실망은 이만저만이 아니었다. 어머니 아버지로서는 종교가 다른 것은 고사하고 듣도 보도 못한 한국인 스님에 이끌려 아예 한국에 눌러 살고 있는 아들을 이해하기란 힘든 일임에 틀림없다. 머리를 깎고 삭발한 채로 한국 슈퍼에서 김치를 사들고 출가 후 처음 집에 들렀던 날, 어머니는 그래도 내 입장을 들어보시겠다며 내 생각을 존중해 주셨지만 아버지는 충격을 받아 아예 나와 눈도 마주치기 싫어하셨다. 몇 년 지난 뒤에는 그래도 식탁에 마주앉긴 하셨는데 여전히 눈을 내리깔고 말씀하셔서 마음이 저밀 듯 아팠다. (1권 27쪽)

하지만 그는 한국에 매력을 느끼고 한국의 사찰 등에 끌릴 수밖에 없었다.

방을 나오다 벽에 걸려 있는 큰 달력 하나에 눈길이 멈췄다. 한국의 사찰들이 큰 사진으로 실린 달력이었다. 열두 장에 담긴 한국의 사찰들은 아주 아름다웠다. 처음으로 한국의 사찰들을 사진으로 접한 것이었다. 나중에 알고 보니 해인사, 송광사, 수덕사, 운문사, 쌍계사 등 한국의 유명 사찰들이었다. 한 장 한 장 달력을 넘기면서 받았던 감동을 지금도 잊을 수가 없다. 페이지를 넘길 때마다 펼쳐지는 아름다운 사진에 나는 벌린 입을 다물지 못했다. 파란 하늘을 배경으로 부끄러운 듯 얹혀 있는 기와지붕, 아름답고 부드럽게 떨어지는 건물의 선, 아침 안개 사이로 보일 듯 말 듯 엿보이는 절집…. 아, 저곳에 한번 가보았으면…. 내 눈으로 저 아름다움을 꼭 한번 확인하고 싶다는 욕심이 생겼다. 마음 한 켠에선 반드시 그런 기회가 오리라는 확신이 피어올랐다. (1권 202쪽)

저자는 경주에서 석굴암을 보고 크나큰 감동을 느끼고 이렇게 적었다.

불국사 석굴암을 보면서 나는 아주 진한 감동을 받았다. 그리고 의문이 들었다. 그동안 로마, 파리의 문화에 대해서는 그렇게 많이 들었건만 어떻게 한국의 이렇게 아름다운 문화에 대해서는 한 번도 보거나 들은 적이 없었을까. 도대체 이 한국이라는 나라는 어떤 나라인가. 저 불상과 굴을 만든 사람은 미켈란젤로, 레오나르도 다빈치에 버금가는 천재적 장인임에 틀림없다. (중략) 이윽고 불국사 대웅전에 무릎을 꿇고 앉았다. 부처님 앞에서 절을 하는 내 마음속에 이번에는 간절한 다짐 하나가 피어올랐다.

'아! 스님이 되어 한국 땅에서 살고 싶다.'(1권 243쪽)

저자는 승려가 되기로 결심했지만 수행 과정은 만만치 않았다.

수행은 생각보다 너무 힘들었다. 그때까지 살아오면서 이토록 어려웠던 시간이 있었나 싶을 정도였다. 나는 아주 **빽빽하게** 하루 일정을 짰다. 매일매일 1천80배를 하고 14시간씩 참선수행을 하는 것이었다. 식사는 아침과 점심에 생식가루만 먹기로 했다. 자다가도 밤에 일어나 절을 하고 참선수행을 했다. 그때는 초여름이라 날씨가 점점 더워지고 있었다. 수행 첫 주는 아주 힘들었다. 아침에 침대를 빠져 나올 수가 없는 날도 있었다. 내 머릿속으로는 부모님 얼굴이 계속 떠올랐고 지금 '도대체 무엇을 하고 있는 거야, 왜 사서 이 고생을 하는 거야' 하는 의문이 나를 괴롭혔다. 형제들과 친구들의 얼굴도 떠올랐다. 그러나 무엇보다 나를 힘들게 한 것은 바로 옆 프로비던스 젠센터에 살고 있는 여자친구였다. 나는 그녀가 매우 힘들어하고 있다는 것을 이미 알고 있었지만 용맹정진 동안 묵언수행을 했기 때문에 그녀와 전화통화조차 하지 않았다. (중략) 첫 주 동안 나는 거의 매일 눈물을 흘렸다. 쉼 없이 절을 하면서도 참선하고 앉아 있으면서도 눈물을 흘렸다. 밤에는 어둠 속에서 뒤척였다. 아침이면 베개가 마치 물에 젖은 듯했던 날도 있었다. 어떤 날은 너무 고통스러워 다 때려치우자 결심하기도 했다. (중략) 거의 2주가 흐르자 내 마음이 서서히 맑아지고 잡생각도 없어지기 시작했다. 마치 아침안개가 햇살에 걷히는 것처럼 모든 의심과 고통들이 사라지기 시작했다. 내 앞에 펼쳐진 길이 보다 명확하게 보였다. '그래 출가를 하자' 용맹정진을 마치고 보스턴으로 돌아와 나는 여자친구를 만났다. 그러고는 내 결심을 이야기했다. 물론 그녀는 너무나 큰 충격과 상처를 받았다. (2권 25~27쪽)

이렇게 저자는 미국에서 스님이 되어 1998년 1월 말에 한국으로 왔다.

나는 내가 전생에 한국인이었음을 강하게 확신하고 있다. 그것 말고는 나와 한국에 대한 인연을 설명할 수가 없다. '나의 전생'에 관해 아주 재미있는 경험을 한 적이 있다. 1990년 한국에 처음 왔을 때 큰스님 밑에서 계룡산 신원사 동안거에 들어갔다. 안거가 끝나고 나는 수유리 삼각산 화계사로 돌아왔다. 어느 날 점심 공양을 마치고 절 뒤뜰을 거니는데 대웅전 앞을 오르려다 갑자기 어느 스님 방에서 울려 퍼지는 웬 음악소리에 발길을 멈췄다. 그 음악의 멜로디가 내 발길과 귀를 사로잡은 것이다. 나는 완전히 충격에 사로잡혀 더 이상 걸을 수가 없었다. 천천히 스님 방 앞으로 발길을 옮겨 방문 앞에 섰다. 멜로디를 계속 듣는 동안 내 안에서는 아주 벅찬 느낌이 솟아올랐다. 슬픈, 아니 슬프다기보다 애잔하다고나 할까. 목구멍까지 뜨겁게 달아올랐다. 그러고는 심지어 내 눈에서 갑자기 눈물이 한줄기 흘러내렸다. 그동안 살아오면서 노래 한 곡에 그렇게 내 감정이 울렁거린 경험은 처음이었다. (2권 78~79쪽)

그 후 저자는 이 노래를 몇 번 들을 때마다 눈물을 흘렸는데, 알고 보니 애국가였다. 큰스님은 현각이 전생에 일본군의 총탄에 죽은 독립군이었을 것이라 풀이했다. 이어서 이 책은 수행길을 함께한 외국인 스님들, 즉 도반(道伴)들을 소개하고 있다. 계룡산 국제선원장 대봉 스님은 미국 출신 유대인이고, 무량 스님은 미네소타 출신이며, 헝가리 출신 청안 스님, 폴란드

출신 현문 스님, 싱가포르 출신 치린 스님 등을 소개했다.

　　돌이켜보니 어느새 스님 생활 10년이다. 많은 한국 사람들은 나에게 어
떻게 가톨릭 신자가 불교신자로, 그것도 수행자가 되었느냐고 묻는다.
이른바 개종한 이유를 궁금해 하는 것이다. 참 당혹스러운 질문이다.

　　나는 그런 질문을 받을 때마다 나 자신에게 이렇게 묻는다.

　　'나는 불교로 개종했는가?'

　　그런데 나는 여태까지 한 번도 내가 종교를 바꿨다고 생각한 적이 없
다. 물론 기독교나 가톨릭이라는 하나의 종교적 관점에서 보면 나는 분
명 개종을 한 셈이다. 그런 관점에서 보자면 나는 너무 바보 같고 불쌍한
인간이다. 이 세계의 유일한 진리를 버리고 다른 길을 걷고 있으니 말이
다. 나는 서울에서 주로 지하철이나 버스를 타는데 아주 열정에 찬, 순수
한 마음으로 가득한 기독교 신자들이 나에게 다가와 '평생 씻을 수 없는
죄를 짓고 있다'고 말하면서 '내가 잘못된 길을 가고 있음'을 가끔 일깨워
주곤 한다. 그들은 내가 잿빛 승복을 입고 절에 가서 금불상 앞에 절을
한다면 죽어 지옥에 갈 것이 뻔하다고 안타까워한다. 하지만 나는 한번
도, 한순간도 그렇게 생각한 적이 없다. 오히려 참선수행을 하고 경전을
읽으면서 그 어느 때보다 예수님의 가르침에 가까이 가고 있다는 느낌을
받고 내 자신이 놀라곤 한다. 나는 매일 열심히 맑은 마음으로 다른 사
람을 위해 살겠다고 다짐한다. 결코 나 혼자만의 안일을 위해 살지 않고
다른 사람들이 모두 고통에서 벗어나 행복하게 살게 되기를 빌고 또 빈
다. 이런 마음은 내가 교회에 열심히 다녔던 학창 시절에도 가져보지 못
했던 마음이었다. 이 얼마나 대단한 일인가. (2권 146~147쪽)

외국인이 한국에서 이렇게 지성적이고 영성적인 책을 출간했다는 사실
은 실로 의미 있고 자랑스러운 일이다. 우리는 현각 스님이 한국불교의 발
전을 위해 남겨놓은 충고도 결코 잊어서는 안 될 것이다.

맺음말

한국을 사랑하는 세계작가들을 잊지 말기를

　　처음 책을 집필하기로 마음먹을 때 '한국을 사랑한 세계작가들'이 30인 정도는 될 것 같아 한 권으로 구상했다. 그런데 작업을 할수록 새롭게 발견되어 결국 세 권으로 늘려 112인으로 끝내게 되었다. 게다가 한 항목에 2인을 다룬 곳도 있어 5인을 추가해 결국 117인을 다룬 셈이다. 미국인이 47인, 영국인이 16인, 독일인이 13인, 프랑스인이 9인, 일본인이 8인, 캐나다인이 5인, 폴란드인이 3인, 인도인이 3인, 네덜란드인이 2인, 오스트리아인이 2인, 이탈리아인이 2인, 그 외에 중국인, 러시아인, 스위스인, 헝가리인, 그리스인, 루마니아인, 호주인이 각각 1인이다. 여성이 35인이고, 노벨상 수상작가가 2인이다. 1권과 2권은 생년 순으로 수록했는데, 3권을 쓰면서 다시 거슬러 생년 순으로 배열하였다.

　　그동안 우리가 너무 무관심했던 사실을 새로 발굴하는 작업은 큰 기뿜과 보람이었다. '작가'의 개념과 '사랑'의 의미를 내내 곱씹었다. 한국을 사랑한 외국인 작가들이 새삼 가깝고 고맙게 느껴지기도 했다. 우리는 이들을 잊지 말고 우리의 친구로 삼아 이들과의 인연을 계속 이어나가는 것이 고마움을 갚고 나누는 길일 것이다. 물론 여기에 실린 117인으로 완결된 것은 아니고 더 찾으면 적잖이 나올 것이다. 특히 외국 대학들에서 한국학을 가르치는 학자들의 대부분을 제외할 수밖에 없는 것이 아쉽다. 언젠가는 또 증보될 날이 올 것으로 기대한다.

수가 많다 적다의 문제보다 우리는 이들이 어떤 입장에서 어떤 시각으로 한국을 사랑했는가를 바르게 파악하고 관심을 기울여주는 것이 중요하다고 생각된다. 그들이 사랑한 한국과 한국인들이 아무 관심도 기울여주지 않으면 얼마나 섭섭하겠는가. 이 책을 쓰는 2년 동안 '한국문학과 노벨상' 심포지엄이 있어 주제발표를 하였다. 세계 속의 한국문학을 얘기하면서 한국에 대해 책을 쓴 외국작가가 100인이 넘는다는 사실을 주지시키며, 이제 우리도 세계에 눈을 크게 뜨고 남을 사랑할 줄 알아야 '세계문학'이 되고 노벨상도 기대할 수 있다고 주장하였다. 올해는 한국전쟁 70주년이 되는 해인데, 미국에서 나온 한국전쟁 관련 소설이 1백 편이 넘는다. 그런데 정작 우리는 노벨문학상의 가장 적합한 주제를 더욱 '잊혀진 전쟁'으로 망각하고 있다. 남북분단과 정치적 불안정, 문화력의 저하 등으로 노벨상의 기대는 상당기간 신기루가 될 것이다.

우리는 '한국을 사랑한 세계작가들'을 잊지 말고 그들의 한국에 대한 관심과 애정을 계속 되살려 한국문학과 문화를 세계적 수준으로 발전시켜 나아가야 할 것이다. 제3권을 집필하는 동안 갑자기 불어닥친 코로나19 팬데믹으로 전 세계가 곤욕을 치르고 있다. 모든 분야가 타격을 입지만 문화계도 손실이 크다. 저작자, 출판계, 대학, 도서관, 독서 운동 등 학계와 문화예술계 전반이 상생하는 건강한 생태계로 가는 길을 모색해야 할 것이다.

마지막으로 다시 한 번 이 책을 마감할 수 있도록 도움을 주신 서울대 중앙도서관의 송지형 고문헌실장, 와이겔리 조동욱 대표, 김종필 편집인과 자문을 해주신 여러분께 깊이 감사드린다.

2020년 7월 저자

한국을 사랑한 세계작가들 1권

1. 영국의 여성 여행작가 **이사벨라 버드 비숍**

2. 조선이 독립국임을 주장한 **오웬 니커슨 데니**

3. '은자의 나라'라고 명명한 **윌리엄 엘리엇 그리피스**

4. 병인양요를 쓰고 그린 프랑스 화가작가 **장 앙리 쥐베르**

5. 고종을 모신 '목참판' **파울 게오르크 폰 묄렌도르프**

6. 조선의 생활사를 생생히 포착한 **윌리엄 리처드 칼스**

7. 언더우드가의 문필가 안방 주인 **릴리어스 호튼 언더우드**

8. 한국작가들에게 작품소재를 제공한 **이폴리트 프랑뎅**

9. 한국민담을 수집한 러시아 작가 **니콜라이 미하일롭스키**

10. 오스트리아의 세계여행가 **에른스트 폰 헤세-바르텍**

11. '고요한 아침의 나라'로 명명한 **퍼시벌 로렌스 로웰**

12. 서울을 사랑한 육영공원 교사 **조지 윌리엄 길모어**

13. 의사 겸 외교관인 문장가 **호러스 뉴턴 알렌**

14. 폴란드의 민속학자이자 문학작가 **바츨라프 세로셰프스키**

15. 영국의 여성화가 겸 여행가 **에밀리 조지아나 켐프**

16. 한국근대사 42년을 기록한 **올리버 R. 에비슨**

17. '동방의 등불'의 인도 시인 **라빈드라나트 타고르**

18. 문필가 형제 **호머 B. 헐버트 | 아처 B. 헐버트**

19. 한국 선교소설의 선구자 **진 페리**

20. 한국학의 선구자 **제임스 스카스 게일**

21. 기독교 선교소설을 집필한 **애니 L. A. 베어드**

22. 영국의 화가작가 **아놀드 헨리 새비지 랜도어**

23. 한국학 연구자들의 스승 **모리스 오귀스트 루이 마리 쿠랑**

24. 한국을 사랑한 어머니와 아들 **로제타 셔우드 홀 | 셔우드 홀**

25. 소설 『이화』의 저자 선교사 **윌리엄 아서 노블**

26. 한국인의 일상을 그린 영국화가 **콘스탄스 제인 도로시 테일러**

27. 한국독립운동을 널리 알린 **프레더릭 아서 매켄지**

28. 겸재의 그림에 매료된 독일 수도원장 **노르베르트 베버**

29. 헝가리 민속학자 **버라토시 벌로그 베네데크**

30. 《대한매일신보》를 창간한 유대인 언론인 **어니스트 토머스 베텔**

31. 조선황실에서 살았던 독일여성 **엠마 크뢰벨**

32. 이재수의 난을 수습한 **윌리엄 프랭클린 샌즈**

33. 조선외교비화를 기록한 **에밀 마르텔**

34. '딜쿠샤'의 주인 부부 **앨버트 와일더 테일러 | 메리 린리 테일러**

35. 한국으로 신혼여행 온 **칼 후고 루돌프 차벨**

한국을 사랑한 세계작가들 2권

36. 이탈리아 외교관 출신 수집가 **카를로 로세티**

37. 러일전쟁을 취재한 미국 소설가 **잭 런던**

38. 미국 여성 선교사 작가 **엘라수 캔터 와그너**

39. 독일에 한국학을 심은 신부 출신 교수 **안드레아스 에카르트**

40. 그림으로 쓴 영국 여성 여행작가 **엘리자베스 키스**

41. 한국민예를 사랑한 일본 도예가 **야나기 무네요시**

42. 한국동화를 지은 독립운동가 **프랭크 윌리엄 스코필드**

43. 3·1운동 현장을 취재한 미국 기자 **나다니엘 페퍼**

44. 한국을 '고상한 민족이 사는 보석 같은 나라'로 부른 **펄 사이덴스트리커 벅**

45. 괴테 전기가이자 이미륵의 친구 **리하르트 프리덴탈**

46. 한국의 수난을 겪고 쓴 독일 수도자 **암부로시우스 하프너**

47. 영친왕과 공저를 집필한 영문학자 **레지날드 호레이스 블라이스**

48. 문학으로 한국을 사랑한 인도 외교관 **쿠마라 파드마나바 시바상카라 메논**

49. 조선왕조의 마지막 며느리 **이방자**

50. 한국문화를 사랑한 인류학자 **코넬리우스 오스굿**

51. 김산과 「아리랑」을 함께 쓴 **님 웨일스(헬렌 포스터 스노우)**

52. 한국전쟁을 소설로 알린 **제임스 알버트 미처너**

53. 몽고전란을 소설로 그린 **이노우에 야스시**

54. 미국에 한국학을 심은 맥큔 부부 **조지 맥아피 맥큔 | 에블린 베커 맥큔**

55. 이승만 대통령의 해외 한국 대변인 **로버트 타벨 올리버**

56. 분단 한국의 실상을 껴안은 **루이제 린저**

57. 『25시』 이후의 희망 코리아 **콘스탄틴 비르질 게오르규**

58. 한국 여배우와 결혼한 인류학자 **유진 I. 크네즈**

59. 『모정』의 애인을 한국전쟁에서 잃은 **한수인**

60. 한국전쟁을 그린 프랑스 소설가 **피에르 피송**

61. 한국 도자기를 사랑한 미국 외교관 **그레고리 헨더슨**

62. 시조와 뜨개를 사랑한 신부 **세실 리처드 러트**

63. 동아시아사의 역사소설가 **시바 료타로**

64. 사제출신으로 한국 화가와 결혼한 문학인 **로저 오귀스트 르브리에**

65. 한국전쟁을 쓴 유대인 랍비작가 **하임 포톡**

66. 시인 김지하를 위해 투쟁한 정치학자 **글렌 덜랜드 페이지**

67. 한국에서 태어난 친한 소설가 **가지야마 도시유키**

68. 한국을 수필로 사랑한 **에드워드 포이트라스**

69. 한국에 함께 산 노벨문학상 수상자 **장-마리 귀스타브 르 클레지오**

70. 금강산과 분단한국을 껴안은 **테사 모리스-스즈키**

한국을 사랑한 세계작가들 3

세계의 책 속에 피어난 한국 근현대

초판 인쇄 2020년 7월 10일
초판 발행 2020년 7월 17일

지은이 최종고
펴낸이 조동욱
책임편집 김종필

펴낸곳 와이겔리
등록 제2003-000094호
주소 03057 서울시 종로구 계동2길 17-13(계동)
전화 (02) 744-8846
팩스 (02) 744-8847
이메일 aurmi@hanmail.net
블로그 http://ybooks.blog.me

ISBN 978-89-94140-38-4   03300

＊책값은 뒤표지에 있습니다.

＊잘못 만들어진 책은 바꿔 드립니다.

이 도서의 국립중앙도서관 출판예정도서목록(CIP)은 서지정보유통지원시스템 홈페이지
(http://seoji.nl.go.kr)와 국가자료종합목록 구축시스템(http://kolis-net.nl.go.kr)에서
이용하실 수 있습니다. (CIP제어번호 : CIP2020028263)